U0569133

当代国外马克思主义前沿问题研究丛书

总主编 江洋

国家出版基金项目

晚期资本主义的空间理论与城市化

付文忠 马莲 主编

Space Theory and Urbanization of Late Capitalism

中国人民大学出版社
·北京·

"当代国外马克思主义前沿问题研究丛书"编委会

学术顾问　张神根

总　主　编　江　洋

编委会成员（按姓氏拼音排序）

　　　　　　陈喜贵　付文忠　姜海波　江　洋
　　　　　　刘　梅　刘仁胜　吕梁山　马　莲
　　　　　　申　森　田世锭　王　平　郑天喆

总　序

2017年9月29日，习近平总书记在主持中共十八届中央政治局第四十三次集体学习时强调："世界格局正处在加快演变的历史进程之中，产生了大量深刻复杂的现实问题，提出了大量亟待回答的理论课题。这就需要我们加强对当代资本主义的研究，分析把握其出现的各种变化及其本质，深化对资本主义和国际政治经济关系深刻复杂变化的规律性认识。当代世界马克思主义思潮，一个很重要的特点就是他们中很多人对资本主义结构性矛盾以及生产方式矛盾、阶级矛盾、社会矛盾等进行了批判性揭示，对资本主义危机、资本主义演进过程、资本主义新形态及本质进行了深入分析。这些观点有助于我们正确认识资本主义发展趋势和命运，准确把握当代资本主义新变化新特征，加深对当代资本主义变化趋势的理解。对国外马克思主义研究新成果，我们要密切关注和研究"[1]。总书记的重要讲话，对于开展马克思主义研究特别是国外马克思主义研究具有重要的指导意义。

为深入贯彻落实习近平总书记重要讲话精神，我们特别策划了"当代国外马克思主义前沿问题研究丛书"（十卷本）。本丛书以问题为着眼点，聚焦国内外马克思主义理论界最为关切的关于当代资本主义研究的十大理论和现实问题，从经济、政治、社会、生态和未来走向等多个维度，全面展示21世纪以来国外马克思主义研究的最新成果。

本丛书共分十卷，分别为《资本主义的危机与矛盾》《资本主义民主的批判与反思》《当代资本主义社会阶级关系新论》《马克思主义与女性主义》《生态马克思主义与生态文明》《晚期资本主义的空间理论

---

[1] 习近平谈治国理政：第2卷. 北京：外文出版社，2017：66-67.

与城市化》《资本主义、剥削与公正》《马克思主义异化理论的当代诠释》《新帝国主义论》《共同体、未来社会与美好生活》。

  丛书的出版得到多方面的支持和帮助，在此表示真诚的谢意。感谢"当代国外马克思主义前沿问题研究丛书"所有作者和译者的辛勤工作，感谢本丛书所获得的所有期刊和出版社的慷慨授权。特别感谢段忠桥、杨金海、李惠斌、郇庆治四位老师在本丛书论证过程中给予的学术指导，感谢陈学明、王凤才等前辈及同仁在国外马克思主义研究领域对我们的长期帮助。感谢国家出版基金对"当代国外马克思主义前沿问题研究丛书"的高度重视和全力支持，感谢中央党史和文献研究院各级领导和同事们对本研究的支持和帮助，感谢中国人民大学出版社学术出版中心诸位编辑为本丛书的出版付出的智慧和辛劳。鉴于编译者水平有限，丛书中值得商榷或者不当之处在所难免，敬请学界同仁批评指正。

"当代国外马克思主义前沿问题研究丛书"编委会

2021 年 9 月 20 日

作者简介

［美］弗雷德里克·詹姆逊（Fredric Jameson），美国著名批评家、理论家，当代西方新马克思主义的代表人物，美国杜克大学比较文学和批评理论讲座教授。主要著作有《马克思主义与形式》《政治无意识》《晚期资本主义的文化逻辑》《可见的签名》《时间的种子》《布莱希特与方法》《文化转向》《单一的现代性》等。

［美］大卫·哈维（David Harvey），当代西方新马克思主义的代表人物，美国纽约城市大学人类学杰出教授，"二十世纪后期最有影响力的地理学家之一"，是世界上作品被引用较多的人文学者。主要著作有《新帝国主义》《马克思与〈资本论〉》《资本社会的17个矛盾》《资本的空间：走向批判地理学》《希望的空间》等。

［美］爱德华·W. 索亚（Edward W. Soja，也译爱德华·W. 苏贾），著名城市地理学家，洛杉矶学派的领军人物，美国加利福尼亚大学洛杉矶分校城市规划系教授。主要著作有《后现代地理学》《第三空间》《后大都市》《寻求空间正义》等。

［俄］鲍里斯·卡戈尔里茨基（Борис Кагарлицкий），社会学家，俄罗斯全球化与社会运动研究所所长。主要著作有《俄罗斯的复兴》《中产阶级起义》《全球化与左派》《外围帝国》等。

［英］迈克·海恩斯（Mike Haynes），英国伍尔弗汉普顿大学商学院教授、管理研究中心联席主任。主要著作有《1991年前后俄罗斯的劳动、剥削和资本主义》《关于非再分配解决方案下全球紧缩的影响》等。

［美］迈克·戴维斯（Mike Davis），美国社会评论家、城市理论家、历史学家和政治活动家，美国加州大学河滨分校创意写作系荣誉

退休教授,《新左翼评论》编辑。主要著作有《水晶之城:窥探洛杉矶的未来》《布满贫民窟的星球》《死城》《恐惧的生态学》《等在门口的妖怪》等。其著作《水晶之城:窥探洛杉矶的未来》被美国政治科学协会评为"城市政治最佳书籍",并获得伦敦政治经济学院艾萨克·多伊奇奖等多个奖项。

目 录

导　言 ……………………………………………………………… 1

第一编　晚期资本主义空间的文化测绘：
　　　　詹姆逊的空间理论

第1章　《资本论》中的空间 ……………………………………… 17
第2章　全球化和政治策略 ………………………………………… 33
第3章　论全球化的再现问题 ……………………………………… 51
第4章　乌托邦作为方法或未来的用途 …………………………… 67

第二编　晚期资本主义的空间逻辑：
　　　　哈维的空间理论

第5章　全球化与"空间修复" …………………………………… 87
第6章　金融危机的城市根源：反资本主义斗争的城市重建 …… 96
第7章　《共产党宣言》的地理学 ……………………………… 124

第三编　晚期资本主义的空间批判：
　　　　索亚的空间理论

第8章　论非正义地理的产生 …………………………………… 147

第 9 章　超越后大都市 ………………………………………… 177
第 10 章　以空间书写城市 …………………………………… 195

第四编　全球化与空间正义问题

第 11 章　后全球化时代的资本主义和马克思主义 ………… 213
第 12 章　21 世纪的全球城市和全球工人 …………………… 225
第 13 章　气候变化危机呼唤新型城市化 …………………… 245

导　言

　　国外马克思主义的"空间转向"把历史唯物主义的研究推向一个新的理论发展高度，"空间问题"逐渐成为把握当代资本主义新变化的重要理论话语。如果说资本主义工业化进程推动了世界范围内都市社会的一系列现代性重大变迁，那么资本主义城市空间引发的各种危机与困境也是当代资本主义基本矛盾冲突不断爆发的外在化表征，资本逻辑支配着现代性空间被不断拓展和重构。21世纪以来，国外马克思主义研究者从空间维度分析全球化问题、世界历史问题，以及不断地被"创造性破坏"与"破坏性创造"的当代城市化问题，这些理论创新推动着社会批判理论从"历史－时间"向"社会－空间"的转变，开启了当代"空间理论"的大发展。马克思在阐释地理空间对资本积累、阶级形成和城市发展的意义时就旗帜鲜明地强调，资本的本性就是力求超越一切空间界限，"力求用时间去消灭空间"[①]。马克思的空间思想成为当代国外马克思主义研究者空间理论的重要思想资源，无论是以詹姆逊为代表的晚期资本主义空间"文化测绘"理论，还是以哈维为代表的资本主义空间生产的"时空压缩"理论、以索亚为代表的"三个空间"理论等，都是对马克思的空间思想的创新与发展，都是对全球化时代资本主义新变化引发深刻危机的现实回应。

---

①　马克思恩格斯文集：第8卷. 北京：人民出版社，2009：169.

国外马克思主义空间研究可以深化我们对当代资本主义基本矛盾新形式的认识，深化我们对当代发达资本主义国家城市化问题深刻教训的认识，也有助于我们回应人类追求自由解放之问，以期能够更好地认识健康有序的城市生活，进一步推动我们对理想社会秩序和人类美好生活的向往与追求。党的十八大明确指出："公平正义是中国特色社会主义的内在要求。"① 习近平总书记特别强调："必须多谋民生之利、多解民生之忧，在发展中补齐民生短板、促进社会公平正义，在幼有所育、学有所教、劳有所得、病有所医、老有所养、住有所居、弱有所扶上不断取得新进展。"② 在中国城镇化建设中需要结合中国城镇化发展实际，走出一条具有中国特色社会主义的城市化发展之路，走出一条保证全体人民在共建共享发展中有更多获得感之路，走出一条不断促进人的全面发展和全体人民共同富裕之路。

一、晚期资本主义空间的文化测绘：詹姆逊的空间理论

弗雷德里克·詹姆逊认为所谓"后现代"就是文化的空间化。从时间到空间的逻辑转换，就是从现代到后现代的空间转换。詹姆逊强调特定的空间转换是正确区分现代主义与后现代主义更为有效的途径之一。詹姆逊深受列斐伏尔的影响，关注不同生产方式之间的变化，强调现代主义对时间的迷恋已经被后现代对空间的重视取代。

詹姆逊在《〈资本论〉中的空间》一文中，以"分离"和"扩张"两个词为原点对资本的空间着重进行了考察。他认为，于马克思而言，资本的空间性的秘密就是分离。而詹姆逊强调指出，在《1844年经济学哲学手稿》的异化理论中，马克思明确而详细地阐述了四重"分离"，即劳动者与工具的分离、劳动者与产品的分离、劳动者与生产活动的分离、劳动者与人类存在的分离，这些分离就是空间性的产生。

首先，"分离"在《资本论》中占有重要地位。马克思把"扩张"看作"分离"的对立面，强调扩张是资本主义的根本动力，它说明了

---

① 习近平谈治国理政：第1卷. 北京：外文出版社，2014：13.
② 习近平谈治国理政：第3卷. 北京：外文出版社，2020：18.

资本主义从本地商品生产到世界市场的开拓。詹姆逊认为，只有把空间分离和空间扩张之间的矛盾关系辩证统一起来进行思考，才能对资本主义空间化历史进程有一个清晰的把握，以实现对资本主义空间化本质的认识。

其次，《资本论》中存在多重意蕴的空间。在詹姆逊看来，《资本论》中讨论"工作日""机器和大工业""资本主义积累的一般规律"的三章中，从表面看是讨论劳动问题的，但从深层结构看，不仅是探讨空间问题，还是探讨主体性的空间、伤感情绪的空间和人文主义关怀的空间。马克思认为资本家只是结构和系统的寓言人物，只是资本的承担者或载体。

最后，《资本论》中的空间存在两个发展意象。詹姆逊认为，一个是"主体潜能"的拓展，另一个是"集体乌托邦"的出现。詹姆逊不仅考察了资本主义生产场所的内部状况，对生产领域和再生产领域中的空间进行了多层次的阐释，同时也通过辩证法的最新形式审视了资本主义系统为自己创造的地貌，指出马克思在繁荣与贫困的辩证统一中预见到了全球化语境下的城市困境。

在《全球化和政治策略》一文中，詹姆逊从技术、政治、文化、经济和社会五个迥然不同的层面对全球化进行了探讨。他认为这五个层面相互交叉与渗透，构成了全球化的整体。

首先是关于全球化的核心观点。詹姆逊认为全球化的核心问题是"标准化"和"美国化"。全球化推行全球资本主义和消费意识形态。在詹姆逊看来，全球化过程引起许多矛盾和悖论，全球化本身是一种政治策略，而接受或抵制全球化也是一种政治策略。因而，解决全球化问题需要集体意识和乌托邦想象。

其次是关于全球化在技术、政治、文化、经济和社会五个层面的影响。第一，全球化在技术层面的影响并不限于狭义的传播层面，信息革命和传播技术还广泛地影响工业生产与组织以及全球商品营销。第二，全球化在政治层面的影响主要体现在民族-国家问题上。詹姆逊认为，美国在经济和军事上的不断扩张，引发了民族-国家的焦虑，并成为全球化的威胁。第三，全球化在文化层面的影响体现在破坏特定种族-民族的生活方式。他将文化与政治联系起来，认为文化问题倾向于弥散在经济和社会问题之中。第四，全球化在经济层面与文化相互交融。既存在着从经济到文化的运动，也存在着从文化到经济的运动。

控制新的技术，强化地缘政治兴趣，并最终因后现代性而使文化融入经济之中，而经济也融入文化之中。第五，全球化在社会层面的影响体现在消费社会问题上。詹姆逊认为，经济全球化的另一个方面，即所谓的消费文化，最终会把我们带到社会领域，而消费文化实际上是社会结构组织的一部分，很难与社会分开。

最后是强调"社会的集体性"的重要性。詹姆逊把全球化与晚期资本主义的扩张联系起来，认为全球化是跨国资本主义的本质特征。面对后现代的文化政治和民族主义的困境，寄希望于乌托邦中，并指出可以用"乌托邦"一词来表示"一切表达集体生活要求的计划和表征"。他强调，在对全球化所做的真正进步或创新的政治反应里，最重要的核心就是"社会的集体性"。

《论全球化的再现问题》是詹姆逊在"全球化和本土文化"国际会议上的主题发言。文章以时间和空间为坐标，重点阐述了全球化语境中的认知测绘问题。在詹姆逊看来，认知测绘就是"再现的另一个表述"。他认为，在再现领域，常常潜伏着某种悖论，关键是要抓住再现中的两难困境和二律背反的问题。抓住这两个问题，本身就是以某种方式解决它们，"当我们开始发现不存在的解决办法时，当我们发现大量的问题本身就是我们寻求的再现时，我们就已经在理解并解决这些问题"。

首先，全球化是一种特定的历史进程。詹姆逊认为"它是资本主义第三阶段的发展"，它的出现既有电脑科技与自动化等技术的原因，也有生产性质的原因。全球化"是普遍的商品化和劳动力的跨国流动"，有时就是美国化，其文化的上层建筑是后现代主义或后现代性，就是"把再现或认知测绘和全球化这两种东西放在一起来考虑"。

其次，全球化是对矛盾和否定性的测绘。詹姆逊认为，再现需要某种空间的成分，还需要考虑复杂的结构，即时间问题，也就是历史的进程。同时，全球化也是"对矛盾和否定性的测绘"，充满了种种矛盾，而且在自身矛盾和统治过程中不断形成一些困境。

最后，全球化是时间和空间的结合体。全球化已经不是一系列新的从一个点到另一个点的地理关系，在詹姆逊的视角下，全球化是所有点在时间和空间上的集合体，也就是时间和空间的重合与层叠，"是所有那些点的同时性，是突然意识到多种生活同时在全球所有地方同时进行的同时性"。

在《乌托邦作为方法或未来的用途》一文中，詹姆逊提出了一种新的理论观点，不是仅仅把乌托邦看作人类思想意识中的美好社会，而是认为乌托邦是一种方法。他并不热衷于分析乌托邦的历史演义，而是着重展现乌托邦构建过程中的方法。

一方面，乌托邦分析模式被看作主观和客观的某种综合。詹姆逊从理论和历史两个层面对乌托邦提出了解释。就理论而言，乌托邦论及现在正出现的"大众"政治的宣言领域；就历史而言，通过沃尔玛现象提出一种表示乌托邦寓言作用的新的可能机制。

另一方面，辩证法要求同时考虑否定和肯定两个方面。詹姆逊在分析沃尔玛商业模式、企业和政府之间的关系时提出：在资本主义的劳动生活中，究竟什么是最具剥削性的和最非人性化的东西？这是一种辩证的矛盾心理，"即当前否定的东西因诱发巨大变化或乌托邦的未来也可以被想象为肯定的东西"。面对旧的反现代主义意识形态的社会焦虑问题时，詹姆逊提出要承认这种焦虑，同时认为在未来任何"更完美的社会"中，所有列出的否定特征都会得到纠正。

总体看来，詹姆逊坚持马克思主义的基本立场和辩证法，透过资本主义纷繁复杂的表象深入资本主义发展的实质。他在推动马克思主义研究的空间转向方面做出了重要的理论贡献，将后现代的空间变化看成资本主义普遍化的结果，把空间辩证法看成空间生产的逻辑。因此，图绘晚期资本主义空间变化是把握全球性与地方性、主体性与全球网络位置关系的重要方法，有助于人们深化对资本主义社会和文化的认识。可以说，空间辩证法造就了一个新的理论追求：对空间的正确认识，可以使马克思主义重新焕发活力。

二、晚期资本主义的空间逻辑：哈维的空间理论

大卫·哈维在《全球化与"空间修复"》中进一步讨论了空间生产、再生产和重构问题，这些问题一直是理解资本主义政治经济学的核心，而且也是认识晚期资本主义空间逻辑的关键，当代全球化只不过是又一轮资本主义空间生产和空间重建。

首先，"空间修复"源于重建马克思的资本积累地理学理论。按照哈维的看法，其中包含了三个重要观点：如果没有地理扩张，并不断

地为其寻找"修复",资本主义就无法生存;运输和通信技术方面的重大创新是地理扩张发生与"空间修复"的必要条件;地理扩张主要取决于资本主义寻求的是市场、新的劳动力、资源,还是新的投资机会。

其次,采用"空间修复"理论来解释全球化。哈维用"空间修复"一词来描述资本主义通过地理扩张来解决其内部危机的贪婪动力。资本主义对地理扩张的沉迷,就像它沉溺于通过技术变革推动经济无限增长一样。而全球化是当代资本主义持续不断地试图解决危机的空间方法。

再次,资本主义通过修复空间实现资本积累。一是资本主义通过运输和通信网络的不可移动结构以及有形基础设施进行"时空压缩",以克服空间局限实现行动自由;二是资本主义建造一个能在特定历史节点运行且固定的空间,以便能够开启一个新的"空间修复";三是全球化的空间转型通过全球性机构和超国家组织等使得更复杂的不均衡地理发展过程更具影响力。

最后,地理学的空间概念在理解当代全球化进程中的价值。历史地理唯物主义表明:全球化是资本主义制度下实际的空间生产过程,更好地理解地理原则的空间视域,将有助于汇集目前处于地理分散状态和发展不平衡状态的众多反对运动,为改变带来希望,并对替代选择充满渴望。

在《金融危机的城市根源:反资本主义斗争的城市重建》一文中,大卫·哈维指出,在发达资本主义经济中,新自由主义经济学家们由于没有认真对待地理经济学,缺乏对时间或空间问题的详细探讨,导致在城市和区域发展中,走向了灾难性道路,从而引发整体性经济危机。哈维继承了马克思《资本论》中的有关思想,重新阐释了马克思关于利润率不断下降并导致危机的观点。

首先,城市化是资本主义吸收剩余资本和剩余劳动力的重要手段。在发达资本主义经济中,城市空间实践巩固了从金融体系中获取巨额财富的剥夺性积累,也使城市化进程产生了不平衡发展的复杂的地理构型。

其次,房地产市场的繁荣或萧条与投机性资金流动交织在一起。在哈维看来,通过虚拟资本循环吸收资金,生产资本与虚拟资本循环在房地产市场语境的信用体系中发挥了重要作用。短暂经济繁荣假象的背后是房地产泡沫的破灭,以信贷危机为代表的区域性危机最终引发了全球性的金融危机，对全球经济和弱势人群都产生了灾难性的影响。

最后，反资本主义斗争的城市重建目标是废除阶级关系。若想构建城市化的新模式，城市生产者必须起来反抗，并且重新索回他们集体生产出来的城市权利。城市生活的转变，尤其是城市化生产中阶级关系的废除将成为走向反资本主义过渡的路径之一。而反资本主义斗争的最终目标，就是达到生产中资本和劳动之间阶级关系的废除，而这也是左翼需要构想的政治策略的核心。

在《〈共产党宣言〉的地理学》一文中，大卫·哈维借助《共产党宣言》中马克思和恩格斯对1848年之前地理转型、空间定位和不平衡地理发展在资本积累的漫长历史中的作用，进一步阐释对资本主义社会空间维度进行审视的重要意义。

一方面，资本积累是一个深刻的地理事件。哈维认为，如果没有内在于地理的扩张、空间重组和不平衡地理发展的多种可能性，资本主义政治经济系统的功能效用便难以发挥。如果资产阶级的地理使命就是在逐步扩大的地理规模上再生产阶级和生产关系，那么资本主义的内在矛盾和社会主义革命同样有可能在地理上扩大。

另一方面，需要重视《共产党宣言》中的地理因素。重构《共产党宣言》中的地理因素时，需要回应两个方面。一方面，有必要承认地理的重新安排和重构、空间策略和地理政治因素、不平衡地理发展等，都是资本积累与阶级斗争动态的关键方面；同样有必要承认阶级斗争在高度多样化的空间中以不同方式展开，承认推动社会主义运动必须考虑地理事实和地缘政治的多种可能。另一方面，为了更加全面和准确地理解资本积累与阶级斗争的地理维度，更好地理解地理维度在维护资产阶级权力的永久性和对工人权利及欲望的抑制方面的根本性作用，必须重新解读《共产党宣言》中的空间思想，这些努力在政治方面是非常重要的。

资本积累推动了当代资本主义的空间扩张，新的空间修复不断开启，引导资本从一个空间流向另一个空间。面对资本过度积累的强劲趋势，跨国资本在世界舞台上争夺资本的生存空间，导致国际竞争越发激烈。因此，哈维认为资本主义能生存下来的重要原因是加速时间和缩减空间，他通过系统阐释晚期资本主义的时空压缩问题，描绘出了晚期资本主义在政治和经济上的巨大变化，以及这些变化所展示出的理论意义。从空间视域出发，可以说，空间修复是资本主义的一项基本积累策略，同时也是资本主义维持其统治的重要工具。

三、晚期资本主义的空间批判：索亚的空间理论

爱德华·索亚在《论非正义地理的产生》中探讨了正义或非正义的空间性问题。索亚认为可以从多重视角和不同社会层面来研究空间正义，他将研究定位在两个方面：一方面是城市生活的具体环境，另一方面则是公正地使用城市提供的社会资源与便利条件。他主要从外因空间、内因空间与交汇空间三个各不相同却又相互重叠的社会行为领域展开研究。

首先，外因空间导致非正义地理的产生。宏观空间机构不仅出于"管理便捷的需要"，也出于"政治权力、文化统治的需要，以及对个人、集体和对他们赖以生存的空间进行控制的需要"。这些由外因产生的地理，其范围包含：第一世界、第二世界及第三世界，主权国家的政府内部结构，国家内部政治与行政管理区域和边界组成的密集网络。无论人们生活在哪里，这些区域和边界都会对人类日常行为造成影响。于是，这些过分强加的或被称为外在的地理就导致了非正义地理的产生，如巴黎郊区、殖民时期与后殖民时期的地理、非正义的选区划分、南非的种族隔离、占领巴勒斯坦。

其次，内因空间导致非正义地理的产生。资本、劳动力和文化的全球化"伴随着新经济模式的形成与国际化移民大潮一路走来"。在巨型城市中，形成了"世界贫富人口的两极分化、集中"。分布不平等是空间非正义最主要和最明显的表现。世界上几乎每一座城市，无论是彻底的资本主义还是不彻底的资本主义，其具有阶层意义的社会地理已经构成并仍将继续构成非正义空间。另外，文化民族主义和种族主义使得非正义空间问题更为突出。

再次，交汇空间导致非正义地理的产生。在全球和地方之间存在着许多区域层次的分类：大都市、次国家、国家和超国家。在每个层次上，地域发展不平衡造成了空间或领土的超乎寻常的不平等。索亚主张建立多种策略以争取城市权利、公共设施使用权、享受公共服务权。为争取空间正义而进行的努力与实现全人类的权益紧密联系在一

起，如全球居民共享自然资源和文化资源，共享清洁的空气资源、水资源和自然景观资源，共享具有生态意义的区域及文化遗产保护区。

最后，增强公众意识，向着正义地理方向奋斗。在各个地域层面，不平等和不公正问题越来越严重，催生了世界正义运动的发展。这些运动的发展壮大依靠提高人们的环境意识与空间正义意识，以应对新自由主义全球化、环境退化和全球气候变暖、核扩散、对世界和平及普遍人权的威胁以及资本主义本身的邪恶。

可见，索亚用一种批判性空间视角来重新看待公共空间和私人空间，试图寻求新策略以使更大的社会空间正义得以实现。开启充满希望的空间，有赖于具有批判性的空间意识的发展。这种空间意识具有激励性与驱动性，离开了这种空间意识，非正义地理批判便会隐遁于无形。

索亚在《超越后大都市》中明确强调，人类社会发展力量的一个主导因素是城市积聚。如今，都市时代走向终结，而区域城市化不断获得发展。

首先，经济发展、技术创新和文化创造性等很大程度上受城市积聚的影响。社会的城市空间生产明显受到以城市化因素为主的环境因素和自然事件的影响。城市化和农业的进化是相互依存的，农业发展离不开城市积聚的刺激。人类社会发展的空间解释使得都市地理学的重要性被发现。

其次，20世纪以前，中心化程度较高的城市中出现了大都市模式。都市城市化是在资本主义工业城市发展中生长起来的一个阶段，带有"早期更加集中的工业都市主义的模式"。但现代都市主义正在终结，区域城市化作为"城市化过程的范式转型"日益增长，"单一中心的大都市形态发展为多元的区域城市，组成了一个广泛的各种类型的聚集的网络"。都市密度发生剧烈变化，出现"外郊区、农村郊区、农村郊区地域和边缘郊区等的混合"形式。在去工业化过程中，城市核心的密度不断降低，"世界上几乎所有的主要区域都经历了空心化"。同时，多中心的城市化导致了贫富差距、金融危机等问题。区域城市化在规模上不断扩张，全球各种规模的城市都在进行重构，不仅将人口分布到全球性城市化区域，"而且形成了世界范围内日益加速的城市化"。

最后，以空间性思维来应对当代世界中的不正义。马克思主义人文地理学通过空间不正义批判来减少压迫以提高社会公平性，同时强调"提升寻求空间正义的策略的重要性"，并将空间正义理论落实到实践中。

索亚在《以空间书写城市》中点明"城市是一个实体"，它是"聚居的成果"，社会的发展是"通过都市社会的现实化"实现的。

首先，空间视野具有书写城市的潜力。聚居"与城市国家或者城邦形成有关"，是大的共同体、邻居、村庄、镇子聚到一起或者一起生长，同时形成"一个单一的都市政治单位"，即形成都市实体。

其次，都市生活的最本质特征是聚居。聚居是一个连续高度政治化的城市增长和发展过程，是一个连续刺激社会集中的过程，也是一个促进社会进化的源泉性且充满活力的过程。作为城市聚集的刺激因素，聚居与我们真实的和想象的、物质的和象征的都市生活所呈现出来的空间特征联系在一起。

再次，城市化的根本特征在于聚集。聚集所引起的时间和能量节约为创造性的努力提供了刺激性机会。如果说城市聚集刺激了人类历史的发展，那么密度高和文化异质成为城市聚集的首要动力。

最后，城市很大程度上是"革新和创造性的核心"。利用城市的空间性能更好地理解整个社会发展和社会变化的过程，而城市的形成也使得社会剩余在基础性的城市革命中成为可能。

可以看到，索亚将城市描述为一个聚居形成的实体，阐明了城市聚集对社会发展和社会现象的因果性与解释性力量。索亚认为，晚期资本主义的空间生产、空间交换、空间分配与空间消费完全由资本逻辑控制和支配，空间生产中充满了权力关系、政治理论、意识形态之间的激烈斗争。

四、全球化与空间生产问题

鲍里斯·卡戈尔里茨基在《后全球化时代的资本主义和马克思主义》一文中指出，不论是在全球层面还是在国家层面，新自由主义全球化都带来了诸多新的矛盾、社会冲突和全球对抗。新自由主义模式的逐渐自我毁灭迫使人们重新思考社会主义经验。2008 年开始的世界金融危机，标志着新自由主义全球化时代的终结。在后全球化时代，社会变革逐渐扩展到整个世界，作为一种社会革新的理论，马克思主义正在获得其现实意义，它是指向正确的经济、社会和政治战略进而实现社会变革的重要理论武器。

首先，新自由主义全球化时代的终结。在新自由主义思想家看来，苏联解体说明这个世界不可能成功构建不同于现代资本主义的社会发展模式。但20世纪的最后几年爆发了对新自由主义制度的自发的反全球化运动，新世纪之交又发生了既相互补充又相互矛盾的两种全球性社会发展进程：一方面，出现了史无前例的市民无产阶级化现象；另一方面，阶级结构变得愈发模糊，人们习以为常的团结合作与集体协作机制不再发挥作用。

其次，后全球化时代需要更广泛意义的联盟。鲍里斯·卡戈尔里茨基引用法国经济学家托马斯·皮凯蒂在其《21世纪资本论》中的观点，认为有关社会国家的问题是我们这个时代的关键问题，这类运动的政治组织形式通常已不是传统的社会民主主义等意义上的政党，而像是平民主义的广泛联盟，也就是各种社会运动围绕切实改造本国与世界的共同任务而进行的联合。

最后，后全球化时代需要克服新自由主义的危险。在鲍里斯·卡戈尔里茨基看来，如果说2008年开始的这场世界金融危机标志着新自由主义全球化时代的终结，那么当今这个时代应该算是后全球化时代。在这个时代，一定要认识到正在发生的变革的不可逆性和不确定性，以及由此结成广泛意义联盟的重要性和必要性，才能克服新自由主义的危险后果。

迈克·海恩斯在《21世纪的全球城市和全球工人》一文中，通过宏观和微观相结合的视角，阐释了全球城市化模式，审视了城市的发展，探讨了城市生活的本质问题。

首先，世界城市发展的状况。在前资本主义社会中，城市化的模式在一定程度上是沿革资本主义发展尤其是工业发展的模式。在18世纪末至19世纪初，城市化在西欧和美国东海岸的根据地逐渐向外蔓延。在20世纪，尽管拉丁美洲的经济形势多有起伏，但它已经开始走上城市化道路。今天，欧洲、北美洲、大洋洲和拉丁美洲均已高度城市化，在未来，尽管在城市组织的形式上可能会有更大变化，但在城市分布比重上只会出现很小的变化，而大的变化将会发生在非洲和亚洲。不可忽视的是，城市居民生活在发达国家中的比重预计在2030年将降至17%。虽然大都市增长的速度惊人，但城市人口中的大多数还是生活在规模较小的城市和城镇之中。

其次，城市的社会组织形式。从乡村到城镇、从小城市中心向大城市中心的迁徙，促进了城市的发展，尤其是在工业化的早期阶段。城镇的收入往往比乡村高，而且，尽管社会阶层差异带来的差别巨大，但城市的其他条件如健康和医疗条件也常常要比在小城镇好得多。在城镇和乡村之间发展不均衡的过程中，既促生了贫困，也促生了财富。一方面，通过拓展更加现代化的工业和服务业经济来实现城市化发展；另一方面，在平衡城市生活正式的经济关系与非正式的经济关系中，存在截然不同的城市生活方式。在寻求平等的进程中，无论是正式的还是非正式的集体行动，也许都正在变得越来越糟，滋生了绝望的情绪并导致政治真空产生，甚至向宗教寻求帮助和解脱。

再次，当代城市生活的本质。城市生活的不平等表现在城市中心被购物中心和商业大厦占据，而大多数人生活在贫困的边缘，因此需要关注不同程度的不平等，也就是说，在这种生活空间和住所不平等的表象背后，屹立的是财富、收入和权利的不平等。随着城市贫困人口超过农村贫困人口，贫困成为城市社会日益严重的现象，而这种城市贫困程度部分地折射出劳动关系的性质。

最后，城市化的未来出路。海恩斯认为当代劳动者群体反抗不平等的斗争意识正在觉醒，正在形成富有战斗精神的新中心。因此，城市中正规经济体与非正规经济体之间的联系已经变得尤为重要。同时，国家内部以及国家之间存在的改革不均衡问题也需要解决。要解决这些不均衡、不平等、不正义问题，阶级斗争是关键的变革力量。

按照海恩斯的观点，阶级并没有在消失，当今世界上的工人比历史上任何一个时期的人数都要多，而且，如果危机已经将他们推回到了某些地方，阶级和组织依然重要。城市化危机为人们带来挑战的同时，也将会创造一种机会。

迈克·戴维斯在《气候变化危机呼唤新型城市化》一文中认为，全球气候变化问题已相当严峻，要解决当前的危机只有走新型城市化道路，即在城市设计和发展中应有更多的人民性、计划性、整体性和系统性，使公共富足优先于少数人的利润，并且能够发挥当地优秀的居住文化传统。通过新型城市化建设，以全局性和前瞻性的方式来保障绝大多数人和后代子孙所享有的追求美好生活的权利。如果今天仍然想通过市场和技术的方式来解决当前危机，事实将会证明这是一条很难行得通的老路，无法从根本上平等实现人们享有公共富足的可能。因此，在戴维斯看来，以下三点非常重要。

首先，社会经济的不平等将具有气象学上的必然性。《京都议定书》在应对气候变化方面"没有任何明显的作用"。事实证明，全球所增加的二氧化碳排放量与本应下降的数额相等。最为重要的是，"在一个日益变暖的世界里，社会经济的不平等将具有气象学上的必然性"。戴维斯认为，那些富有的北半球国家，虽然其二氧化碳排放量已经摧毁了全世界的气候平衡，却不愿意与那些贫穷的特别容易受到干旱和洪水侵袭的亚热带国家一起分享适应气候变化所需的资源。

其次，世界城市化速度激增导致社会正义赤字增加。地层学家们解释说，人文景观变化、海洋酸化、生物灭绝、全球物种迁移以及农业单一种植普遍取代天然植被，构成了独特的当代生物地层变化不确定性的危险信号。这些影响是永久性的，未来的进化将在保存下来的种类中发生。如果能源目标要维持可持续发展的水平，使人类远离失控的红色变暖区域，那么到 2050 年，将需要在 1990 年的水平上减少百分之五十的全球温室气体排放量。但国际能源署预测，实际上这种排放在未来 50 年中很可能会增加近百分之一百，大量的温室气体将会使我们越过几个关键的临界点。

最后，低碳城市的基础是公共富裕优先于私人富有。人们需要一个充满想象的乌托邦空间，即通过经济和民主的控制，使得在第一流的城市规划理念中，通过城市集体空间中个人意愿和认同的社会化，实现公共富足取代私有消费，以应对人类可持续发展的城市设计的挑战。

总体看来，戴维斯呼吁重视人类生存危机问题。人类城市化加速了全球变暖，若人类想要有一个美好的未来，则此时必须开始像诺亚那样去思考，建造一艘新的方舟，使建筑适应当地的习惯、环境和气候，将传统方法与现代技术结合，通过全人类的整体团结摆脱地球危机。

结　语

综上所述，当代资本主义的新变化推动了西方马克思主义的空间转向，空间问题已经成为西方马克思主义的重要研究领域，空间生产、空间分配和空间消费问题逐渐成为西方马克思主义空间正义批判的主题。如果说西方马克思主义主要关注的是把马克思主义运用于发达的资本主义国家、分析资本主义社会的新变化、寻找革命的主体力量、展望未来前景，那么通过空间正义问题的研究，可以了解国外马克思主义在空间研究方面的发展新动态。通过对发达资本主义空间问题的考察，展示西方马克思主义研究者对资本主义空间不平等问题进行的理论探索与最新研究，进而实现空间正义的解放目标，这对中国学界的空间正义问题研究具有重要启发意义，为进一步推动中国城镇化建设与发展提供学理依据。

感谢本书收录的所有文章的作者和译者为本书贡献的丰富内容，感谢《城市地理学》（*Urban Geography*）、《国际社会主义》（*International Socialism*）、《新左翼评论》（*New Left Review*）、《社会主义年鉴》（*Socialist Register*）、明尼苏达大学出版社（University of Minnesota Press），以及《国外理论动态》、《马克思主义与现实》、《苏州大学学报（哲学社会科学版）》、《华中科技大学学报（社会科学版）》、《江西社会科学》、社会科学文献出版社、南京大学出版社等期刊和出版社的慷慨授权，感谢中国人民大学出版社编辑为本书的出版所付出的智慧与辛劳！

付文忠　马　莲

第一编　晚期资本主义空间的文化测绘：詹姆逊的空间理论

第 1 章 《资本论》中的空间*

[美] 弗雷德里克·詹姆逊 著
胡志国 陈清贵 译

对马克思来说，资本的空间性的秘密也就是空间性自身的秘密，即分离。时间性可以和自身重合，那是在同时性中，但在空间中，两个物体不能占用相同的位置，于是"延伸"就成为"分离"的同义词。然而，动词"分离"自身内部包含了受欢迎的否定——我们正渐渐明白，马克思的辩证法的力量和创造性来自绕开肯定性或积极性——这个词也能积极地发生作用，正如当我把行动者和行动方式分离开时那样。

"分离"一词蕴含的资源在1844年手稿中已经得到了充分利用——异化理论在四重"分离"中得到了明确而详细的阐述，即劳动者与工具的分离、劳动者与产品的分离、劳动者与生产活动的分离、劳动者与人类存在的分离（换言之，与让人成为人的生产活动的分离）。事实上，在这个研究阶段，分离可以说是一个空间概念，也可以说是一个时间概念，怎么说都可以。此处讨论的异化是一个历史事件，但也是发生在空间中的事件，如土地和农民的空间、围场、从乡村向城市的迁移等。同时，马克思对资本的描述的高潮——机器大生产的出现——也是空间的，因为机器大生产用将生产集中起来的工厂新空间垦殖了空间，并讲述那些工具和设备的命运的故事，最初劳动者如何与工具、设备分离开来，现在工具和设备如何成了某种自身就是目

---

* 原载：弗雷德里克·詹姆逊. 重读《资本论》. 胡志国，陈清贵，译. 北京：中国人民大学出版社，2013：87-101。

的的东西。卢德派也和他们的生产分离了,他们的抗议——攻击可恶的工业机器——和一队中世纪士兵攻打坚固的城堡一样,也是空间的。

追踪动词"分离"在《资本论》中甚至在马克思全部著作中的发展,乃至了解其在经济或哲学文献中的前历史,都是枯燥的,但也是有益的。[1] 这个词尤其明显地和农业、土地相关:城镇和乡村的分离成为资本主义发展的一个重要标志,尤其是当资本主义出现之后乡村对城市的罗马统治被决定性逆转的时候。在那时,土地彻底变为商品,农民变为农业工人,大地主变为资本家,这些转变都不可避免;名为地租的谜一样的资本主义现象的古怪特征突兀地显现出来,如同镜中倒像一样颠倒了商品的利润结构。从文化上说,空间的支配地位肯定了城市对自然的吞噬,并在后现代的中产阶级化和生态灾难("同时破坏了一切财富的源泉——**土地和工人**"①,如同马克思在论机器的那一章最后说的那样)中找到了自己特有的表征。

然而,分离在我们或许可以将其视为积极的空间现象中有一个对应物,那就是扩张。扩张是资本主义的根本动力,它说明了资本主义从最初的本地商品生产到最终的世界市场疆域的不可抗拒的发展。因此,必须把分离和与它悖论性地一致的扩张动力结合起来思考,以便它的各个隔间不是让里面的物品懒散地七零八落,而是把它们组合在大大地扩充了的、更有力的实体中。因此,在这里,贴切的比喻不是某种逻辑的或笛卡尔类型的没有生气的分析,而是转移和变异,是近乎科幻小说的重新结合,其最佳历史象征则是劳动过程和生产线的泰勒化。

诚然,自从激进地理学出现以后,有了大卫·哈维的成果和亨利·列斐伏尔的哲学权威理论,人们恍然大悟般关注起历史——尤其是资本主义历史——的空间维度来,这已经成为我们学术传统的基本组成部分。不过,我想揭示的在《资本论》中起作用的空间性表现出了一些悖论性特征。每个人大概都会不假思索地赞同性质比数量具有

---

① 马克思恩格斯全集:第42卷. 2版. 北京:人民出版社,2016:520. ——编者注。本书脚注均为编者注或译者注,以下脚注中未注明者均为编者注,尾注为原作者注。另外,本书所有出自马恩经典的引文均采用人民出版社出版的马恩经典译文,并在注释处直接标注中文版出处。特此说明。

更积极的价值这一习以为常的判断，几乎都会认为那是性质的应有之义。这个偏见，我们甚至必须归因于马克思本人。对马克思来说，商品的出现是通过以交换价值代替使用价值——也就是用数量代替性质——来描述的。然而，在《资本论》中，这一对立的后续结果即使不是诽谤性的或辩证的，也是让人吃惊的。

因为现在我想提出，随着论述的展开，这样的事情发生了：时间和数量重合，空间和性质重合。这话怎么理解？论工作日的那一章可以作为第一个相关证据，因为工作日斗争以工作小时数为中心，而合同写明了以工作时间为标准、为购买者衡量出来的劳动力的数量。把性质问题牵扯进来的是工作条件：肮脏、危险、照明不足、不卫生的物件摆设和空气质量的污染——所有这些工作基础，都可以被认为应该置于性质的标题之下，而不是置于在缩短工作日的斗争中发挥重要作用的数量的标题之下。

如果我们记住此处的空间意味着身体，记住马克思的唯物主义更关注活的、工作的身体，记住他的唯物主义不是一个很有哲学意味的立场，这个观点就不会那么悖谬了。由此，消费是身体的、性质的、具体的，而交易是精神的，即拜物教的、数量的、货币的。抽象劳动是被买卖的数量，而具体劳动甚至很难通过一个普遍性的名词来覆盖，因为每个身体任务，每个动作与手势的组合，每个身体习惯和泥土的物质、组织及阻力的结合，都是那么特殊。

但这种等同进一步导致了《资本论》的另一个悖论：这本劳动阶级的《圣经》根本就不怎么关注劳动。存在主义的劳动经验不能被再生产，它总是把我们领出资本的疆域之外。资本对劳动的生存性质不感兴趣，而只对劳动的数量和从劳动中获取的剩余价值感兴趣。我们顶多能通过复杂社会需要吸收的熟练工人的多样性来领会一下这种性质的多样性，如同长长的惠特曼式名单和目录显示的那样。这样的名单和目录我们先前已经接触过了：

> 例如，机车是由 5 000 多个独立部件组成的。但是它不能算作第一类真正工场手工业的例子，因为它是大工业的产物。钟表才是最好的例子。威廉·配第就已经用它来说明工场手工业的分工。钟表从一个纽伦堡手工业者的个人制品，转化为无数局部工人的社会产品。这些局部工人是：毛坯工、发条工、字盘工、游丝工、

钻石工、棘轮掣子工、指针工、表壳工、螺丝工、镀金工，此外还有许多小类，例如制轮工（又分黄铜轮工和钢轮工）、韶轮工、上弦拨针机构工、装轮工（把各种轮安到轴上，并把它们抛光等等）、轴颈工、齿轮安装工（把各种齿轮和韶轮安装到机心中去）、切齿工（切轮齿，扩孔，把棘爪簧和棘爪淬火）、擒纵机构工、圆柱形擒纵机构又有圆筒工、擒纵轮片工、摆轮工、快慢装置工（调节钟表快慢的装置）、擒纵调速器安装工，还有条合和棘爪安装工、钢抛光工、齿轮抛光工、螺丝抛光工、描字工、制盘工（把搪瓷涂到铜上）、表壳环制造工、装销钉工（把黄铜销钉插入表壳的接头等）、表壳弹簧制造工（制造能使表壳弹起来的弹簧）、雕刻工、雕镂工、表壳抛光工以及其他工人，最后是装配全表并使其行走的装配工。①

但我们必须记住：逐渐淡化这些技能，消除技能需求，即逐渐地、有意识地为获得抽象劳动而塑造大量的抽象劳动者——我们现在可以把工资普遍很低的妇女和儿童加入这群人当中了——是符合资本逻辑的。技术劳动是手工业的痕迹和残留，已经遭到集体劳动（协作）和亚当·斯密的劳动分工基本原则的威胁。资本希望协作和劳动分工原则增加非技术劳动的生产率，直至机器对它的利用甚至淘汰那些有差别的任务。

如果劳动本身退到了再现的最深处的、不可接近的隐蔽地带，退到了身体的几乎不可命名的存在秘密之中，这些隐蔽地带和秘密，甚至小说在它对现实的此前一直不可再现、不可言说的维度所推行的不知疲倦的殖民中也停止了追索，那么，劳动者那边的故事怎么讲述呢？在马克思身上，我们也发现了此前曾有幸回顾过的现象学原则的运作，即让一个行动进入意识的，与其说是行动的成功（因为那时它的痕迹和成就直接成了世界存在的一部分），毋宁说是行动的失败、在半空中停住的手势、碎裂的工具、跌倒以及身体的疲惫。

因此，"工作日"这一章（第十章）根本不是谈工作的，它谈的是工作在极端条件下的不可能性，是处于崩溃边缘的身体。它的深层主题不是具体的劳动，而是阶级斗争（"在平等的权利之间，**力量**就起决

---

① 马克思恩格斯全集：第44卷. 2版. 北京：人民出版社，2001：397.

定作用"①);不是各个行业的满足,而是各个行业都允许和鼓励的种种剥削及虐待形式;不是对工厂工作的语言阐述,而是对滥用工厂工作(在官方报告中)和不可能制定法律以阻止此滥用的说明。

《资本论》中篇幅很长的三章(分别论"工作日""机器和大工业""资本主义积累的一般规律"),从表面上看是讨论劳动的,专门为资本主义制度下劳动阶级的经验提供长篇证词,但这三章不仅都是探讨空间,而且探讨的是主体性的空间,甚至是伤感情绪的空间和准人文主义情感流露的空间(与狄更斯的联系已经成为老生常谈)。资本家只是结构和系统的寓言人物,只是承担者或载体(几个难忘的人物刻画除外:阿谀奉承的西尼耳、可恶的萨瑟兰公爵夫人、不幸的皮尔先生),把他们抛给马克思令人难忘的讽刺和滑稽模仿是稳妥的。剩下的是机器、机构、系统和辩证矛盾。

然而,在这较长的三章中,人和身体再次出现。不过,我们需要留意这个事实:他们不是被马克思自己的语言召唤来的;唯独通过长篇引用工厂视察员的话,他们才出现——之间隔着其他人的声音。[2] 对于个人化表达,对于激情,无论这激情是出于义愤还是出于怜悯和同情,马克思都防范得很严密,虽然这种训练有素的中立文风必然会在读者心中激起这些情感。至于探讨马克思克制情感的原因,当然一方面必须考虑他对抽象辩证法的迷恋(抽象辩证法本身在从被称为《大纲》的笔记到《资本论》的最终阐述的转移过程中,是受到了控制和压抑的);另一方面还要考虑到他进行讽刺刻画的志趣也同样受到了控制,以及我们已经在文中指出过的简短而恰到好处的高潮为数不多。

马克思本人姗姗来迟的对这些骇人的揭露的评论,的确保持着他特有的中立态度:

> 在论述工作日和机器的那几篇里,我们揭示了不列颠工人阶级是在怎样的条件下为有产阶级创造了"财富和实力的令人陶醉的增长"。不过我们那时考察的,主要是执行社会职能时的工人。为了全面说明积累的规律,还必须注意工人在厂外的状况,他们营养和居住的状况。由于本书篇幅所限,我们在这里考察的主要是工业无产阶级和农业工人中报酬最微薄的部分,也就是工人阶

---

① 马克思恩格斯全集:第42卷. 2版. 北京:人民出版社,2016:230.

级的大多数。①

一方面，如同我们已经看到的，上面提到的两章并不总是在处理这项工作（诚然，马克思说过"环境"和"社会职能"）。生产——如果愿意这么说的话，而不是再生产。另一方面，在所有这些范畴之间仍然有一种滑动：面包和烘烤面包的长段跑题（"工作日"），必然过渡到"住宿"（在生产的晚上睡觉），最后过渡到食品。食品被非烤制"全价面包"的工人掺假了，于是，食品不再是生产的产品而成了工人自己的营养（在这里马克思部分引用了一个官方报告）：

> 伦敦的面包工人通常在夜里11点开始干活。他先发面，这是一种极费力气的活。根据烤制面包的数量和精粗程度，需要半小时到三刻钟。然后他躺在那块兼作发面盆盖子的面板上，拿一个面袋枕在头下，再拿一个面袋盖在身上，睡几个钟头。随后他一连紧张地忙上五个小时，把面揉好，分成一块一块，做成面包的样子，放到炉里去烤，再从炉里取出，等等。烤炉房的温度达75—90度，小烤炉房的温度还要高些。各种各样的面包做成后，分送面包的工作又开始了。短工中的一大部分人，刚刚结束了上述繁重的夜间劳动，又要在白天提着篮子或推着车子挨户送面包，有时，他们还要再在烤炉房里干些别的活。根据季节和营业规模的不同，劳动在下午1点到6点之间结束，而另一部分工人则在烤炉房里一直忙到晚上。②

> 熟读圣经的英国人虽然清楚地知道，一个人除非由于上帝的恩赐而成为资本家、大地主或领干薪者，否则必须汗流满面来换取面包，但是他不知道，他每天吃的面包中含有一定量的人汗，并且混杂着脓血、蜘蛛网、死蟑螂和发霉的德国酵母，更不用提明矾、砂粒以及其他可口的矿物质了。③

这样的"住宿"的高温在后来的阐述中也是存在的（同时存在的是它的反面，无暖气的房间和寒冷的屋子）；但首要的是睡眠，这个问题一遍又一遍地吸引了我们的注意力，尤其是在睡眠几乎是工作时间

---

① 马克思恩格斯文集：第5卷．北京：人民出版社，2009：752-753．
② 同①289-290．
③ 同①289．

之外的全部生活的情况下。我们已经忘了，在工业发展早期的这些年中，骇人听闻的铁路事故大都是过度劳累和缺乏睡眠引起的。重要的是，夜晚本身也受到资本"'偷占几分钟时间'，'夺走几分钟时间'，工人中间流行的术语，叫做'啃吃饭时间'"①的伤害；和时间范畴一起受到伤害的，还有年龄和性别范畴。在年龄和性别范畴上，马克思和他的英国视察员一样，也充满了道德感："习俗和自然、年龄和性别、昼和夜的界限，统统被摧毁了。"②在制砖工场，"男女青少年都睡在他的小屋里。这种小屋通常只有两个房间，个别的才有三个房间，他们统统睡在地上，通风很差。他们劳累一天，浑身汗水，已经精疲力竭，哪还能讲究卫生、清洁和礼貌"③。

最后，死亡——"睡眠"的弟弟——很难说和这些室内条件的有害影响没有关系：马克思为生命力量的加速消耗和扼杀提供了一个双连书写板。一个铁匠"每天能打这么多锤，迈这么多步，呼吸这么多次，干这么多活，平均能活比方说50年。现在强迫他每天多打这么多锤，多迈这么多步，多呼吸这么多次，而这一切加在一起就使他的生命力每天多耗费 1/4。他尽力做了，结果在一个有限的时期内多干了 1/4 的活，但是他活不到 50 岁，他 37 岁就死了"④。时间就说到这里。现在谈谈"一个很有名的服装生产企业"的空间。这个企业的女工们在工作时：

> 每30个人挤在一间屋里，空气少到还不及需要量的1/3，夜里睡在用木板隔成的一间间不透气的小屋里，每两人一张床。……玛丽·安·沃克利星期五得病，星期日就死了，而使老板娘爱利莎大为吃惊的是，她竟没有来得及把最后一件礼服做好。医生……直率地向验尸陪审团作证说："玛丽·安·沃克利致死的原因，是在过分拥挤的工作室里劳动时间过长，以及寝室太小又不通风。"⑤

这时，我们可以认为，我们已经完全走出了生产领域，尽管还没

---

① 马克思恩格斯文集：第5卷. 北京：人民出版社，2009：281.
② 同①320.
③ 同①534.
④ 同①296-297.
⑤ 同①294-295.

有到达再生产领域。

再生产包括的内容远远多于食物和住宿。在再生产中，空间被复制到很多层次上：从住房供给到个人房间，从房屋紧张到工人正在建造的城市本身，从都市景观到乡村景观，从上班需要走的不断增加的路程到向殖民地的移民，此外还包括（很让人惊奇）那很容易被忽略的再生产的基本要素（精神上的，而非身体上的），即教育。

马克思赞赏地提到罗伯特·欧文（除傅立叶外，唯一没有受到《共产党宣言》批判的"空想社会主义者"），尤其称赞欧文不仅在自己的试验中实际地以工厂制度为起点，而且还在理论上说明工厂制度是社会革命的起点。马克思支持"综合技术学校和农业学校是……一个要素；职业学校是另一个要素，在这种学校里，工人的子女受到一些有关工艺学和各种生产工具的实际操作的教育"①。除此之外，有迹象表明，我们此时在马克思的著作中可以分析出整个文化革命理论的因子。这个理论尚未成形，如果我们把其中有关教育的各种讨论仅仅看作经典狄更斯式的对使用童工的谴责，就很可能把它忽略了。[3] 相反，我们值得思考这种可能性：对马克思来说，未来的工厂——资本主义之外的乌托邦生产空间，应该也被看作生产、建构主体的空间，以及方方面面的教育的基本场所：

> 正如我们在罗伯特·欧文那里可以详细看到的那样，从工厂制度中萌发出了未来教育的幼芽，未来教育对所有已满一定年龄的儿童来说，就是生产劳动同智育和体育相结合，它不仅是提高社会生产的一种方法，而且是造就全面发展的人的唯一方法。②

这真是社会系统的效价的一个变化：不仅工业雇佣劳动可怖的禁闭空间被转变成人类发展的水晶宫，而且把产业工人变成残疾人和怪物的劳动分工现在又把他们送回到了"协作"和马克思早期的集体"人道主义"的广阔视域。这是一个乌托邦式的逆转，它可能让我们能够重新阐释列宁和葛兰西对泰勒制的热情——如果不经过重新阐释，这种热情就会显得不祥。很不幸，泰勒制的效价在斯大林那里没能发生改变。[4] 同时，它证实了马克思的一个不断出现的想象：对人的多

---

① 马克思恩格斯文集：第5卷. 北京：人民出版社，2009：561.
② 同①556-557.

面发展和活动的想象,对全面的傅立叶蝴蝶式性情或注意力不稳定综合征的想象,如同下面的传奇人物所体验的:

> 一个法国工人从旧金山回来后这样写道:"我从没有想到,我在加利福尼亚竟能够干各种职业。我原来确信,除了印刷业外,我什么也干不了……可是,一旦处在这个换手艺比换衬衫还要容易的冒险家世界中,——请相信我的忠诚!——我也就和别人一样地干了。由于矿山劳动的收入不多,我就抛弃了这个职业到城里去,在那里我先后做过印刷工人、屋面工人、铸铅工人等等。因为有了适合做任何工作的经验,我觉得自己不再像一个软体动物而更像一个人了。"①

这里有两个发展意象:一个是主体潜能在一次近乎空间性的变形中的乌托邦拓展,这是一次发生在资本主义贪婪的帝国扩张和推动力上的效价的变化;另一个是教育工厂的集体乌托邦,是为新型的劳动分工服务的旧式劳动分工的重新运用。

不过,我们还没有讨论资本主义的内部教育问题,尤其是资本主义童工的教育问题:在何种意义上可以说资本主义教育——甚至在孩子们被限制了自由,被要求在工作空间中睡觉,要不就得走太远的路去工作的意义上的资本主义教育——是空间的?事实上,这个特征将成为马克思教给我们的另一个训诫的一部分,那就是,我们今天可能称之为社会民主主义或改良主义的东西——在这个事例上就是那些工厂视察员英雄主义般的努力,他们的报告提供的证词超越了现实主义作品或自然主义作品所能传达的任何东西——是无用的。很不幸,这些努力的结果将是"如果资本只是在社会范围的个别点上受到国家的监督,它就会在其他点上更加无限度地把损失捞回来"②。马克思的另一个结论是,这样的立法会加速资本积聚,让参与竞争的小企业倒闭,并导致让整个系统达到崩溃点的那些矛盾最终成熟:

> 如果说,作为工人阶级的身体和精神的保护手段的工厂立法的普遍化已经不可避免,那末,另一方面,正如前面讲到的,这种普遍化使小规模的分散的劳动过程向大的社会规模的结合的劳

---

① 马克思恩格斯文集:第5卷.北京:人民出版社,2009:561.
② 同①564.

动过程的过渡也普遍化和加速起来，从而使资本的积聚和工厂制度的独占统治也普遍化和加速起来。它破坏一切还部分地掩盖着资本统治的陈旧的过渡的形式，而代之以直接的无掩饰的资本统治。这样，它也就使反对这种统治的直接斗争普遍化。它迫使单个的工场实行划一性、规则性、秩序和节约，同时，它又通过对工作日的限制和规定，造成对技术的巨大刺激，从而加重整个资本主义生产的无政府状态和灾难，提高劳动强度并扩大机器与工人的竞争。它在消灭小生产和家庭劳动的领域的同时，也消灭了"过剩人口"的最后避难所，从而消灭了整个社会机构的迄今为止的安全阀。它在使生产过程的物质条件及其社会结合成熟的同时，也使生产过程的资本主义形式的矛盾和对抗成熟起来，因此也同时使新社会的形成要素和旧社会的变革要素成熟起来。①

不管怎么说，工厂视察员还是试图保证童工至少有最短的学习和接受指导的时间，否则，他们就被彻底剥削，彻底劳动过度了。童工的蒙昧无以复加：

> 当然，这些"劳动力"的文化程度，必然会像他们和一位调查委员进行下述谈话时表现出来的那样！耶利米·海恩斯，12岁，他说："4的4倍是8，而4个4是16……国王是有一切金钱和黄金的人。我们有个国王，据说他是个女王，他们叫她亚历山德拉公主。据说她嫁给了女王的儿子。公主是男人。"威廉·特纳，12岁，他说："我不是住在英国。我想，是有这么一个国家，但以前根本不知道。"约翰·莫利斯，14岁，他说："听说上帝造了世界，又听说所有的人都淹死了，只有一个人活着；听说，这个人是一只小鸟。"威廉·斯密斯，15岁，他说："上帝造了男人，男人造了女人。"爱德华·泰勒，15岁，他说："我根本不知道伦敦。"亨利·马修曼，17岁，他说："我有时到教堂去……他们讲道时提到一个名字，叫耶稣基督，其他的名字我都说不上来了，就连耶稣基督是怎么回事，我也说不上来。他不是被杀死的，而是像平常人那样死去的。他和别人有些不同，因为他有些信教，别人不信。""魔鬼是好人。我不知道他住在哪儿。基督是坏蛋。""这个

---

① 马克思恩格斯全集：第23卷. 北京：人民出版社，1972：549-550.

女孩（10岁）把 God［上帝］念成 Dog［狗］，而且不知道女王的名字。"①

但他们的"学校老师"的无知也是怎么说都不为过的：

> 上学证明书往往由男教师或女教师在上面划一个十字来代替签字，因为他们自己也不会写字。我访问一所颁发这种证明书的所谓学校，教师的无知使我非常惊奇，所以我问他："先生，请问您识字吗？"他的回答是："**唉，认识一点点。**"为了申辩颁发证明书的权利，他又补充一句："不管怎样，我总比我的学生高明。"②

缺乏合格教师甚至也不是立法的主要问题，因为时间和空间都被完全填满了，学生不仅没有空闲念书，也没有地方念书：

> 只有立法机关应受谴责，因为它颁布了一个骗人的法令，这个法令表面上关心儿童的教育，但没有一条规定能够保证达到这个口头上的目的。它只是规定儿童每天必须有若干小时（三小时）被关在叫做学校的地方的四壁之内，规定儿童的雇主每周必须从一个以男教师或女教师身份签字的人那里得到证明书。③

> 在另一所学校，我发现教室长 15 英尺宽 10 英尺，里面有 75 个儿童，不知在叽叽喳喳讲些什么。④

这个评论可以更概括地用一篇更长的记述童工经历的文字来结尾：

> 任何有感情的人想到证词中提到的 9—12 岁儿童所担负的劳动量，都不能不得出结论说，再也不能容许父母和雇主这样滥用权力。

> 儿童昼夜轮班做工的办法，无论在忙时或平时，都会使工作日极度延长。这种延长在许多场合不仅骇人听闻，而且简直令人难以置信。有时难免有的儿童因某种原因不能上工接班。这时，一个或几个该下工的儿童就得留下来填补空位。这个办法是人人

---

① 马克思恩格斯文集：第5卷. 北京：人民出版社，2009：300.
② 马克思恩格斯全集：第37卷. 2版. 北京：人民出版社，2019：135.
③ 同①460.
④ 同①461.

皆知的，有一次，我问一个压延厂的经理，没有上工的儿童由谁代替，他竟回答说："我知道，你心里和我一样明白。"他毫不犹豫地承认了上述事实。

有一个压延厂，名义上的工作日是从早晨6点到晚上5点半。有一个儿童，每星期有4个夜晚，至少要干到第二天晚上8点半……这样一直继续了6个月。另一个儿童，9岁时，有时一连做3班，每班12小时；10岁时，有时一连干两天两夜。第三个儿童，今年10岁，每星期有三天都是从早晨6点一直干到夜间12点，其余几天干到晚上9点。第四个儿童，今年13岁，整个星期都是从下午6点干到第二天中午12点，有时接连做3班，例如从星期一早晨一直干到星期二夜晚。第五个儿童，今年12岁，在斯泰夫利铸铁厂做工，他一连14天都是从早晨6点干到夜间12点，他已经不能再这样干下去了。9岁的乔治·阿林斯沃思说："我是上星期五来的。我们应当在第二天清早3点上工。所以我就留在这里过夜。我家离这里有5英里路。我睡在地板上，铺一条皮围裙，盖一件短外衣。以后的两天我早晨6点来上工。唉！这个地方真热！来这儿以前，我有整整一年的时间也是在高炉上做工。那是在乡下的一家非常大的工厂，在那里，星期六也是清早3点上工，不过好歹还能回家睡觉，因为离家不远。在别的日子里，我早晨6点上工，到晚上6点或者7点下工。"如此等等。①

需要补充一点，这个片段中说的儿童"不能上工接班"的原因包括应该用于教育的必需时间（此外还有针对特定年龄群体的工作时间的法律限制）。英国资本家想出的规避这个立法的巧妙办法，只有多瑙河各大公国里极力用雇佣劳动代替封建劳役的对现代化立法的规避能与之媲美，"因为制定该法令的人谙熟政治经济学，所以规定的不是通常意义的工作日，而是生产某种平均日产品所必要的工作日，而这个平均日产品又规定得非常狡猾，连塞克洛普在24小时之内也完成不了"②。

应马克思的邀请，我们已经考察了资本主义生产场所的内部状况，积累了关于生产和再生产的真实材料，但我们还需要抽身出来，审视

---

① 马克思恩格斯文集：第5卷. 北京：人民出版社，2009：299-300.
② 同①275.

资本主义系统为自己创造的地貌。马克思的控诉的生态特征我们已经提过了。[5] 但我们也应记住：尽管马克思的吸血鬼意象常常引起学者的兴趣，但最常用来和雇佣劳动做比较的是奴隶制，其次是监狱的禁锢（当然，二者经常重合）。西西里的狄奥多鲁斯关于罗马金矿的报告实际上开了这种比较的先河（在详细分析那些贵重金属之后，非常自然地引出了这个话题），这显然是打算证明雇佣劳动比奴隶制更为人道（只有一个例外，古代对不幸的监工是严苛的，"古罗马的斐力卡斯，作为管理人居于农业奴隶之首，但'由于劳动比奴隶轻，得到的报酬也比奴隶更微薄'"①）。不过，如同我们已经看到的那样，《资本论》末尾恶作剧似的建议在"资本发展的规律"尚未完全移植过来的移民殖民地重新实行奴隶制。

在这些矿场上，奴隶的身体只有死了以后才能重见天日。[6] 此类矿场的奴隶制空间，与资本主义在乡下制造的结果形成奇怪的辩证对比。在那些农村地区，森林被无情地成片砍伐，农民的房屋被全部推倒，造成大量荒地，留待种植商品作物，或养牛——如果不是养鹿、养狐狸的话（也许可以说救济院或济贫院是某种介乎奴隶制和推倒房屋之间的案例）。

尽管如此，我们也应该注意到，因为这些新的劳动人口的辛劳，一个全新的工业地貌出现了。人们不仅建造了将在其中居住和工作的工厂（以及里面的"塞克洛普机器"），而且建造了"运河、船坞、隧道、桥梁等设施"，即使这些东西"可能只在遥远的将来才会起作用"。那个遥远的将来却是我们的时代，大城市（从巴西利亚到昌迪加尔，还包括像圣保罗这样的老牌都市中心的新发展区域）把不断增多的建造者们排斥在市中心之外，这些人聚居在城市周围，形成一个巨大的工人阶级贫民窟圈或失业人员棚户区圈，这样的现象不计其数。[7] 因此，后来被称作中产阶级化的东西就是驱赶和清除农业后的城市对应物，甚至传统城市的工人阶级居住区本身也被拆除了，重建为富裕阶层的居住区，以前的劳动阶层居住者被赶到城市边缘之外或彻底沦为无家可归者。在这里，马克思的繁荣与贫困的统一的辩证法预见到了全球化语境下艰难得多的世界城市困境。

带着这种辩证法的最新形式——对工业生产会同时导致超负荷工

---

① 马克思恩格斯文集：第5卷. 北京：人民出版社，2009：199.

作和失业的"一般规律"的揭示——我们最后一次巡览了这些资本主义终极空间。在这些空间里,我们面对的是一种"赤裸的生活",这生活比阿甘本的集中营中绝望的居民所面对的还要更深地植根于经济系统。[8] 例如,这里有一份关于农场工人的绝望的证据:

> 至于他的收入的任何进一步的减少,他会说:我什么也没有,我什么也不操心。他不担心将来,因为他除了生存所绝对必需的东西之外,一无所有。他降到了零点,也就是租地农场主计算的起点。由它去吧,幸福与不幸反正同他无关。①

空间形式是以许诺展示原始场景为基础的,在这个场景中,归根结底无法再现的东西好似在某个外部边缘上被接近了。这些终归无法再现的现象——劳动、疲惫、人类时间的彻底消耗以及被永远排斥在不可能属于我的空间之外(实实在在地被异化)——没有哪一个比饥饿更加不可再现。这种饥饿剥离了所有文化形式,仅剩下无可名状的空虚和衰弱。如何最终看待这种饥饿,这种不仅仅是那为饥饿提供了表现渠道的身体上的饥饿?马克思的空间形式——通过他的耳闻目睹和那些或害怕或同情但尽量让自己冷静的证人的声音传达出来——在于对空间的耐心探索,由对这种不可再现事物的终极现实的搜寻构成。这种搜寻越来越小心地从统计数字和大地区向小城镇、小街道移动,向屋子、房间移动,最终达到屋子最里间的徒然四壁,这里让人眩晕,痛楚难当,以致再也看不下去:

> 我们又敲第二家的门,开门的是一个中年妇女,她一句话也没有说就把我们领进一间狭小的后屋,一家大小都在那里一声不响地坐着,呆望着快要熄灭的火。他们脸上和他们的小屋里笼罩着的那种凄凉绝望的情景,使我再也不愿看到类似的景象……妇人指着她的孩子们说:"先生,他们已经26个星期没有活干了。我们所有的钱都花光了,那是我和孩子们的父亲在光景好时积蓄下来想在困难时有点依靠。请你们看吧!"她几乎是发狂似地喊着,一边拿出一本存取款项写得清清楚楚的银行存折;我们从上面可以看出,这笔小小的财产最初怎样从5先令开始存起,怎样一点一点地增加到20镑,然后又怎样逐渐消失,从若干镑减到若

---

① 马克思恩格斯文集:第5卷. 北京:人民出版社,2009:781-782.

干先令,从若干先令减到若干便士,直到存折变得像一张白纸一样一文不值。这家人每天从贫民习艺所领到一顿救济饭……最后我们访问了一个曾在造船厂工作的爱尔兰人的妻子。我们发现她已经饿病了,穿着衣服躺在一张垫子上,勉强算盖着一条毯子,因为所有的被褥都已进了当铺。她可怜的孩子照料着她,但是看来孩子们自己正需要母亲的照顾。她已经19个星期被迫无事可干,以致陷入这样的境地。她一边哭泣,一边讲述她的痛苦经历,仿佛失去了对美好未来的一切希望。我们走出房子的时候,有一个年轻人跑来要我们到他家去,看看是不是能帮他一点忙。一个年轻的妻子,两个可爱的小孩,一卷当票,一间空房——这就是他指给我们看的一切。①

注释

[1] 这不仅仅是一个比喻问题。迈克尔·莱波维兹(Michael Lebowitz)以突出的、创造性的理论思考,证明了分离概念包含了一个完整的实践政治策略。

[2] 参见 Eglantine Colon, "Marx's Voices," 即将出版。

[3] 参见弗雷德里克·詹姆逊. 辩证法的效价. 余莉,译. 北京:中国社会科学出版社,2014:第 10 章。

[4] J. G. Scoville, "The Taylorization of Vladimir Ilich Lenin," *Industrial Relations*, October 2001, 40: 4; V. G. Devinatz, "Lenin as Scientific Manager," *Industrial Relations*, July 2003, 42: 3.

[5] 参见福斯特. 马克思的生态学. 刘仁胜,肖峰,译. 北京:高等教育出版社,2006。

[6] "奴隶主买一个劳动者就像买一匹马一样。他失去奴隶,就是失去一笔资本,必须再花一笔钱到奴隶市场上去买,才能得到弥补。但是,'尽管佐治亚州的稻田和密西西比州的沼泽地对人体组织具有致命的危害,这种对人的生命的破坏总不会大到连靠弗吉尼亚州和肯塔基州的黑人众多的"自然保护区"也补充不了的程度。当经济上的考虑使奴隶主的利益同保存奴隶相一致时,这种考虑还可以成为奴隶受到人的待遇的某种保证,但在实行奴隶贸易以后,同样的经济上的考

---

① 马克思恩格斯全集:第 43 卷. 2 版. 北京:人民出版社,2016:719-720.

虑却成了把奴隶折磨致死的原因，因为奴隶一旦可以从外地的黑人"自然保护区"得到补充，他们的寿命也就不如他们活着时的生产率那样重要了。因此，在奴隶输入国，管理奴隶的格言是：最有效的经济就是在最短的时间内从当牛马的人身上榨出最多的劳动。在种植热带作物的地方，种植园的年利润往往与总资本相等，正是在这些地方，黑人的生命被视同草芥。正是这个几世纪以来成为巨大富源的西印度农业，曾吞没了几百万非洲人。拿现在的古巴来说，那里每年的收入总是以百万计算，种植园主俨然就是王公，但是我们看到，那里的奴隶阶级饮食最坏，劳动最累最重，甚至每年都有一大批人直接由于劳动过度、睡眠和休息不足等慢性折磨而丧命'。"①

[7] 参见James Holston, *The Modernist City* (Chicago: University of Chicago Press, 1989).

[8] 阿甘本《神圣人》(Agamben, *Homo Sacer*)中的拟生物学概念被证明实际上吸收了统治的范畴，就像福柯的概念一样（考虑到使用了集中营的例子，这个概念很难采用其他范畴）。这就是为什么失业的贫困是更根本、更具体的形式。从这个形式衍生出了后来这些观念：具体的东西是社会的，是生产方式，是人类创造的、历史的；涉及自然或死亡的形而上学概念是更基础的现实的意识形态产物。

---

① 马克思恩格斯文集：第5卷. 北京：人民出版社，2009：307-308.

第2章　全球化和政治策略*

[美]弗雷德里克·詹姆逊 著　王逢振 译

　　人们对全球化的界定，似乎常常多是些意识形态的挪用——不是讨论它的过程本身，而是讨论它的结果，而且，不论这些结果是好是坏。换言之，他们本质上是进行总体化的判断，对作用的描述则倾向于把特定的因素分离开来，而不是把它们互相联系起来。[1] 因此，也许更有效的是，把所有这些描述结合起来，完全接受它们的含混性，也就是说，像讨论幻想和焦虑那样，讨论事物本身。下面我们将探讨全球化五个迥然不同的层面，以便证明它们最终的内在联系，并连接一种对抗的政治。这五个层面是技术的、政治的、文化的、经济的、社会的，并基本上依照这个顺序探讨。

一

　　例如，人们可以从纯技术方面来谈论全球化：新的传播技术和信息革命。当然，创新不仅限于狭义的传播层面，而且包括它们对工业生产和组织的影响，以及对商品营销的影响。大部分评论家似乎认为，全球化至少在这一方面是不可避免的："卢德运动"的政治在这里是不适用的。但在对全球化的任何讨论当中，这种论点使我们想到一个迫

---

* 原载：《江西社会科学》2004年第3期。文献来源：《新左翼评论》2000年第4期。

切的问题：它是否真的不可避免？它的过程是否可以停止、转向或逆转？地区甚至整个大陆是否可以排除全球化的力量，与它分离或"切断"和它的联系？[2]对这些问题的回答，会对我们的策略的结论产生重大影响。

二

在政治层面上讨论全球化时，最重要的是民族-国家的问题。民族-国家是否已经过时或已经终结？是否仍然要发挥重要的作用？假如关于它消亡的报道是天真的，那么全球化本身又该如何？也许它应该被理解为只是诸多对国家政府的压力中的一种？等等。但是，我相信，在这些讨论背后，潜存着一种更深层的恐惧，一种更基本的叙事的思想或幻想。因为当我们谈论全球化不断扩张的权力和影响时，难道我们实际上不是指美国不断扩张的经济和军事力量？而当我们谈到民族-国家的削弱时，难道我们实际上不是在谈其他民族-国家对美国权力的屈从？这种屈从或者通过赞成和合作，或者由于残酷的武力和经济威胁。这里，在焦虑背后隐约表现的东西，是过去所称的帝国主义的一种新的形式，而帝国主义本身已经经历了各种不同的形式。一种是旧的、第一次世界大战之前的殖民帝国主义，它涉及许多欧洲国家、美国和日本；第二次世界大战以后，随着非殖民化浪潮高涨，殖民帝国主义被取而代之，出现了一种不太明显但同样有害的冷战形式的帝国主义，它通常采取经济封锁和威胁的手段（包括派遣"顾问"和暗中颠覆，如在危地马拉和伊朗），这种帝国主义现在以美国为首，但仍然包括一些西欧强国。

现在也许出现了第三种帝国主义，在这个阶段，美国追求萨缪尔·亨廷顿所说的三叉式的外交策略：只有美国拥有核武器；人权和美国式的选举民主；（不那么明显的）限制移民和劳动力的自由流动。[3]人们在这里还可以加上第四种关键的策略：在全球推广自由市场经济。这种帝国主义形式只包括美国（和完全依从它的卫星国，如英国），它充当世界警察的角色，通过在各种所谓的危险地区进行有选择的干预（大多是轰炸）来强化它的统治。

在这种新的世界秩序之下，其他民族-国家失去的是什么样的民族自治?这种丧失是否真的与殖民化时期的统治相同,或者与冷战时期强制的结盟相同?就这个问题可以给出一些非常有力的回答,它们基本上都可以归到下列标题——文化和经济——之下。然而,最常见的集体尊严和自尊,事实上却并不常常导致对社会的考虑,而更多的是导致对政治的考虑。因此,在民族-国家和帝国主义问题之后,我们会面对第三个令人感兴趣的问题——民族主义。

但是,难道民族主义不是一个文化问题吗?毫无疑问,人们一直从文化方面讨论帝国主义。而民族主义,作为一个完全是内部政治的计划,通常并不诉诸个人的财物利益,或者对权力的欲望,甚或科学的骄傲——虽然这些可能是附带的好处——而是诉诸某种并非科技的东西,某种实际上既非政治亦非经济的东西。然而,由于我们缺少更好的词语,所以我们倾向于把它称为"文化"。那么,是不是总是民族主义抵制美国的全球化呢?美国认为如此,并要求你也同意这种看法,此外还要求你承认美国的利益是普遍性的。或者,这是不是只是不同民族主义之间的一种斗争,而美国的全球利益只代表美国的民族主义?后面我们将对此进行更详细的讨论。

三

许多人认为,全球化的真正核心问题是世界文化的标准化,地区流行的或传统的文化形式被逐出或沉默无语,从而使美国的电视、音乐、食品、服装和电影取而代之。这种对美国模式现在正取代其他一切的担心,已经超出文化范畴,扩散到我们剩余的两个范畴,因为这个过程在一个层面上显然是经济支配的结果,是地区文化工业因美国的竞争而倒闭的结果。在另一个更深的层面上,这种焦虑变成了一种社会的焦虑,而文化的焦虑只是一种征象:换言之,这种恐惧是特定种族-民族的生活方式本身将遭到破坏。

但是,在转向这些对经济和社会的考虑之前,我们应该更仔细地看看对文化恐惧的某些反应。这些反应常常低估文化帝国主义的力量——在那种意义上,玩的是美国利益的游戏——它们使我们相信,美国大众文化在全球的成功并不全都那么坏。以此为根据,它们会肯定一种身份,例如印度的身份,以为这种身份会顽强地抵制盎格鲁-撒克逊进口文化的力量，而这种文化的影响仍然只是表面上的，甚至可能存在一种固有的、永远不会被真正美国化的欧洲文化，如此等等。永远不清楚的是，这种仿佛是反对文化帝国主义的"自然"的防卫，是否需要公开的对抗行为，是否需要一种文化政治的计划？

是不是在怀疑这些不同的、非美国的文化的防卫力量时，人们是在触犯它们或侮辱它们？是不是由此暗示了印度文化过于软弱、无法抵抗西方的力量？根据过分强调帝国主义的力量就是降低它所威胁的国家、社会和文化的地位这一点，是否低估帝国主义的力量就更为适当？这种对政治正确性的特殊反应，提出了一个有趣的表征问题，对此可以做以下简要的论述。

一切文化的政治都必然面对一种修辞的选择：一方面是肯定文化群体力量中的过分自负，另一方面是对它的策略性的降低。这是由于政治的原因，因为这样一种文化的政治可以突出英雄性，体现出次等人的激动人心的英雄主义的形象——强壮的妇女、黑人英雄、法农式的对殖民化的抵抗，以此鼓励公众；或者，它也可以坚持该群体的悲惨状况，对妇女、黑人或被殖民者的压迫。这些对悲惨状况的描绘也许是必要的，以便激起愤怒，使被压迫者的境遇更广泛地为人们所了解，甚至使统治阶级中的某些人转而支持他们的事业。但这里的危险是，你越是坚持这种悲惨和无权的状况，它的主体就越显得是软弱和被动的受害者，越显得容易受人支配，因而被当作令人生厌的形象，甚至可以说剥夺了他们所关心的那些人的权力。在政治艺术里，这两种表征的策略都是必需的，而它们彼此不可能调和。也许它们对应于斗争中的不同历史阶段，并拓展地区的机遇和再现的需要。然而，除非人们以那种政治和战略的方式来考虑它们，否则就不可能解决政治正确性中这种特殊的二律背反。

四

我已经论证过，这些文化问题倾向于弥散在经济和社会问题之中。让我们首先看看全球化的经济方面。事实上，经济似乎不断地消融到全球化的其他各个方面：控制新的技术，强化地缘政治的兴趣，并最终因后现代性而使文化融入经济之中——而经济也融入文化之中。商品生产现在是一种文化现象,你购买产品不仅因为它的直接使用价值,而且因为它的形象。为了设计商品的形象和推行销售它们的策略,一种整体工业——一种经济机制——已经形成:广告变成了文化和经济之间的一种基本中介,并且可以纳入大量的美学生产形式(不论它的存在使我们对这种情况产生了什么争论)。色情是这个过程的重要部分:广告宣传的策划者是真正的弗洛伊德式的"马克思主义者",他们懂得性本能投入的必要性,懂得必须使这种投入伴随着商品并使它们吸引人。连续性也有它的作用:其他人的汽车或花园机械的样子会在我决定是否购买那些东西时发生作用(由此也可以使我们看到文化和经济折回到社会本身)。在这种意义上,经济变成了一个文化问题。也许我们还可以推断,在庞大的金融市场上,我们抛出或购入股票的公司的形象也有一个文化的方面。盖·狄保德很久以前就把我们的社会描写成一个形象的社会,一个以审美的方式消费的形象的社会。他以此表示这种接缝将文化和经济分开的同时又将这两者连接起来。我们松散地谈到许多政治的物化、观念的物化,甚至感情和私人生活方面的物化,现在我们必须补充的是,今天的物化也是一种美学化——商品现在也以"审美的方式"被消费。

这是从经济到文化的运动,但也存在着从文化到经济的运动,而且它同样重要。这就是娱乐业本身,它是美国庞大的、赢利最多的出口产品之一(与食品和武器相似)。我们已经谈到反对文化帝国主义的问题,但这只是根据地区的趣味和身份谈的,例如根据印度或阿拉伯公众对某些好莱坞电影的"自然的"抵制。事实上,很容易使非美国公众对今天好莱坞产品的暴力、时间和身体直接性的风格产生喜爱,而这些风格的声誉只能靠美国的现代性或后现代性的某种形象来提高。[4] 那么,这是不是在为西方的普遍性——或至少美国的普遍性——及其"文明"进行辩护?虽然是无意识地,但这无疑是一个被广泛坚持的立场,因此值得认真地以哲学的态度正视它,即使它显得有些荒谬。

然而,事实上经济问题先于这种模糊的作为公众趣味的文化问题。自从第二次世界大战结束以来,美国付出巨大的努力来确保它的影片在外国市场上占据支配地位——一般通过将条款写进各种条约和一揽子的援助计划来实现。除了坚持抵制这种特殊形式的美国文化帝国主义的法国,大部分欧洲国家的民族电影工业在战后因这种约束性的协议而被迫处于守势。美国这种试图摧毁所谓"文化保护主义"政策的系统努力，只是一种更普遍的、日益全球性的兼并战略的组成部分〔现在这种兼并战略在世界贸易组织及其所做的类似流产的多边投资协定（MAI）计划的努力中备受推崇〕，它极力以有利于美国公司的国际机制代替地方法律，不论是在知识产权方面还是在专利方面，无不如此（例如热带雨林资料和地方发明），更不用说蓄意暗中破坏其他国家在食品方面的自足了。

这里文化已经绝对变成了经济的，而这种特殊的经济还明确地设定了政治日程，并支配着政策。显然，在今天的世界上，仍然存在着为争夺资源而进行的斗争，例如为争夺石油、钻石和其他原料而进行的斗争：谁敢说这些是帝国主义的现代形式，与以友好的（从属的）政府代替抵抗的政府那些更早的纯政治的和外交的或军事的努力相同？但是，今天更独特的后现代的帝国主义形式——甚至文化帝国主义的形式——似乎是我一直描述的那种形式，它通过北美自由贸易区、《关税与贸易总协定》、世界贸易组织等发生作用。这并非因为这种形式的帝国主义提供一种不加区分的教科书似的范本（一种新的教科书！），说明经济、文化和政治独特的不同层面之间的汇聚融合，尽管它们是后现代性的基本特征和全球化的基本构成。

全球化的经济范畴有一些其他方面也应该简要地加以考察。跨国公司——20世纪70年代只称作多国公司——是新的资本主义发展的第一个迹象和征候，它引起对可能出现某种新的双重权力的政治恐惧，以及对这些跨国巨大实体可能胜过政府的政治恐惧。这种恐惧和幻想的疯狂的一面，被政府本身与这些公司的商业活动的共谋缓解，仿佛这两个部分之间有一个旋转门似的，尤其就美国政府的人员而言（具有讽刺意味的是，自由市场的雄辩者总是谴责日本政府干预民族工业的模式）。新的全球合并在结构上更令人不安的特征是，它们能够通过把自己的活动转到海外更便宜的劳动力市场而破坏本国的劳动力市场。迄今为止，还没有可比较的劳动力转移的全球化与这种情况相对应：外籍人士的流动也许表现了一种社会和文化的运动性，但还不是一种政治的运动性。

金融资本市场的巨大扩张是这种新的经济全球化的一个引人注目的特征，同样，它之所以成为可能，也与由新技术打开的同时性相关。这里我们不再一定要涉及劳动力或工业能力的流动性，而是涉及资本本身和投资的流动性。最近几年，对外国货币的破坏性的思考标志着一个更重要的发展，也就是说，第一世界以外的民族-国家绝对依赖外国资本，包括借贷、援助和投资（甚至第一世界国家也有些脆弱，例如密特朗执政初期法国因较"左"的政治而受到的打击）。此外，全球化进程还破坏了许多国家在农业方面的自给自足，使之依赖于进口美国的食品，然而可以想象，这也可以说成是新的世界范围的劳动分工，正如亚当·斯密所说，这可以看作生产力的提高而不是降低。不过，对新的全球金融市场的依赖，则不能再以同样的方式来说明。最近五年大量的金融危机以及政治领导人（例如马来西亚总理马哈蒂尔）或经济界人物（如乔治·索罗斯）的公开声明，都使人更清楚地看到新世界经济秩序这种破坏性的一面，在这种经济秩序中，资本的瞬间转移可以汲干国民劳动力多年生产积累的价值，使全球的某些部分整个贫困化。

美国采取抵制引进那种控制国际资本转移的策略，因为这种方法可能使金融和投机导致的破坏受到遏制。当然，美国一向在国际货币基金组织中发挥着主导作用，而后者长期以来被认为是新自由主义努力的推动力量，它以威胁撤回投入的资金的方式把自由市场的条件强加于其他国家。但最近几年，金融市场的利益与美国的利益绝对一致的情况变得不再那么明显：这里的焦虑是，这些新的全球金融市场——像最近科幻小说里有知觉的机器——一样可能转变成自治的机制，造成谁都不希望的灾难，甚至最强有力的国家政府也无法控制。

不可逆转性一直是这个过程的一种特征。不可逆转性最初表现在技术层面上（不可能回到更简单的生活或更简单的生产），但在政治领域，就帝国主义的统治而言，我们也面临着这种不可逆转性——尽管世界历史的变化在这里表明，任何帝国都不会永远存在下去。在文化层面上，全球化可能导致地方文化的最终毁灭，除了迪士尼的虚构形式，地方文化不可能复兴，也就是说，只能构成人为的幻象或者幻想化的传统和信念的意象。但在金融领域，那种似乎笼罩着全球化的公认的不可逆转性的毁灭气氛，使我们自己无力想象出任何可能的替代，或者无法设想与世界经济"松散联系"的何以首先是可行的政治和经济计划——尽管"松散联系"的民族存在形式仅仅几十年前还以社会主义阵营的形式盛行。[5]

五

经济全球化的另一个方面,即所谓的"消费文化",最初出现在美国和第一世界其他国家,但现在却系统地在全世界蔓延,最终把我们带到社会领域。英国社会学家莱斯利·斯科莱尔(Leslie Sklair)曾用这一术语表示由晚期资本主义商品生产衍生的一种特殊的生活方式,这种方式可能危及其他文化中种种可选择的日常行为——反过来,它也成为种种特殊抵制的目标。[6] 但在我看来,更有用的不是从文化方面来考察这种现象,而是在这一点上经济进入社会,因为作为日常生活的一部分,"消费文化"实际上是社会结构组织的一部分,很难与社会分开。但是,问题也许并非所谓的"消费文化"是不是社会的组成部分,而是它是否标志着我们迄今所理解的社会的一切的终结。这里的论点联系到以前对腐蚀传统社会群体的个人主义和社会分裂的谴责。就社会对群体的影响而言,现代非个人的社会破坏了旧的家庭、世系、村庄等"有机形式"。因此这里的论点是,消费本身是个人化的和分裂的,其逻辑是破坏那种常常被隐喻化为日常生活结构组织的东西(实际上,日常生活只有开始遭到破坏时,才会被从理论、哲学和社会学视角来认识)。这里对商品消费的批判,与传统上对金钱的批判相似,其中金钱被认为是最具腐蚀性的因素,它破坏社会的契约关系。

六

约翰·格雷(John Gray)在其著作《虚幻的曙光》(*False Dawn*)里,追溯了在全世界不同国家境遇中全球化的影响,从俄罗斯到东南亚,从日本到欧洲,从中国到美国,等等。[7] 在评价自由市场体制全面实施的灾难性后果时,他遵循卡尔·波利亚尼(《伟大的变革》)的观点,但他同时还发展了波利亚尼的观点,提出了自由市场思想中的基本矛盾。这就是,建立完全脱离政府的自由市场包含着大量的政府干预,实际上强化了政府的集权力量。自由市场不会自然地发展,它必然要通过决定性的立法和其他干预措施才能形成。这是波利亚尼所处的时代——19世纪早期——的情况,而格雷认为这正好也是我们自己时代的情况。

就这个问题他还补充了另一种反讽的辩证的扭曲:撒切尔夫人的自由市场试验的社会破坏力量,不仅给那些因之贫困化的人带来恶果,而且还分裂了支持她的计划并构成她的选举人基础的保守党群体的"人民阵线"。格雷从这种辩证的颠倒中得出两个结论:第一,真正的文化保守主义(就是他自己的)与自由市场政策的干预主义是不相容的;第二,民主本身与自由市场的政策也是不相容的,因为大多数人必然反对其招致贫困、破坏性的后果——总是如此,只要他们能够认识它们并拥有这样做的选举手段。

对于许多关于全球化和美国自由市场的赞美的修辞,这是绝好的解毒剂。正是这种修辞——也可以说是新自由主义的理论——构成了格雷著作中基本的意识形态目标,因为在他看来,对于今天世界上的灾难性变化,那是一种真正的力量,一种积极的具有塑造力的影响。但我认为,这种对意识形态力量的强烈感觉,最好不要看作唯心主义对观念重要性的肯定,而应该看作话语斗争力量中的一种教训(或者用另外的术语说,是能指的物质主义力量中的教训)。[8]

这里我们应该强调的是,格雷视为日益强大的自由市场全球化的那种新自由主义的意识形态,是一种特殊的美国现象(撒切尔夫人虽然把它付诸实践,但正如我们看到的,在实践过程中,她自己毁了它,也许还毁了英国自由市场的新保守主义)。格雷的观点是,被美国的普遍主义(在"西方文明"的掩饰下)强化的美国信条,在世界的任何其他地方都得不到共鸣。在对"欧洲中心主义"的指责仍然流行之际,格雷提醒我们欧洲大陆(甚至英国)的传统并不总是欢迎这种绝对的自由市场价值,而是倾向于他所说的"社会市场",换句话说,也就是福利国家和社会民主。而日本和中国的文化、东南亚和俄罗斯的文化,本来就都不欢迎这种新自由主义的计划。

在这一点上,格雷回到了我认为非常值得怀疑的两种标准的社会科学概念:文化传统的概念和(尚未提到的)现代性本身的概念。这里,附带讨论一下另一部论今天全球形势的有影响力的著作也许是有益的。这就是萨缪尔·亨廷顿的《文明的冲突》。在这部著作里,尽管可能出于各种错误的理由,亨廷顿也表现为一个强烈反对美国普遍主义主张的反对者,尤其反对美国当前在全球进行警察式军事干预的政策（或习惯？）。一方面因为他是一个新型的分离主义者；另一方面因为他相信我们认为是普遍的、适用于世界各个地方的西方价值——如民主选举、法制和人权等——实际上并没有扎根于某种永恒的人性，而是文化的特质，是诸多价值中一些价值（如美国的价值）的特殊的聚合的表现。

亨廷顿这种类似汤因比的看法假定当前存在着八种世界文化：西方文化；俄罗斯东正教文化；伊斯兰文化；印度文化；日本文化——局限于那些岛屿，但非常独特；中国文化或儒家传统文化；最后，虽然在概念上有些问题，但还是提出了一种公认的非洲文化，以及带有某种综合特征或可能并非我们期望看到其出现的一种拉丁美洲的文化。亨廷顿这里的方法令人想到最早的人类学理论：社会现象——社会结构、行为等——的典型表现是"文化传统"，这种传统反过来通过它们在特定地区的根源来加以说明，而后者作为原动力则不需要进一步的历史或社会学的解释。人们也许认为，世俗社会所提出的观念上的难题会使亨廷顿止步不前，但绝非如此：因为某种所谓的"价值观"显然会在世俗化的过程中生存下来，并说明为什么俄罗斯文化不同于中国文化，而它们都不同于当前北美洲或欧洲的文化（在"西方文明"之下归结在一起，其"价值观"当然被称作基督教文明——在公认的西方基督教的意义上，明显不同于东正教，而且在潜在的意义上也不同于残存的地中海区域的天主教，即亨廷顿在"拉丁美洲"文化的标签下期望实现的宗教）。亨廷顿在论述中确实附带地谈到马克斯·韦伯关于新教徒工作伦理的论点似乎把资本主义等同于某种特殊的宗教-文化传统，但是除此之外，"资本主义"一词几乎没有出现。实际上，这种明显是对抗性的对世界全球化进程的概括的最惊人的特征之一，就是完全没有提到任何重要的经济问题。这是真正的政治科学，属于那种最乏味的、专门化的类型，全部都是外交和军事冲突，丝毫没有暗示独特的经济力量，而经济推动着自马克思以来的历史创造性。毕竟，在格雷的著作里，对文化传统多样性的坚持引人注目，它描述了它们可能产生或接受的各种资本主义；这里文化的多样性只是表示非中心化的、外交和军事的混杂，而"西方的"或"基督教的"文化不得不考虑如何对待它们。然而，归根结底，任何对全球化的讨论都必须以这种或那种方式服从于资本主义本身的现实。

在结束我们对亨廷顿及其宗教战争的插叙之际，让我们再回到格雷，因为他也谈到了文化和文化传统，但在这里考虑的是它们提供不同形式的现代性的能力。格雷写到，"世界经济的增长"并不一定引起普遍的文明，就像马克思所认为的那样。相反，它允许种种本土资本主义的发展，它们不同于理想的自由市场经济，彼此之间也互不相同。它造就的政权通过恢复自己的文化传统来获得现代性，而不是模仿西方国家。因此有多种不同的现代性，就像在现代过程中有多种失败的方式一样。

值得注意的是，所有这些所谓的"现代性"——格雷所追溯的中国侨民的家族式资本主义、日本武士精神的资本主义、韩国的集权资本主义、欧洲的"社会市场"以及俄罗斯黑手党式的无政府主义的资本主义——全都假定某些特殊的、先在的社会组织形式，它们以家庭秩序为基础，不论是家族还是延伸的网系或者在更传统意义上的形式。就此而言，格雷所描述的对全球自由市场的抵制最终也不是文化的（尽管他不断使用"文化"一词），归根结底还是社会的：各种"文化"的关键特征可以汲取不同的社会源泉——集体、群体和家族的关系——从而反对自由市场产生的意识。

在格雷看来，最可怕的非理想社会就在美国：剧烈的社会两极分化和贫困化、中产阶级遭到破坏、毫无福利保障系统的结构性失业、世界上最严厉的监狱统治、城市污染破坏、家庭解体，这些就是被引上自由市场道路的任何社会的前景。格雷不像亨廷顿那样，他不必寻求某种独特的文化传统来归类美国的社会现实：它们产生于社会的分裂和破坏，其结果使美国成为世界其他国家的一个可怕的、足资教训的实例。

有许多不同的现代性，正如我们所看到的，格雷赞扬通过更新他们自己的文化传统来获取现代性的那种政权。人们究竟如何确切地理解"现代性"这个词呢？在许多人称之为"后现代性"的东西当中，在冷战结束之后，在对西方和共产主义的不同"现代化"都进行怀疑之际，究竟是什么造成了它的巨大财富，也就是说，地区的发展和重工业出口？

现代性的词语——或者更确切地说现代化的词语——肯定在全世界有重复的情况。这是否意味着现代技术？倘若如此，世界上几乎每一个国家早就现代化了，它们都有汽车、电话、飞机、工厂，甚至有计算机和地方的股票市场。如果不够现代——这里一般的含义是落后，而不是真正的前现代——是否只是意味着这些东西不够多？或者不能有效地运用它们？或者成为现代的是否就意味着拥有宪法和法律，像好莱坞电影里的人那样生活？

这里用不着怎么犹豫我就会贸然提出这样的看法："现代性"在这种语境里是一个可疑的词，在社会主义受到怀疑之后，它完全被用来掩盖任何大的集体的社会希望或目的的缺失。资本主义本身没有任何社会目标。大肆宣扬以"现代性"取代"资本主义"，使政治家、政府和政治科学家可以自称它具有社会目标，从而掩饰那种可怕的缺失。这在格雷的思想里表现出一种基本的局限：他被迫在许多策略性的时刻使用这个词。

格雷自己对未来的设想特别蔑视回到过去的集体计划。他一再重复说，全球化在当前的意义上是不可逆转的。社会民主今天被宣称是行不通的：社会民主政权"预设一种封闭的经济……（它的）许多核心政策在开放的经济中无法坚持"，在开放的经济中，"资本的自由转移使它们难以实施"。相反，国家将不得不尽量缓和自由市场的苛刻性，忠实地坚持自己的"文化传统"，于是必须以某种方式发明出全球性的系统规则。整个方法在很大程度上依赖于话语斗争，也就是说，依赖于打破新自由主义意识形态的霸权。对于错误意识在美国的统治，格雷有许多话要说，而要打破这种统治，显然只能靠大的经济危机（他深信这样一种危机会出现）。市场不可能自我调控，不论是不是全球性的，然而"若无美国政策的根本转变，一切全球市场的改革计划都会流产"。这是一幅凄凉而现实的图画。

至于原因，格雷不是把全球自由市场的先决条件和它的不可逆转性归于意识形态，而是归于技术，而这样一来，我们就回到了我们的出发点。在他看来，一个跨国公司胜过其竞争对手的决定性优势，最终来自它发明新技术并有效地应用它们以获取利润的能力。同时，"工资下降和失业增加的根本原因是新技术在全世界的扩展"。技术决定社会和经济政策——"新技术充分利用传统的难以行得通的政治"。最后，"一种真正的全球经济的形成，靠的是新技术在全世界的扩展，而不是自由市场在全世界的扩展"，"这种（全球化）进程的主要动力是新的、消除距离的、信息技术的迅速扩展"。格雷的技术决定论被他多元"文化传统"的希望掩盖，被他反对美国新自由主义的立场政治化了，因此最终提供的是一种非常模糊的理论，与其他许多全球化的理论家的理论同样模糊，虽然采取"现实主义的"姿态，但提供的是同等程度的希望和焦虑。

七

现在我想看看我们刚才提出的分析系统——分为技术、政治、文化、经济和社会五个不同层面（基本上是这个顺序），并在区分过程中揭示它们之间的联系——是否也无助于决定某种政治的形态，这种政治一如我们所说，能够提供对全球化的某种抵制。因为，以同样的方式探讨政治策略，也许会告诉我们它们把全球化的哪些方面析出并作为目标，同时又忽视了哪些方面。

正如我们已经看到的，技术层面可以引发某种路德主义的政治——破坏新的机器，试图阻止甚至也许使突然开始的新技术时代倒退。路德主义在历史上经常被人嘲笑，但绝不像人们所认为的那样，它是没有思想的"自发的"计划。[9] 不过，提出这种策略的真正价值是它造成的怀疑主义——唤醒所有我们根深蒂固的关于技术不可逆转的信念，或换种方式说，为我们投射出其激增的纯体制的逻辑，永远逃避国家的控制（正如我们所看到的，许多政府保护和维持技术创新的努力都宣告失败）。这里，生态批评似乎也找到了它的位置（即使有人提出，控制工业过度发展的意愿也会形成对技术创新的刺激），而各种控制资本外流和跨国投资的建议（如图宾计划），似乎也各得其所。

但是，非常明显的是，正是我们坚定地相信技术创新只能是不可逆转的信念本身（不论正确与否），构成了技术控制的政治的最大障碍。因此，这可以作为在政治层面上"分离"的一种寓言：想象一个没有计算机——或没有汽车、飞机——的社会，等于试图想象脱离地球生存的可能。[10]

随着这种从先在的全球体制脱离的观念的发展，我们已经陷入政治之中。这正是民族政治抬头的地方。[11] 我认为帕萨·查特基对这一问题的观点是可以成立的、有说服力的，或者换句话说，假如一种不加修饰的民族主义政治被赞同，就应该加以驳斥。[12] 查特基表明，民族主义不可能脱离现代化的政治，前者必然包含后者所有不连贯的计划。因此，他认为，民族主义的冲动一定总是一个超越民族主义的更大政治的组成部分，否则它所达到的形式目标，即民族独立，就失去了内容（这并不一定是说，任何更大的政治没有某些民族主义的冲动也行之有效）。实际上非常清楚的是，民族解放的真正目标已经表明它自己在其实现过程中的失败：许多国家已经摆脱它们以前的殖民宗主国获得独立，但立刻又陷进了资本主义全球化的力量领域，服从于金融市场和外国投资的统治。南斯拉夫和伊拉克这两个当前似乎处于那个轨道之外的国家，在追求纯粹的民族主义的道路上并不鼓舞人心：它们似乎以各自的方式证实了查特基的判断。如果米洛舍维奇的反抗以任何方式与保卫社会主义相联系，我们迄今也未能听到；而萨达姆在最后一刻召唤伊斯兰精神，几乎对任何人都不可能有说服力。

　　这里有必要区分这种民族主义和反对美国帝国主义——或许戴高乐主义[13]，这无疑是今天任何自尊的民族主义的一部分，只要它不蜕化为这种或那种"种族冲突"。种族冲突是边界战争，而单是反对美国帝国主义就构成对体制或全球化本身的抵制。在社会-经济方面最有能力坚持反全球化的地区是日本和欧盟，但它们自己也深深地卷进了美国的全球自由市场计划之中，充满了"混杂的感情"，主要通过对关税、保护、专利和其他贸易问题的争论来维护它们自己的利益。

　　最后需要补充的是，今天，民族-国家仍然是政治斗争唯一的具体领域和框架。最近反对世界银行和反对WTO的游行，看来真的标志着美国内部开始出现一种新的有希望的对抗全球化的政治。然而很难看出这种斗争在其他国家如何能以"民族主义"之外的其他方式展开，也就是说，以我前面提到的"民族主义"精神或戴高乐主义的方式展开。例如，为劳动保护法进行斗争，反对全球自由市场的压力；或者以民族文化"保护主义"政治的对抗，或专利法的保护，反对美国的"普遍主义"——这种"普遍主义"破坏地方文化和民族医药工业，以及一切仍然有效的福利保障体系和社会化的医疗制度。然而在这里，民族保护又突然变成了福利国家本身的保护。

　　同时，这一非常重要的斗争领域也面临着机敏的政治反应和对抗，例如美国利用民族自我保护的语言，维护美国的童工法和环境保护法，反对"国际"的干预。这就使反对新自由主义的民族抵制变成了对美国"人权"普遍主义的保护，从而抽空了这种具体斗争的反帝内容。在另一种扭曲中，这些为国家主权而进行的斗争与伊拉克式的反抗混同起来——后者被解释为争取生产原子武器的权利的斗争（另一种美国普遍主义的证据，它把原子武器限制为"大国"的权利）。在所有这些情形当中，我们看到的是要求特殊性和要求普遍性的话语斗争，证实了查特基所确认的民族主义立场的基本矛盾——力图使特殊性普遍化。应该明白的是，这种批判绝不意味着同意普遍主义，因为我们已经在后者当中看到，美国的普遍主义事实上是在维护它自己特殊的国家利益。普遍与特殊之间的对立，实际上是在全球体制内部民族-国家现存的历史境遇之中的内在矛盾。这也许是反全球化的斗争——尽管可以部分地在民族领域展开——不能完全从民族或民族主义方面成功地进行到底的更深层的哲学原因，虽然按照我对戴高乐主义的看法，民族主义的激情可能是不可或缺的动力。

那么，在文化层面以这种或那种方式包括对我们"生活方式"的保护，政治抵制在文化层面上又如何呢？这可能是一个有力的否定的计划：它保证连接并突出所有可见和不可见的文化帝国主义的形式；它允许敌人得到确认，使破坏力量变得可见。在民族文学被国际或美国的畅销书取代中，在民族电影工业被好莱坞的重压摧毁中，在民族电视剧被进口的美国产品淹没中，在地方咖啡馆和餐馆随着大快餐公司的进入而关闭的情况中，人们可以首先而且非常明显地看到全球化在深层次上对日常生活的无形的影响。

但这里的问题是，如此受到威胁的"日常生活"本身却更难再现：虽然它被分裂的状况可以看得见、感觉得到，但被保护的肯定的实在的东西却可能把自己变成人类学上的各种怪癖，其中许多则会被归纳为这种或那种宗教传统（而正是这种"传统"本身的概念，我想在这里提出质疑）。这使我们又回到亨廷顿的世界政治，附加的条件是，真正表现出抵制全球化或西方化力量的"宗教"或"宗教传统"——完全可以预见——只有伊斯兰。而在国际共产主义运动陷入低潮之后，在世界舞台上，只有某些伊斯兰的潮流才真正有计划地抵制西方文化，或至少抵制西方的"文化帝国主义"。

但同样明显的是，这些力量不可能再像伊斯兰早期做的那样，构成一种真正的普遍性的对抗。如果我们从文化领域转到经济领域，这种倒退的弱点会变得更加清楚。事实上，如果在全球化的破坏形式背后真正的动力是资本主义，那么它一定在于它们使这种特殊的剥削方式中性化或使之改变的能力，而人们最好检验一下对抗西方的各种不同的形式。对高利盘剥的批判显然无济于事，除非像阿里·沙里亚蒂那样，把它延伸到彻底消灭金融资本主义。但是，传统的伊斯兰对西方跨国公司掠夺地方矿产资源和剥削地方劳动力进行的旧式批判，仍然把我们置于旧的反帝国主义的民族主义范围之内，难以与新的全球化资本的巨大的侵略力量抗衡，而事实早已发生了变化，无法按照四五十年前的情况来认识。

不过，在政治反抗中，任何宗教形式的具体力量，都不是产生于它的信仰体制本身，而是产生于它在某种实际存在的社会基础中。这就是为什么任何纯经济反抗的建议，最终都必须把注意力从经济转到社会（这种注意力保留在所有层面）。先在的社会凝聚力形式，虽然它们本身已经不够有力，但对于任何有效的、持久的政治斗争，对于任何伟大的集体努力，都依然是必不可少的先决条件。[14] 与此同时，这些凝聚力形式本身也是斗争的内容，与任何政治运动都利害攸关，仿佛是它们自己的投射的计划。但无须把这种计划——保留集体以反对分散的个体——看作往后看或（真的是）保守的。[15] 这种集体的凝聚力本身可以在斗争中形成，例如在古巴和伊朗（但在那里，新一代的发展似乎对它构成了威胁）。实际上，表示劳工组织的旧的术语"联合"，对于最终在社会层面上的争论，提供了一种绝好的象征意义，各地劳工运动历史的大量实例表明，在积极的政治工作中可以形成新的团结形式。这样一些集体并不总是受新技术左右，相反，不论新的抵制全球化的政治（例如反对 WTO 的游行）在什么地方出现，电子信息交流似乎一直都非常重要。当前，我们可以用"乌托邦"一词来表示一切表达集体生活要求的计划和表征——不论它们以多么扭曲或无意识的方式表达出来——并在对全球化所做的真正进步或创新的政治反应里，确认社会的集体性是最重要的核心。

注释

[1] 作为这些看法的实例，参见 Masao Miyoshi and Fredric, eds., *The Culture of Globalization* (Durham, 1998)。

[2] 这里暗指萨米尔·阿明的有用的术语 la deconnexion。参见 *Delinking* (London, 1985)。

[3] Samuel Huntington, *The Clash of Civilizations* (New York, 1998)。

［4］在 *The Culture Turn*（London，1999）里，我曾探讨过这种分析，亦参见 chapter 8 of *Postmodernism*，or，*The Culture Logic of Late Capitalism*（London，1991）。

［5］我采取的是不太流行的观点，即苏联的"解体"不是因为社会主义的失败，而是因为社会主义阵营放弃了"松散联系"。参见 "Actually Existing Marxism," in C. Casarino, Rebecca Karl, Xudong Zhang, and S. Makdisi, eds., "Marxism Beyond Marxism?," *Polygraph* 6/7（1993）。这种直觉得到了权威性的确认，参见 Eric Honsbawn，*The Age of Extremes*（London，1994）。

［6］参见 Leslie Sklair，*Sociology of the Global System*（Baltimore，1991）。

［7］John Gray，*False Dawn*（New York，1998）。应该注意的是，他的主要目标并不是全球化本身（他将全球化视为技术的和不可避免的），而是他所说的"全球自由市场的乌托邦"。格雷是一个公认的反启蒙的思想家，对他来说，所有的乌托邦（包括共产主义和新自由主义）都是邪恶的和破坏性的，但他并没有说出"好的"全球化是什么样子。

［8］关于撒切尔战略思想的这种一般的教训，参见 Stuart Hall，*The Hard Road to Renewal：Thatcherism and the Crisis of the Left*（London，1988）。

［9］参见 Kirkpatrick Sale，*Rebels against the Future*（Reading，MA，1995）。

［10］绝非偶然的是，当人们以这种方式想象"松散联系"时，总是媒体技术处于危险之中，同时强化旧的看法；"媒体"一词不仅表示传播，而且也表示运输。

［11］"民族主义"和"民族主义者"这两个术语一向含混模糊，常常产生误导，甚至可能是危险的。在我看来，肯定的或"好的"民族主义包含亨利·列斐伏尔喜欢说的"伟大的集体计划"，而其采取的形式是努力建设一个国家。掌握权力的民族主义更多的是"坏的"民族主义。萨米尔·阿明对政权和国家、获取政权和建设国家的区分也许在这里是中肯的。政权是"民族资产阶级统治"的"坏的"目的，而建设国家最终一定会在这种"伟大的集体计划"中动员人民。同时，我相信把民族主义与类似地方自治的现象混同是一种误导，它使我觉

得像是（例如）印度的身份政治，尽管它确实是在大的、民族的范围内开展的。

［12］Partha Chatterjee, *Nationalist Thought and the Colonial World* (London, 1986).

［13］这并不是他的确切反应，但无论如何还是看看雷吉斯·德布雷的充满刺激和同情的 *À Demain de Gaulle* (Paris, 1990)。

［14］埃里克·沃尔夫的经典的 *Peasant Wars of the Twentieth Century* (London,1971) 在这方面仍然能提供启示。

［15］从左派观点提出关于社区或集体的最终价值的任何人，都必须面对三个问题：（1）如何从根本上把这种立场与公有社会制度分开；（2）如何把集体计划与法西斯主义或纳粹主义分开；（3）如何把社会和经济层面联系起来，也就是说，如何运用马克思主义对资本主义的分析，证明在那个制度内部进行社会解决是行不通的。至于集体身份，在个体的个人身份被揭示为多元立场的一个无中心的所在的历史时刻，当然可以要求某种类似的东西在集体层面上概念化。

第3章 论全球化的再现问题[*]

[美]弗雷德里克·詹姆逊 著　　王逢振 译

今天，我想在一种非常独特的境遇中，即在全球化的境遇中，谈谈认知测绘的问题。我特别想考察这个过程中的某些具体实例，而我又非常担心这一主题的每一个方面——认知测绘的概念和全球化的现象——都需要某些基本的讨论。这些讨论非常广泛，我们永远不会达到实例本身。因此，我想一开始就从两个方面概括一下这些本质的理论问题。

关于认知测绘，简单地说，它就是再现的另一个表述，它试图以一种双重的方式改进这种模式——在现代主义和后现代主义中，这是一个形式明显不同却又无处不在的问题。它旨在强调再现将会不可避免地走向失败，再现不可能成为被模仿的事物，而后者当然属于完全不同于模仿的性质。于是，作为第二种特征，"认知"一词的意思不是因为它强调这种再现观的作用，而是把这个过程从美学拉进了认识论领域：它在世界内部改变我们的方向，它是一种必要的行动框架和指导，尽管它并不为了存在而要求行动（这种看法的两个主要来源分别是凯文·林奇的《城市意象》和阿尔都塞的意识形态的三重理论）。

就全球化而言，我用这个词表示一种特定的历史进程，它明显不同于帝国主义，也不同于旧的贸易网和联系，它与"国际主义"一词的含义大不相同。它是资本主义第三阶段的发展，它的出现既有电脑

---

[*]　原载：《外国文学》2005年第1期。本文为弗雷德里克·詹姆逊2004年6月在郑州大学举办的"全球化和本土文化"国际会议上的主题发言。

科技与自动化等技术的原因，也有生产性质的原因——与古典的工业生产的性质完全不同。它的特点是普遍的商品化和劳动力的跨国流动；不甚确切地说，它的特点有时就是美国化；它的文化的上层建筑是我们常说的后现代主义或后现代性；它与20世纪八九十年代出现的金融资本主义的独特性质有着密切的联系。

不过，现在我们需要以一个单独问题的形式，把再现或认知测绘和全球化这两种东西放在一起来考虑。如果你考虑资本主义的发展，即使不考虑它与早期的或前资本主义的生产方式的不同，你也会认识到，这种制度越来越难以想象，难以在思想上构成某种模式，或者在心里构成某种画面或机制。你想象的村庄你一眼就可以看到（不过列维-斯特劳斯向我们表明，实际情况要复杂得多），但城市变成了一种真正的挑战，巴尔扎克和狄更斯这样的小说家发明了迎接这种挑战的情况。我们都知道，民族是一个想象的社群，但没有人看见过这个社群以各种方式培育和点燃了那种想象。殖民制度似乎更容易看到，我们可以真的制作那些色彩代码拼贴的全球地图，从而作为实例构成"日不落的帝国"。但那是从殖民者的观点看到的殖民帝国，并不是那些地方的居民实际经历的经验或日常生活。无论如何，当非殖民化到来之际，当帝国主义被全球化取代之际，这种再现性的幻象便突然消失，我们又将面对着一种神秘的东西，而这就是我们今天在这里讨论的主题。

我们再不能看到构成这种新制度的网络系统，例如金融和信贷网、贸易和移民网、政治压力和一种新的全球阶级制度网。实际上，我们常常倾向于认为，在一个既定国家或民族的组织框架内部，全球化留下的痕迹比任何以多种语言跨越地球的其他东西更容易看见和解读。因此，那种富于喜剧性地被称作"美国的巴西化"的东西表明，美国已经部分地变成了一个第三世界国家，因为全球化过程本身使它积淀了各种新的层面：像非洲一样贫穷，像苏联一样官僚化，像19世纪资本主义一样残酷无情，残酷剥削的资本家像任何第三世界精英或第二世界决策者一样腐败和贪婪，而所有这一切都采取最新的、真正的后现代的方式。所以，实际上已经存在第一种认知的测绘：美国本身是那种宏观全球化的微观缩影。然而这是一幅寓言式的图画：我们必须意识到，我们自己传统的、内在化的美国原型（民主、自由、平等等）遭到了刻意的破坏，并被转变成一幅新的、据称能代表世界本身的图画。

但是，我们需要考虑所有这些全球图示的具体的弱点和失败之处，不仅因为一个真正的、精确的图示是不可能的，而且因为这些失败之处使我们了解到再现的过程以及它的动力和困难。我的第一个前提的实例表明，尽管一个单独的民族及其内在的内容可能具有暗示性，但它忽略了一个主要的特征和问题，也就是与国外的关系的特征和问题。这里我将把最近两部关于非法移民（碰巧发生在英国）的影片并置起来。《美丽坏东西》（*Dirty Pretty Things*，斯蒂芬·弗雷斯导演，2001）是关于移民在伦敦工作的故事：他们与祖国——尼日利亚、伊朗的关系虽然得到暗示，却从未展现出来。《在这个世界上》（*In this World*，麦克尔·温特勃特姆导演，2002）是一部虚构的纪录片，描写打工者从阿富汗偷渡到英国伦敦的可怕历程：它提供一种非常不同的空间感，通过这个空间的运动，展现不同的家庭语境、不同的移民的焦虑，以及他们对中间人的可怕的依赖和他们可能面临的可怕的事件。同时，《美丽坏东西》突出了第一世界国家的剥削，以及对政府、警察和肆无忌惮的地方商人的软弱无力。温特勃特姆的阿富汗工人在酒吧做服务员和洗盘子的结局，与弗雷斯的不幸人物的终日痛苦不堪相比，可以说是天堂和真正的幸福。是不是弗雷斯的再现比温特勃特姆的再现更容易一些？是不是只是运用了一般情节剧的资源？是不是与温特勃特姆的人物漂洋过海的无限艰辛相对立？我不想对此进行判断，而是想强调在描绘这个新世界的根本差异和相互关系时所包含的巨大的、新的、再现的问题——它们不同于格林厄姆·格林的外国背景或最近的旅游者的故事，甚至也不同于殖民者访问大都市的传奇冒险故事。如果你愿意，你可以从语言方面来考虑这种问题。我自己不同意这样的看法，即说英语的作家能够描写那些说另一种语言的人物的经历（至于外国人描写说英语的人，这不是什么问题，因为商业和权力造成的混合语言对世界其他部分是一种既定的存在，而他们的语言对我们则不是）。但语言的问题也许过于复杂，无法用作适当的例子或隐喻。

我想用另外两个例子，其中每一个都定位于单独一个国家或民族内部的生活经验，然而两者都力图通过内部破坏和对祖国的影响来传递全球化的外部延伸。这两个例子也有助于提供两种截然不同的纪实影片的实践：一种明显是非虚构的；另一种以寓言的方式叙述，但事实上讲的是一个真实的村庄。

第一个是斯蒂芬尼·布兰克关于牙买加的纪录片，题为《生活与债务》(*Life and Debt*，2001，它表现国际货币基金组织和国际商业这一孪生权力对地方经济的灾难性影响）。例如，我们看到倾销如何不可避免地破坏地方工业，在这部影片中主要是牛奶业和养鸡业。来自国外的廉价产品（当然受到政府的补助，例如美国政府），使地方工业难以为继，而且非常明显的是，这些地方工业的破产不可能轻易得到恢复，也不可能在短期内代之以其他工业（甚至在可以想象的长时间内，要做到这一点也需要某种革命），因为非常清楚，你不可能简单地决定一夜之间就重新创造出整个地方的牛奶业和养鸡业。同时，一旦地方竞争消失，这些产品的价格可能会再次上升到新的水平。但在这一点上，我们触及一个特殊的方面：国外的货币投机使地方经济无法承受这种进口，而国际货币基金组织的规定——任何一种国际投资或贷款的代价——又禁止牙买加政府的干预，实际上，迫使它中止了对地方经济的保护，在通常紧缩预算的条件下，也破坏了它的教育机制和社会保障。于是，我们逐渐看到一幅全球化如何影响国家主权的画面；迄今在食品方面一直自足的国家——只要想想牙买加土地特别肥沃的情况就可见一斑！——现在被锁定到全球的劳动分工之中，而且它们只能依赖这种劳动分工，不可能想象再脱离这种联系，也不可能再实行自治的政治。

稍后我会在一种相当不同的语境中再来说明这一点。这种语境就是共谋的语境。对牙买加历史境遇和困境的某种非个人的集体的记录，与一种能够调动个体人物传递同样是整个全球化灾难的叙事之间存在着一条鸿沟。这里我抛开旧的戈达尔的问题——劳动或工作是否真的可以再现？——这个问题属于另一种关于集体的再现问题，与个人的再现相对立。

但在某个方面，我的第二个例子，吉德拉·塔米克的富于启示性的寓言片《特鲁巴》(*Turumba*，1983）——片名指的是一个地方性的节日——确实成功地讲述了关于劳动的故事，而且是关于集体劳动的故事。在这个故事里，通过家庭制作的节日物品的商品化，文化和经济联系在一起。这些物品有放在柳条编筐里的娃娃，有各种各样的雕刻、偶像和神圣的形象。由于已经在为销售而生产，所以它们很容易就适应了大批量的生产，成为具有异国情调的新的旅游工艺品。于是这种生产过程导致旧的社群解体,因为节日被忽视了,儿童被纳入某种类似工厂的体制,不仅受时间限制,而且被取消了休闲或文化活动。家庭也受到冲击,作为体现传统工艺智慧的祖母,现在被边缘化了,变成了经理。文化、经济和社会这三个层面结合到一起,因果关系现在被重构为它们之间的相互关系(我们也许还可以从技术上考虑:在吉德拉的影片里,旧物利用或回收加工一直存在,军用卡车或战争武器被加工成刀剑,而纸板塑像生产的流水线化也不会导致手工艺品被现代的机器取代——但我们无疑会期待它们继续下去。至于政治,我们仍然处于1983年——专制政权倒台前三年。吉德拉非常谨慎,他用一些掩饰的指涉,暗示在越南的美国人以及灾难性的幕后活动的结果——慕尼黑奥林匹克运动会的悲剧!而这只是暗示第三世界对第一世界的爆炸事件)。

吉德拉的影片——对全球化的一种假装天真的再现——提供了一种关于新型说教艺术的极好的说明,这种艺术之所以在后现代性中成为可能,至少部分地是因为后者再度强调空间问题。这部菲律宾影片绝不是对菲律宾现状的纪实,它不想把我们锁定到非常具体的、难以普遍化的民族境遇之中。因此,尽管《生活与债务》对世界许多国家具有启示性,但仍然令人觉得它与牙买加及其独特的历史和政治的联系过于密切,难以使我们感到外部的力量及其更普遍的地理状况。我们感觉到它们的破坏性的冲击,看到大量什么都不理解的游客,但所有这一切都强化了一种离心的软弱无力和窒息的感觉,而不是一种促使改变的、充满活力的教训(我要赶快补充的是,这是一个杰出的成就,因为我在这里谈的是形式以及它与我下面要讨论的问题的关系)。

然而,尽管《特鲁巴》不像吉德拉的杰作《甜蜜的梦魇》(*Perfumed Nightmare*,1977),它的镜头没有一个把我们带出村庄,却使我们强烈地感到外部世界已经进入了这个小小的乡村,并因此有一种强烈的连接着全球化空间的感觉。

也许你们会觉得,对一部影片做这样的考虑,会使我们脱离对全球化的理论阐述和科学分析的更具概念性的问题。是不是我现在不只是以美学和文化批判代替社会科学及其严格的标准,并因此鼓励人们过渡到我刚才想要避免的情感和意识形态反应?当然可以这么认为,因为在两个例子当中,无论是在社会科学还是在文化形象方面,我们都面临着再现本身的共同问题,尤其是如何再现全球化这个有意义的问题。社会科学不管运用多少统计资料或历史事实，最终也要形成再现。第二次世界大战、帝国主义、宗教激进主义、通货膨胀、议会制、封建家族、福特主义或泰勒主义、犯罪、核心家庭，所有这些彼此之间非常不同的事物都是再现，虽然每一种事物都以不同的方式构成，但最终都不是一个概念而是一种画面。

然而，是不是测绘就是对这些全球化的倾向进行再现的最好方式呢？显然，任何这样的再现都需要某种空间的成分，但图示也许过分注重标志，而强化某种静态的画面，把一系列的历史变化具体化。不过，正如多种地图所证明的那样，视觉的作用是投射模式并使不同的现实凸显：以前那些地图漫画，各个国家的重要性在其上通过画面大小来区分。这可以是一幅人口地图，其中人口稠密的国家要比人口稀少的国家明显突出；也可以是表示国家对外部世界看法的画面，将关注的地方扩大而忽略其余的地方。或者，我们也可以考虑某个国家的想象：这样，在20年前的中国①，苏联总是作为一种"痛苦的记忆"，日本是"敌人"，越南是"忘恩负义的昔日盟友"，美国是一种"巨大的欲望对象"，对欧洲少有兴趣，而其他国家如非洲和拉丁美洲国家几乎就不存在。这种类似漫画的地图的扭曲，本身便是一种测绘重要性体现的方式，而不是普通地图上毫无意义的、偶然的空间性。

不过，关于运动，也许我们需要回到经常反对全球化概念的一种意见，即认为全球化不是什么新的东西，只不过扩大了贸易交往的范围，这种贸易早就存在，甚至可以追溯到新石器时期。难道不能只是把全球化按照贸易路线加以再现，就像表示以前大发现时期航海探险的地图？例如，为什么不表示现代的贸易关系网？某种一体化的地区，如欧洲共同体或北美自由贸易区；那些由于封锁而被孤立在贸易之外的地区，如古巴；或自愿选择孤立的地区，如极少数仍然保持关税壁垒的国家；等等。人们可以通过对这种贸易的多维度的再现，把这些路线综合起来，特别是石油和食品的路线，且不说金融投资。

但我们需要考虑复杂的结构：这里有时间问题，即历史的进程；不仅有一系列不同的地图记载的变化，而且还有同一地图不同部分的时间区分。发展变化的轨迹可能采取不同的速度，而实际上，我们所说的空间本身就是由不同的速度构成的，它们是穿越空间的各种方式

---

① 原文如此。——译者注

的速度，就像在我前面提到的《在这个世界上》里那样。因此，这些不同空间里的居民也可以以不同的速度生活，他们的历史可能根本不同。于是，构成一种历史的事物，例如第二次世界大战，就不可能根据伊斯兰教历来考虑，而从侧面大体上看，某些事件可能远远超过了它，例如更加持久的伊朗和伊拉克战争（1980—1988年），然而那些日子几乎不会在我们自己的历史里出现。如何从空间方面测绘这些独特的、交叉的时间？

这里还有另一个问题，我把它称为对矛盾和否定性的测绘。换句话说，昔日贸易路线的地图预设了一种规定的标准，按照这种标准，商队几乎制度化了，总是在一年的某些时间出发，定期往返于特定的路线，用为他们准备好的运输工具运载可以确定的商品。海盗的突袭可能中断这些路线，但他们不会怀疑地图的有效性。然而全球化像资本主义一样，充满了种种矛盾，而且在自身矛盾和统治过程中不断形成一些困境，只有改组整个过程本身才可能超越它们。例如工厂和就业外流，产品本身不断涨价使它们失去生意，而由于这一过程的性质，工作从美国转移到墨西哥，就业机会丢给了墨西哥人，工厂在那里反而变得更有效，工资也得到增加。但是，地图无法表示这个过程无休止的能动力量及其不断地重新安排，或从一个地方跳到另一个地方。金融投机的速度是一个更好的例子。它发现投资的机会，一时间在东南亚轻率地投下大量资金，接着像惊弓之鸟，收回资金，在跨越全球的中途投向更安全的天堂。这就是电脑和互联网的全球化、信息技术的全球化：无疑它在空间留下了它的标记，但被更好地记录为单一时间的一个历史事件，像是一种地震仪的表征或一次电击的记录，而不是一幅地图。我还可以用另一种方式来说，贸易路线的地图不仅预设某种规定，而且还预设某种标准化。但假如货物是非法走私的，会怎么样呢？诚然，有一些毒品贸易的主要路线图，但这种活动的冒险性和非法性会对相对静止的地图发生作用，它增加路线的不确定性，给地图上某些插入的线路增加某种暂时的维度，使地图倾向于过程性，像是过程或以过程为导向。稍后我们会再次回到这个例子。

最后，第三种反对意见是，地图本身可能是一种假象，测绘在这里造成幻觉，虚构很可能也是它的作用而不是它的失效。这里我想到许多电影里警察或其代理追踪一个电话的那些插曲：它不只是一个持续地监听犯罪一方的问题。打电话的人以精湛的技巧掩蔽了他的线路，而追踪的最终目标可能就在隔壁或者就在那条街上，却首先要追踪到休斯敦，接着到麦迪逊、威斯康星，再远到西班牙、印度，到外部空间的卫星，然后回到中国香港，然后在发现其根源之前又中断了。这是另一种地图，它旨在隐蔽更深层的地图、更深层的一系列的空间关系，全球化也以这种方式发生作用。不过，我喜欢这种追踪的方式而不是旧的路线图，我觉得它以某种方式在再现中对应于虚构和纪实之间的差别。

那部牙买加纪录片更像是贸易路线的地图，它记录了替代和灾难，但忽视了所有的共谋和阴谋，我把它称为这些关系中偏执狂的维度。它首先忽略了多重性的能动力量、动机和作用的结合，而这些必须进入任何一种这样的运作。在《生活与债务》里，国际货币基金组织的影响体现在个人身上，但是，美国的那些立法者在国内加强自己的补贴，同时又力图破坏外国的补贴，他们怎么样呢？那些牛奶信贷和养鸡业兼并的利益在于消除在自己国内形成的牙买加人的竞争，它们又怎么样呢？全球化是一个多重介入的问题，要对它进行测绘必须注意各种介入的力量。

然而，这是不是一种相当偏执的对世界的看法？确实，我应该对有意思的偏执狂和共谋的问题做些说明，因为它常常与后现代性和全球化联系在一起。实际上，它是作家托马斯·品钦的中心主题，而品钦有时像是后现代主义伟大的、具有先见之明的先驱。不过我这里想强调的是方式问题，在充分发展的后现代性当中，共谋被视为想当然的事情，而偏执狂变成了一种生活方式，或者说文化要素本身。品钦作品的力量在于表明了我们周围隐蔽的共谋和看不见的关系网的作用，不仅在他的《万有引力之虹》中有集中于巨大火箭的整个世界的预想不到的轨迹，而且在《拍卖第四十九批》里也有奥狄芭发现看不见自己的那种小的喇叭网。

但是，当品钦变得真实，这种共谋的作用被预先假定并被人人视为想当然的时候，其后果就不再可怕，不再险恶，不再令人觉得恶心，而成了另外一种最近几年得到广泛评论的东西，这就是愤世嫉俗的文化。多年前皮特·斯劳特迪克曾谈到那种愤世嫉俗的理由（但他与魏玛相联系）：对公共领域的任何事物都普遍地无动于衷。一方面，信息过多，人们习惯了丑闻和对丑闻的揭露；另一方面，人们清楚而平静地感觉到无能为力，感觉到制度整体的超级运作，它不需要个人的干预,甚至可以说不需要人的决定。因此我不敢肯定共谋理论是否还令人感到惊讶、感到荒谬,甚至在任何反常或病理学意义上令人感到是偏执狂。在那个术语的通常意义上,它们是现实主义的,但就是这同一个术语,也暗示着对美学的后果。一种现实主义的偏执狂艺术是什么样子的呢?

但我想考虑的是,愤世嫉俗的原因如何标志着一种在旧的自由主义基础上的进步,而且不仅仅局限于对迄今为止令人不快的政治现实的开放?偏执狂承认社会和政治现实的某些方面,但由于我们中产阶级美国人的无知,以前我们一直不愿意承认这种现实,只有在政治暗杀的历史时刻或由于战争时期的间谍活动才承认这种现实。但是,这种增强了的共谋意识与资本主义相联系,或者与我们现在所说的全球化相联系,因此,就它伴随着我们不能做任何事情和什么都不会改变的看法而言,它既是社会认识的一种进步,也是政治行动的一种倒退。

不过,我也想把这种反讽或混合的认识论的进步与另一种发展联系起来,这就是从个体到集体范畴的发展。正是这种转变决定着我们所说的偏执狂概念的正常化,它从一种令人恐惧的经验(在品钦的作品里仍然如此)转变成一种当前文化逻辑的特征。对个体而言,偏执狂既令人害怕又令人满意,因为它表明一种境遇的特征,在这种境遇里,世界上的一切事物都冲我而来:不认识的人在大街上谈话,实际上是在谈我,外部世界一些随意的特征——一张报纸、一座以某种颜色重新粉刷过的建筑、一辆停在路边车辆旁的汽车、一个可以撞倒的空的垃圾筒——所有这些东西都是符号,它们都与我有某种关系,都对我进行警告或发送信息。因此,世界上再没有偶然性,帕斯卡尔的大声疾呼——"我们一无所知的王国!"——不再流行。但只要稍加思考,我们就会相信,关于外部世界的一般化的、客观的共谋理论,确切地说具有相反的效果。对我发生的事物并没有我的参与,世界的进程已经被我一无所知的一些人预先决定,我已经不再是任何事物的中心。

但现在这是一个集体的问题:一小撮人——一个集体——策划了这种活动,并且期待着某种普遍的效果,而整个社会恰恰受到这些策划的改变和影响。那么,对历史的这种普遍感觉有没有基础呢?

通常的感觉是,档案最终会确认或否定这种或那种共谋的前提:或许最终坦率承认,或许有某种新的证据。但正如我已经提出的,这些共谋一般都是以个体的方式想象的，将其想象为这种或那种确切的灾变的阴谋策划——这里我们也许仍然是从错误的角度来看的。然而，若遵循亚当·斯密的"看不见的手"和B. 曼德维尔的《蜜蜂的寓言》，黑格尔也有某种东西可以被称为共谋的历史理论，这就是他的所谓理性的诡计或历史的诡计的概念。在这种方式里，伟大的历史趋势和运动利用个体的人及个人的激情，以此促进更大的目的。因此，所谓世界-历史的个人可能以为他受到某种志向的驱使（或者，恨或爱的驱使），而实际上，世界精神本身只是利用了他个人的激情，把它作为一种工具，以此把空间中一些大的地方纳入依据历史日程行事的新的帝国。可是，什么是世界精神呢？它要求我们做些什么呢？

在另一代人那里，马克思会把它确定为资本主义，把它的目标说成世界的商品化（或者也可以称作世界市场），从资本主义的观点看就是历史的终结。简单地说，商品化就是把一切都变成有价格的物体，因此，在一种意义上，世界市场只是意味着把世界上的一切劳动都转变成工资劳动。而在另一种意义上，它意味着把自然性和心理转变成有价的物体。感情变成商品，据此医生和广告人员可以开业；本是自然的物体，例如新鲜空气，现在也不得不进行买卖。

让我们看看更具地方性的共谋。第二次世界大战刚刚结束以后，一些大的汽车公司发起了好几次攻势。其中一次攻势是使洛杉矶的市民觉得有轨电车危险，它的成功意味着取消洛杉矶的电车系统，把那些街道变成停放私家汽车的地方。在一次更大规模的攻势中，汽车公司——据说通过偏执狂和以共谋为导向的分析——在第二次世界大战后成功地削弱了美国的铁路系统，从而形成了一种新的卡车运输系统，当时得到国家公路法的支持，美国到处都修建了高速公路。这种性质的共谋理论实际上只需假定一种前提或先决条件，即资本主义必须扩展，个体企业不可能保持稳定状态，而是必须不断地扩大它的范围和投资，它必须把它的利润用于再投资，在萧条和衰败的痛苦中寻求新的生产和消费领域，不论我们谈的是个体公司还是整个制度，无不如此。

个体企业必须扩展，它的智囊团必须找出新而又新的可能和出路。如果汽车业的例子合乎道理，那么当人们发现养鸡业和牛奶业走同样的道路，把自己抛入绝妙的小型战争，从而为它们的产品保障新的市场时，它就表明了为什么他们用不着感到惊讶。正是跨越国界使这种概念带有它的偏执狂的味道。在国界之内，我们当然承认并期待竞争，但这种新的国际竞争（更确切地说是全球化性质的竞争），难道不是开始与以前的政治帝国主义结合在一起？我们说，国家不应该放纵它的领土野心，通过帝国主义战争为国家增加新的国土，但是，商业不正在另一个层面上这样做吗？我们国家的商业不正在为我们国家的资金增加新的市场吗？为什么商业不是另外一种形式的永恒的战争？

无论如何，新的偏执狂正是以这种逻辑为基础的：各种规模的商业，包括与它们合作的政客，很可能正在策划国际销售市场的战争，通常以破坏和倾销开始，最终摧毁地方工业的基础。这些活动必然要预先进行策划，它们包括几个不同的合作步骤，除非那些步骤之间的联系变得清晰可见，其共谋一般是看不见的。牙买加牛奶业被破坏本身绝不只是整个全球关系新体制的不幸的、无意的后果，也不只是国际货币基金组织所强化的合法性的后果。关于这种推行自由贸易的原则，降低关税并取消补贴和保护，据说有着另外的动机，即为了牙买加国内经济的健康发展。只有在某个全球性的联合企业进入并占领市场之后，整个过程的步骤才可能得到解释，才可能看到它一开始就是共谋。

这就是为什么偏执狂这一无处不在的文化主题何以适合全球化的经济现实，而我们也因此可以认真思考关于所有这一切的再现性。在某种意义上，偏执狂是再现断裂的结果，某种策划未能传递叙事的现实，这种现实突然变成了冲击和怪诞。我认为，再现的问题有两极，仿佛是阴谋情节的始源和目标。首先是代理或行动者。虽然美国法律制度承认"精神的组合"是个人的，但这种排除其他类型集体的分类在再现的层面上很难付诸实践。要么这种集体衰退到一种单一的、真正的个体，由此我们得到被《鹈鹕概述》（*The Pelican Brief*）之类故事戏剧化了的旧式的阴谋；要么叙事被劫持到由组合政治和国内商业力量构成的故事之中，而阴谋叙事的独特性被变成一种为权力和重要性而进行的旧式斗争。在这种再现问题的另一面，有着对地方工业不太具有创造性的破坏的哀伤；整个问题的关键，就是说明这些商业干预为何一定要首先系统地破坏和消除已经慢慢发展起来的民族生产，而通过一种简单的政策（或政治）变化，通过地方政府抵制国际货币基金组织，不可能恢复遭到破坏的生产。正如《生活与债务》所指出的，你不可能召回你的牛群，让它们马上产奶。但是，这种破坏的时间性甚至比战争的时间性更难表达，它们所提出的叙事问题对我们的主题——全球化和文化生产——确实很有意义。但是，现在我需要介绍一种更复杂的再现，对于这些问题，这种再现也许更加含混，它就是1989年的一部英国小型电视系列剧，题为《交通》(Traffik，最后一个字母是k而非c，该剧由西蒙·莫尔所写，由阿里斯泰尔·瑞德执导)。但不应与2000年获奖的美国影片《交通》(Traffic，最后一个字母是c)相混淆，后者是根据前者改编的（也不应与美国最近的小型电视系列剧相混淆，它是英国那部电视剧的继续，但不如那部电视剧有意思）。

当我想到类似这样的再现时，我提出了可怕的交通比正常的贸易交流可以更好地测绘全球化：不论它是否与性交易和为组织卖淫而绑架妇女儿童相关，也不论它是否与非法的金融交易、实际的商品倾销或受到各种国际贸易协议普遍谴责的危险的垃圾产品相关。非法性引起抵制，它使人看到全球化运动的力量，这种力量强行穿越海关关卡，打破各种警察和安全人员的措施，通过一种社会的引力法则，打开它的道路，从第三世界到第一世界，从贫穷国家到富裕国家，从单一经营到货币经济，从生产者到消费者。有意思的是，金融资本反向运动，过量的投资寻求低工资，高效生产率寻求低廉的劳动力。因此，也许第一种运动有些像是对第二种运动的报复或反击，但如果把这种非个人的全球交换运动个人化，那很可能是错误的，它们互为补充，是同一辩证的组成部分［尽管吉安尼·阿梅利奥的优秀影片《亚美利加》(Lamerica) 只表现了一个方面］。两者都是商品运动的组成部分，因为工资劳动是一种恰似鸦片的商品，两者都按价格销售，寻求买主。对于无生命的物体，这种构成比较容易证明，因为它们从一个地方流到另一个地方；但对于人，证明这种构成则比较困难，因为有时他们像物体一样穿越空间，例如非法移民的情况（影片《在这个世界上》说明了这种运动，表明一种与《交通》相似的地理扩展），有时他们就待在一个地方，例如在工厂里工作（至少一段时间）。实际上，有时买主自己也去往更便宜的地方（不只是进行投资），于是我们就有了被称作旅游的超级后现代工业，在关于牙买加的纪录片《生活与债务》里涉及了这一点。旅游产业把自然本身、把地方和气候转变成多种商品。这有着更深层的动机——我确实相信旅游是一种乌托邦的动力，它不仅寻求阳光和海滩、各种休闲业、性、赌博、体育运动等，而且表达一种无意识的欲望，使人们回到某种更简朴的、不那么异化的生产方式。这种情况在 19 世纪更加明显，当时资本主义社会的特权阶层寻求前资本主义的空间，例如地中海和中东，甚至更早的社会构成，例如印度和东亚。

但是今天，由于大量的转移，由于可以与信息交换相比肩的旅行技术，整个国家和文化正在转变成旅游是其主要产业（实际上常常是唯一产业）的空间。确实，沿着我们的偏执狂的前提，人们可以比《生活与债务》走得更远，提出牙买加地方生产（牛奶业和养鸡业）被破坏的更深刻的原因是有意制造失业的意图，就像过去几个世纪那样，现在它受到新的旅游体制的支配，只能为它的需要来配备人员。几个世纪以前，主要是为新的工厂配备人员，今天则是为旅游环境配备，因为旅游必须提供整套的服务。看到整个社会被转变成旅游空间，失去它自己的生产力，这非常令人悲伤（我不是说他们失去了自己的文化，因为那是一个更复杂的微妙的过程——毕竟，游客到那里去也是为了见识当地的文化）。因此我们必须以不同的方式辨识对本土文化产生影响的东西，我建议把它称为"迪士尼虚构"，以便理解它与第一世界同一过程的后现代的亲密关系，因为在第一世界里，空间和地方传统也被变成了商品。"迪士尼虚构"指文化的商品化，而这确实是一个非常重要的现象。但对于文化研究，包括对迪士尼的研究，应该指出的是，现在还出现了对新型审美客体的肯定的研究，这就是迄今一直被蔑视的"旅游艺术"——许多探讨旅游艺术的理论方法已经被一些学者率先提出，例如加西亚·坎克里尼和皮特·沃伦等。

文化上的往来、资本上的往来、国家方面的往来、性服务方面的往来、毒品方面的往来……于是我们现在回到那部被巧妙地命名为《交通》的影片，对它的再现方式做一些最后的评论。这样一部影片使我们了解到的首先是大量不同的风景语言：直升机飞越巴基斯坦无边无际的群山，以及它们种植着罂粟的山谷；汉堡港口的独特性，它的吊车和隧道以及它的别墅；伦敦一排排毫无生气的房屋及其恶劣的贫民区。这里镜头的切换变得非常迅速，从沿着阿富汗边界的大山到卡拉奇的城市风光和大海，从第三世界到第一世界再返回第三世界，并伴随着一些主要的特征——几乎是同时并置的鸦片生产，机场和航道上海关与警察的工作，以及第一世界大城市里吸毒成瘾的痛苦。

实际上这是我们现在需要保持的东西，但不是作为空间的同时性的空间性。我们曾经抱怨地图过于静态，难以提供过程和历史的画面，以及时间上矛盾的画面，但对这种困境的回答并不在于以某种方式把时间重新放置到空间，像在旧的地图册中那样。相反，某种不同结合或编年图谱可能更需要我们注意，这种结合肯定具有后现代性和全球化的特点，但本尼迪克特·安德森把它看作是在旧的民族构成过程中发生作用的。表示这种新的结合的词语是"同时性"，这个词既可以作为空间性的也可以作为时间性的来考虑。下面是安德森对这一问题的看法：

> 我们自己的同时性概念，长期以来都处于构成之中，它的出现无疑以某种有待于深入研究的方式与世俗科学的发展相关。但是，它是一个非常重要的基本概念，如果不充分考虑这个概念，我们就很难探讨民族主义的模糊的起源。借用本雅明的话说，取代中世纪沿着时间的同时性概念的是一种"同质的、空洞的时间"的观念，其中同时性仿佛是横切，跨越时间，不是以预示和实现为标志，而是以时间的巧合为标志，通过钟表和日历来衡量。关于这种转变对想象的民族社群的诞生如此重要的原因，如果我们考虑两种形式的想象的基本构成，便很容易理解，这两种想象形式于18世纪在欧洲首先得到发展——它们是小说和报纸，因为这些形式为"再现"想象的社群（民族）的性质提供了技巧和方法。(Anderson, pp. 24-25, Verso)

不过，我们现在可以把这种经验和新的现实投射到一个世界的范围，其辩证恰恰是肯定和否定、《交通》所描绘的那种可怕的破坏的现实和全球同时性的有希望的乌托邦前景之间不可避免的相互关系。

今天，全球化确实不是一系列新的从一个点到另一个点的地理关系，而是所有那些点的同时性，是突然意识到多种生活同时在全球所有地方同时进行的同时性。非殖民化与此有某种关系：所有那些分散在地球各地的他者，不再只是第一世界帝国的臣民；现代化也与它相关，不再有落后的居民处于迷信和文盲状态。但是，主要的力量是人们所说的后现代化，毫无疑问是它预设了那些相互依赖的关系（贸易和交流、商品和文化），而我们通常把它与全球化联系在一起。然而，相互关系本身仅仅是这种新的全球同时性意义的前提，对于我们逐条列举的所有那些否定的影响背后缓慢发展的集体性，它又是一种肯定的力量。甚至像《交通》里那种凄凉的毒品交易画面，作为它的另一面、它的肯定或乌托邦的成分，也具有新的、全球的民主意义，也就是说，所有这些生活——贫穷的农民与处于政治权力中的人一样，卡车司机和搬运工人与贵族和富商一样——都是同时性的，因此具有同样的价值。

不过，就像旧时的征服那样，今天的全球关系也受到野蛮的干涉和各种暴力的打击，但最重要的是把《交通》中的全球关系理解为两种生产方式之间的交叉。我们有农民的世界，它基本上还是封建社会，其中看似现代的商业仍然充斥着贵族那种角色，他们有随从和成群的仆人，从打手到经纪人、从仆人家庭到家庭用人，还有一家基本上是家庭作坊的化工厂的职员。在这种封建社会，产品基本上是农作物，以及从中加工的有些像奢侈品的鸦片，类似更早的第一次文艺复兴时期贸易中的胡椒和香料。但对欧洲来说，这些原料产品要以钱和资本进行重新估价，它们变成了抽象的东西，而购买它们的瘾君子则是销售战略中的因素。

于是，三个交织的情节把这种交流的物体分离出不同的维度，而这种物体已经变成了商品。巴基斯坦的那段插曲表明，它不仅作为一种劳动和工业转变的物体，而且在前面美丽的形象中，它还作为自然界的一部分，整片田野里蓝色的蓓蕾在风中摇曳，在条状的地面上收割，在交错的图案上汗流浃背。按照一种古老的审美原则，这种物体每一刻都在它的生产过程中得到展现，它被装上卡车，在工厂里加工，为运输做好包装，由下属依照主人的吩咐按订单和数量进行安排。

接着，在汉堡，视角被颠倒过来，我们试图记录的是这种货物如何以暗示的形式流通。我们看到了最有意思的警察，不是那种不正派的警察，而是对罪犯非常愤恨的警察，而且根本没有任何个人的私生活，本身就很容易遇上麻烦。这不是一种善恶之间的决斗，而是一种对抽象的拔河比赛：高雅的商人对货物没有兴趣，只对它的抽象价值有兴趣，对它带给他的豪华生活有兴趣，甚至在隔开一段的镜头里，在他被捕之后，他的妻子也只对通过继续这种生意来使他重获自由感兴趣。这仿佛是对资本（或全球化）再现的一个舞台，其中物体所包含的内容或实质并不重要或可以交换：对于19世纪描写商业的典型故事，它涉及采矿、小麦、肉类、火车、汽车等，而对于全球化，它涉及卖淫或非法移民、武器（各种毁灭性的武器）、假币、香烟等。

最后，在存在的层面上，是吸毒成瘾者及其家庭的痛苦——消费物体的心理和身体方面。如果前面的插曲过于抽象，那么这个插曲就过于具体；它展现一种不同的集体单位——不是封建仆从（和主人及其一事无成的儿子，以及忠实的仆人），不是核心家庭以及奢华的丈夫和忠诚的妻子，而是父亲和女儿，他们由羞耻和误解、政治决策和个人决策的不可能性紧密地联系在一起。应该说，英国片《交通》的结尾远比那部美国片更具有凄凉的色彩，它从不可能治愈中引发出强烈的、普遍的政治和社会后果（但不是美国那种浅层的"向毒品开战"式影片的后果）。

正如我说过的，关于物体本身有三个不同的维度：农业和生产或劳动力和剥削；赚取利润、实现价值、运输和提货；最后是消费——但不是指吸毒成瘾和沿街叫卖。这些实际上是三个寓言的层面，我怀疑对这种测绘的认知活动完全要在它要求我们所做的双倍努力中发现：一方面，它迫使我们把所有层面彼此联系起来；另一方面，它又力促我们把这些维度的每一个都转回到某种更一般化的运动的画面，这些运动在全世界不断继续，永远不可能真正变成抽象的观念或社会科学的概念，它们在自己内部保持一种叙述的冲动，但现在比那种地方的、虚构的指涉具有更多的含义。

我想在这里结束我的发言，因为我觉得现在我已经根据我原来的计划做了一个开始。我原来的计划是证明对全球化再现的困难，既不提供一个适当的概念，也不提供这种现实的忠实的形象。但在再现领域，常常潜伏着某种悖论，即要抓住再现中的两难困境或二律背反的问题，本身就已经是要以某种方式解决它们；当我们开始发现不存在的解决办法时，当我们发现大量的问题本身就是我们寻求的再现时，我们就已经在理解并解决这些问题。

第4章　乌托邦作为方法或未来的用途[*]

[美] 弗雷德里克·詹姆逊 著　王逢振 译

通常我们认为乌托邦是个地方，如果你愿意，也可以说是看似一个地方而并非一个地方。一个地方怎么能成为一种方法呢？这就是我想让你们面对的问题，而且可能有一个容易的答案。如果我们历史地考虑新的空间形式（例如新的城市形式），它们很可能为城市规划者提供新的方法，在这种意义上，地方就构成一种方法。例如洛杉矶的第一批高速公路，它们把一种新的升高的高速公路系统叠加在旧的平面街道系统上面：这种新的结构的差别本身可以被认为是一种哲学概念、一种新的概念。由此出发，你可能会重新思考这个或那个旧的城市中心，或者更进一步，这个或那个有待发展的阳光地带的连接。于是，有一段时间，洛杉矶的概念就是现代；它是不是乌托邦的完全是另一个问题，但很长时间，对许多不同的人来说，洛杉矶也确实是一种乌托邦。布莱希特是这样评论好莱坞的：

> 好莱坞村是按照这地方人们
> 心里的天堂概念设计的。
> 在这里
> 人们认识到需要天堂和地狱的上帝，
> 不需要设计两种住所，只需要

---

[*] 原载：《马克思主义与现实》2007年第5期。本文是弗雷德里克·詹姆逊2007年春天在耶鲁大学的公开演讲稿。

> 一种：天堂即是。它对于
> 不富裕、不成功的人
> 就是地狱。[1]

这是一种真正的辩证、真正的对立统一！这个乌托邦像所有其他的乌托邦一样，也许一开始根本就不存在，在这种特殊的乌托邦里，是否有可能厘清否定和肯定的方面？这正是我们这里要讨论的问题，但在讨论之前，我们需要进一步做些准备工作。

对于前面的例子，即一种新型城市为其他未来新型城市的建设或组织树立样板，其基本依据是我们不再相信进步是可能的，例如城市可以改进。于是"什么是乌托邦"的问题便与现在已成传统的、备受批判的资产阶级进步观念相一致，并因此含蓄地与目的论本身相一致，与宏大叙事和总体计划相一致，与一个更好的未来的观念相一致——这个未来不仅依靠我们自己实现它的意志，而且在某种程度上是事物本身的性质，是深层存在的可能性和潜力，它有待于释放出来，并最终会幸运地出现。但是，是否还有人相信进步呢？即使按照我们的例子，将其限定于空间领域，是否建筑师和城市规划者仍会充满激情地为乌托邦城市工作？毫无疑问，乌托邦城市是现代主义的主题：人们会想到从勒·柯布西耶到康斯坦特、从洛克菲勒中心到伟大的苏维埃计划的每一个人。在更低的层面上，人们会想到城市的更新或罗伯特·摩西。但现代主义已成过去，我的印象是，后现代的城市，不论西方还是东方、北方还是南方，都不会鼓励进步甚至改进的思想，更不用说旧日的乌托邦想象。这种看法的理由是，后现代的城市似乎处于永恒的危机之中，好像只能被看作灾难而不是机会。就空间而言，富人正在迫不及待地退到他们装了大门的社区和严加防护的围墙之内；中产阶级不知疲倦地忙于以新开发的同样的住宅掩盖自然的最后痕迹；而从以前的乡村涌入城市的穷人则在临时性的郊区不断膨胀，人口激增，无法抵制，用不了几年，世界上最大的十个城市将不再包括第一世界的大都会。一些过去的伟大的反乌托邦作品曾集中描写当时公认的人口过剩的梦魇，但那是现代主义的梦魇，而我们今天所面对的也许不是反乌托邦的，而是以一种相当不同的方式实际经历的东西，带有真正的后现代的模糊性，它俨然排除了进步或解决的可能。

实际上，只要想想今天对人类生存的四大威胁——生态灾难、世界范围的贫困和饥饿、全球范围的结构性失业、似乎无法控制的各种武器交易（包括激光制导导弹和无人驾驶飞机）——就足以说明问题。只要想想这四种威胁的趋势（导致传染病、警察国家、种族战争以及不相关的毒品），我们就可以认识到，在这些领域的任何一个当中，世界上任何地方都没有真正有力的对抗力量——当然在美国也没有，因为美国本身就是造成大部分这些威胁的原因。

在这种情况下，真正的乌托邦想象的最后希望、乌托邦预见美好未来的最后努力，都成了相当反常的东西。我的意思是指所谓的自由市场基础论，它抓住全球化的时刻，预言世界范围内不加控制的全球市场会带来全面发展，具有奇妙的产生奇迹的力量。但它曾是一种乌托邦，依赖于亚当·斯密"看不见的手"的无意识的运作，它与乌托邦的"有意图的社会"的极度的意识明显不同，人们就它的普遍性的灵丹妙药进行疯狂赌博，并且世界上大部分人都急于获得这种灵丹妙药。这种正在消逝的乌托邦的努力，尽管从经济到政治不断改变它的规则，把市场自由变换为民主自由，但它并没有恢复多少力量。就此而言，作为一个政治口号，乌托邦的旗帜已经传到了批评家的手上，传到了自由市场全球化的敌人的手上，对于所有想象另一个可能的世界的各种新的政治力量，它已经变成了团结一致的呐喊或"空洞的能指"[2]。

然而，空洞的能指远远脱离了从柏拉图和莫尔以来我们所熟悉的那种乌托邦想象，因此这里我也许应该谈谈我前不久出版的论乌托邦的著作《未来考古学》。本文即使不是对那本书的补充，也可以说是对它的重新思考。那本书可能纠缠于其读者认真思考（假如不是令他们厌烦）的东西，不仅反复强调乌托邦的形式而非内容——表面看似乎属于正常的文学批评，尽管这么看令人悲哀——而且还有另一个更容易抓住不在意的读者的主题，那就是它反复强调乌托邦之重要不在于它可以正面想象和建议的东西，而在于它无法想象和难以想象的东西。我认为，乌托邦不是一种表征而是一种作用，旨在揭示我们对未来想象的局限性，超越这种局限性，我们似乎再不能想象我们自己社会和世界的变化（除非是反乌托邦和灾难方面的变化）。那么这是想象的无能，还是对变化的可能性的根本怀疑——不论我们对理想的变化的想象多么诱人？这里我们难道没有触及所说的犬儒主义的原因，而不是我们的未来感的贫乏或者乌托邦冲动本身的消失？由于犬儒主义的概念已经远远超出了皮特·斯劳特迪克多年前提出时的意义，所以它的特征可以说有些像政治冷漠的反面表现。它知道我们社会的一切，知道晚期资本主义一切错误的东西，知道这种制度的一切结构性的毒害，然而它不表示愤怒，而是表现出明显的无能——不一定是坏的信念。它既不可能受打击也不可能被诽谤中伤，就像市场体制早期阶段特权阶层可能遭受的那样；而对这种制度的揭露、对它的分析以及它在光天化日之下所展现的功能，也不再是促使它进行批判或形成批评的动因。所有这些我们也可以从意识形态方面来讨论：如果"意识形态"这个词处于困难时期，也许是因为在某种意义上不再有任何错误的意识，不再需要以理性化的理想主义或利他主义来掩饰这种制度的作用以及它的各种计划，因此暴露这些理性化的问题，以及揭穿它们的基本姿态，似乎都再无必要。

于是乌托邦的消逝便成了所有这些发展之间的一种结合：历史性或未来感的削弱，深信无论多么期望变化也不可能再有根本的变化，还有因此而出现的犬儒主义的观念。对此，我们也许可以添上自上次世界大战以来过度积累的金钱的绝对力量，这种力量保持着资本主义在各个地方的地位，同时强化着它的机制和它的武装力量。或许我们还应该援用另一种不同的因素——一种心理适应的因素，也就是说，无处不在的消费主义本身已经变成了一种目的，它正在改变发达国家的日常生活，而它的方式表明，由多种欲望和消费构成的乌托邦主义在这里已经存在，无须再增加什么。

关于我们想象乌托邦的能力的局限性，以及我们再不能展望未来的现时的情况，暂时就谈这些。但是，如果说乌托邦的表象今天已经在各个地方消失，显然是错误的。我的书所做的另一个重要的批判表明，我没有尽到一个乌托邦主义者的责任，因为我漏掉了那些仍然存在的乌托邦的想象。这些想象大部分集中于反共产主义或后共产主义的信念，即认为小的就是美的，甚至认为发展并不是理想的，社区的自我组织才是乌托邦生活的基本条件，即使是大规模的工业，首要的东西也是自我管理和合作。换句话说，乌托邦主义的本质不是独创的经济计划（例如取消货币），而是集体本身，社会联系要比个人主义和竞争的动机更加重要。

20世纪60年代（和70年代），伟大的乌托邦倾向于从种族和性别方面展现这种想象，因此在马吉·佩尔西的《时代边缘的妇女》里，我们看到了令人难忘的男性乳房喂养的形象，看到了（在厄休拉·勒古恩的作品里）最早的美国人村庄的理想。后来，在一个不同的历史时刻，在法国，在1981年社会党取得选举胜利的时刻，我们看到了雅克·阿塔利自由的集体工具车间的形象，在那里，每一个邻居都能找到修理、重建、改变空间的原料；还有周期性的节日，它像在卢梭的作品里那样，再次肯定了集体本身的计划。同时，在我们自己的时代，随着无政府主义的复活，对工人们自我管理的各种生动的再现恢复了对这些问题的阶级意识，激活并强化了政治行动。

对这些飞地式的乌托邦进行实际的政治否定是不合适的，因为它们总是受到它们周围的私有企业和垄断霸权的威胁，受到分配制度的摆布，更不用说还受统治的司法制度的约束。这里我想谈谈革命的抒情诗这一文类：实际上，在威廉·燕卜荪的《田园诗种种》里，他走了很长的路才把社会主义现实主义吸纳到这种形式中来。鉴于其中所描写的牧羊的男女、乡村的恬静和满足，这种形式似乎在资产阶级时期的文学里已经完全消失。在审美层面上，这确实是田园诗作为一个文类所展现的前景：摆脱了真实社会的巨大焦虑，看见了一个平静的地方、一个理想的富于人性的地方、一个改变了今天我们所知道的社会关系的地方、一个社会关系成为布莱希特所说的"友好"关系的地方。在那种意义上，我所说的再现的乌托邦今天确实像是采取了田园诗的形式，因此，在心理和无意识充满狂乱与躁动、压抑与障碍的时代，我们需要恢复这些古代文类的意义以及它们的价值和作用。

我确实认为这种再现的乌托邦得占有一定的地位，甚至具有政治上的作用：正如我在《未来考古学》里试图论证的，这些看似平静的形象本身也是强烈的断裂，它动摇了那种认为未来与我们现在相同的陈腐观念，干预并中断了习惯性的对制度的复制以及对意识形态的赞同，从而打开了一个裂缝，不论这个裂缝多么小——开始可能像头发丝那么细小，但通过这个裂缝，另一种未来、另一种制度的时间性的图像却可能出现。

然而，今天我想提出一种不同的援用那种未来的方式，提出一种不同的乌托邦的作用，在某种意义上，它的前提是，区分乌托邦计划和乌托邦冲动、乌托邦的规划者和乌托邦的解释者，例如，如果你们喜欢，区分莫尔或傅立叶和布洛赫。乌托邦计划的目的是争取实现某种乌托邦，它可以是谦逊的，也可以是雄心勃勃的，因人而定；可以从整个国家甚至世界范围的社会革命一直到单独一栋建筑或一个花园的独特的乌托邦空间的设计。但是，除了乌托邦对现实本身的改革之外，它们还有一个共同之处，那就是它们都必须以某种方式面对封闭的或飞地的结构。因此这些乌托邦空间无论范围如何，都是整体性的，它们象征着一个改变了的世界，这样它们就必须在乌托邦和非乌托邦之间假定界限。而只有从这种界限和这种飞地结构出发，才能开始对乌托邦进行认真批判。

不过，对乌托邦冲动的解释必须考虑一些碎片：这种冲动不是象征的而是寓言的，它既不符合乌托邦计划也不符合乌托邦实践，它表达乌托邦的欲望，并采取各种预想不到的、掩饰的、遮盖的、扭曲的方式。因此乌托邦冲动需要某种阐释：需要探索发现的工作，在真实的风光里解释和解读出乌托邦的线索与痕迹；需要对乌托邦现实中的无意识的投入进行理论阐述和解释，不论这种投入是大是小，也不论这种投入本身的实际情况是不是远离乌托邦。这里的前提是，最有害的现象可以用作各种意料之外的愿望实现和乌托邦满足的储藏室与隐蔽地。事实上，我经常用常见的阿司匹林做例子，说明最渴望不朽、渴望理想化的身体的人也会无意地携带着阿司匹林。

但是，这种对乌托邦的分析似乎突出了主体和主体性，可能会把乌托邦冲动本身变成不连贯的投射，没有历史的意义，对社会的世界没有实际的后果。在我看来，这种否定有些过分，它等于说，在可能的客观条件强制的范围之内，人类的欲望本身构成集体的计划，构成社会形态的历史结构。因此，在继续之前，最好把对那些客观条件的看法置于适当的位置，概括乌托邦社会变革的客观可能性的模式，如此也许可以衡量根据乌托邦冲动所做的解释。

实际上，我们完全可以说，马克思主义对历史变化的看法把这些乌托邦思想的形式结合起来，因为它既可以被视为一种实际的计划，也可以被视为无意识力量投入的空间。这里，在这种孪生的或添加的乌托邦的看法里，马克思主义中那种旧的意志论和宿命论之间的张力找到了它的根源。马克思主义的政治就是一种乌托邦的计划，目的是改变世界，以一种根本不同的生产方式代替资本主义的生产方式。但它同时也是一种历史动力的概念，按照这种概念，它假定一个全新的世界正在我们周围客观地出现，而我们并不一定立刻看见。因此随着我们进行变革的有意识的实践和策略，我们也许会采取某种被动接受的解释姿态。而由于正确的方法和记载机制，我们可能会找出不同事态的寓言线索，找出看不见的甚至无法追忆的正在成熟的时间的种子，找出全新形式的生活和社会关系阈的下意识或潜意识的迸发。

最初，马克思通过本质的神秘性表达过这第二种时间性的模式，但这对于我们已不再具有多大的比喻力量。他在1859年告诉我们："无论哪一个社会形态，在它所能容纳的全部生产力发挥出来以前，是决不会灭亡的。"① 到目前为止仍然正确。而正是这一看法在20世纪八九十年代没有被充分地考虑。接着他继续说："在它的物质存在条件在旧社会的胎胞里成熟以前，是决不会出现的。"② 然而这只是一种隐喻，对于布洛赫所描述的乌托邦冲动的力量，对于乌托邦投入的寓言和乌托邦力比多，对于我们周围潜在的乌托邦主义的隐蔽的痕迹和迹象，孩子的诞生并不一定是最好的比喻。

同时，我们需要补充的是，马克思和列宁都写了具体的乌托邦作品，而且二人都是以巴黎公社为基础写的。马克思关于公社的演讲（《法兰西内战》），确实有些像取代资产阶级议会制度的一种乌托邦民主的蓝图。列宁的《国家与革命》在这种直接民主模式的基础上进行了扩展，1917年8月，他抛开了辩护性的语言，提出更有意义的是进行革命而不是描写革命。但是，两人的著作谈的都是政治乌托邦而不是经济乌托邦，而今天显然是后者为我们提出了最大的概念上的难题。

诚然，马克思著作中的无政府主义因素不应低估。早期在《资本论》当中，他要我们"换一个方面，设想有一个自由人联合体，他们用公共的生产资料进行劳动，并且自觉地把他们许多个人劳动力当作一个社会劳动力来使用"③，但那时仍然不清楚的是，这是否只是某种扩展了的集体的"独自生产"或《鲁滨孙漂流记》的幻想？是否我们仍处于小商品生产阶段，好像在自耕农或日耳曼生产方式中那样？

关键的论述是后来形成的，正如马克思自己所说，将"认真对待黑格尔的辩证法"：

> 从资本主义生产方式产生的资本主义占有方式，从而资本主

---

① 马克思恩格斯文集：第2卷. 北京：人民出版社，2009：592.
② 马克思恩格斯选集：第2卷. 2版. 北京：人民出版社，1995：33.
③ 马克思恩格斯全集：第23卷. 北京：人民出版社，1972：95.

义的私有制，是对个人的、以自己劳动为基础的私有制的第一个否定。但资本主义生产由于自然过程的必然性，造成了对自身的否定。这是否定的否定。这种否定不是重新建立私有制，而是在资本主义时代的成就的基础上，也就是说，在协作和对土地及靠劳动本身生产的生产资料的共同占有的基础上，重新建立个人所有制。①

请注意在这些比喻里仍然保留了孩子诞生的形象，意思是说明"生产资料的集中和劳动的社会化"②——换言之，即法兰克福学派在不同语境里所说的"社会共有化"——这里不仅孕育的隐喻没有消失，而且孩子实际上已经诞生！刚才提到的集中和社会化，在几行之后援引的一次著名的演讲中表明，它们与"资本主义外壳不能相容"③（用另外的方式说，就是新的基础和旧的上层建筑不相适应）："这个外壳就要炸毁了。资本主义私有制的丧钟就要响了。剥夺者就要被剥夺了。"④ 这是一种逐渐达到顶点的比喻，或者几种不同的比喻同时实现（虽然不是我们很快会考虑的那种比喻）。在这里描述的情况中，真正的危险显然是垄断的发展。实际上，正是垄断反而想确定为一种乌托邦现象。但在这样做之前，我觉得应该再引用一些马克思的话，说明列宁后来从理论上阐述的资本主义的第二（或"最高"）阶段，因为我觉得它对我们今天的资本主义第三阶段——我们一般所说的全球化——具有至关重要的联系。

剥夺占有是通过资本主义生产固有的规律本身的作用实现的，即通过资本的集中化实现的。一个资本家总是打倒其他许多的资本家。与这种集中相结合，或者与少数资本家剥夺多数资本家的剥夺相结合，会在日益扩大的规模上出现其他的发展，例如劳动过程的合作形式，自觉地运用科学技术，有计划地开发土地，改变劳动工具使之成为只能共用的形式，通过利用联合的、社会化的劳动生产方式节约生产资料，把所有的人都卷入世界市场的网络，并以此发展资本主义制度的国际特征。随着夺取和垄断这一转变过程中的所有利益的那些资本主

---

① 马克思恩格斯全集：第 23 卷. 北京：人民出版社，1972：832.
② 马克思恩格斯文集：第 5 卷. 北京：人民出版社，2009：874.
③ 同②.
④ 同②.

义巨头的数量日益减少，痛苦的、被压迫的、被奴役的、被贬低的、被剥削的大众便不断增加。

因此，按照列宁的分析，可以适当延长从资本主义到社会主义转变的这一标准的马克思主义的景象，这就是忽略分娩的形象，但更强烈地坚持未来的社会是在现在的社会之内"成熟的"——其形式不仅是劳动的社会化（联合、工会组织等），而且首先是垄断。实际上，我们在这里处于激进的或社会主义思想的某种分界线上：在这里，进步的资产阶级寻求打破垄断，把大公司再次变成小公司，以便回到健康的竞争；在这里，无政府主义谴责集中化，把它作为政府本身的形象，无论它有多么大的力量，都要不惜一切地把它摧毁——在列宁看来，政府的衰亡在于取得垄断并由生产者自己管理，这样不仅可以一举消灭管理者阶级，还可以消灭管理国家事务的政府和官僚政治。例如下面这段关于金融经济的论述（仍然适合我们今天的情况）：

> 资本主义建立了银行、辛迪加、邮局、消费合作社和职员联合会等这样一些计算**机构。没有大银行，社会主义是不能实现的。**
>
> 大银行**是**我们实现社会主义**所必需的**"国家机构"，我们可以把它**当作现成的机构**从资本主义那里**拿过来**，而我们在这方面的任务只是**砍掉**使这个极好机构**资本主义畸形化**的东西，使它成为**更巨大**、更民主、更包罗万象的机构。那时候量就会转化为质。……
>
> 这个"国家机构"（它在资本主义制度下，不完全是国家机构，但是在我们社会主义制度下，它将完全是国家机构），我们下一道命令一下子就能够把它"拿过来"，使它"运转起来"。①

我之所以引用这些话，是因为它对规模和垄断的辩护令人感到惊讶。不论是右派还是左派，不论是信仰自由市场的人还是相信"小的就是好的"的人，或者相信自我组织是经济民主的关键的人，都会对这种辩护感到惊讶。我常常也有同感，但我并不是要特别采取某种立场。然而我想说的是，在这两种情况里——一方面以商业竞争为名规范并打破垄断，另一方面回到更小的社区或集体——我们都不得不面对历史的倒退，回到已经不复存在的过去。但是，如果不采取乌托邦

---

① 列宁全集：第32卷. 2版. 北京：人民出版社，1985：300.

的方式，我们显然不可能考虑即将出现的某种未来的规模、数量、人口过剩以及类似的东西。实际上，明确地考虑数量的困难，是我们今天的乌托邦思想面临的又一个障碍。

正是在这一点上，我想提出一种乌托邦的分析模式，它可以被看作主观和客观这两种方式的某种综合。我想提出这种解释的两个例子，虽然我不想说它们本身就是乌托邦的方法，但至少可以作为其他方法中的一种。这两个例子将分别联系到理论和历史。理论的例子将论及现在正出现的"大众"政治的宣言领域，而历史的例子将提出一种表示乌托邦寓言作用的新的可能的机制，这就是所谓的"沃尔玛"现象。我相信这个例子会比列宁对垄断的辩护更令人吃惊，因为有关的信息研究告诉我们，大多数沃尔玛的购物者自己就对这家公司持尖锐的批判甚至否定态度。我想人人都知道否定的批评：一个新的沃尔玛超市的建立会迫使地方商业下降，就业职位减少；沃尔玛的员工很少获得足够的维持生活的工资，没有额外利益或医疗保险；该公司反对工会（在中国是个例外）；它雇用非法移民，越来越多地雇用兼职或短工；它把美国的业务转移到国外，还在国外利用血汗工厂和童工；它的实践活动残酷无情（常常是隐蔽的），通过威胁、控制它的供货商，在国外破坏生态，在美国破坏社区；夜里它把自己的员工封锁起来；等等。这是一幅令人恶心的景象，而未来的前景——不仅在美国，而且在全世界，沃尔玛都已经是最大的公司之一——肯定更令人惊恐，尤其如果你认可合谋的理论，它可能就是极端反乌托邦的。这里，不像西奥多·罗斯福时期的托拉斯和垄断那样，它是马克思列宁主义对集中化预言的真实体现，也是对晚期资本主义垄断倾向的体现。然而，正如它的评论家所说，这种实体的形成——像是新的病毒或新的物种——不仅出乎意料，而且在理论上与当前流行的经济、政治和社会思想范畴也大不相同：

> 沃尔玛是某种全新的东西……它被精心设计为某种普通的、熟悉的甚至平凡的东西……不错，沃尔玛依照规则运作，但沃尔玛影响最重要的部分也许是那些已经废弃的规则。当前，作为一个社会我们无法理解沃尔玛现象，因为我们还没有准备好如何管理它。[3]

不过，我们必须补充的是，有一种思想可以清楚地解释这种新的现象，并说明为什么传统的思想无法做到，这种思想就是被称为辩证的思想。不妨考虑一下下面的分析："那种在两方面都实施的控制——控制大规模的商品，控制地区的消费市场——意味着市场资本主义正在因巨蟒似的缓慢无情的钳制而被扼杀。"[4] 如果这听起来像是新闻报道的语言，那么可以听听一个所谓的"首席执行官"的看法，他直截了当地证实了沃尔玛的情况："它们在美国扼杀了自由市场资本主义。"[5] 但这种奇怪的矛盾不正是马克思所说的否定之否定的当代翻版吗？因此沃尔玛并不是反常或例外，而是资本主义那种力量的充分表达：资本主义吞噬自己，它通过市场本身毁灭市场。

沃尔玛所代表的这种新现实的辩证特征，俨然也是普遍感觉到的关于这种商业活动的含混性的根源。它能够减少通货膨胀，平抑甚至降低物价，使最穷的美国人可以维持生活，但这种能力同时也是造成穷人贫困的根源，是美国工业生产力消解的主要原因，也是美国小城镇不可避免地遭到破坏的主要原因。但这是资本主义本身作为一种制度在历史上独特的、辩证的力量，就像马克思和恩格斯在《共产党宣言》中对它的描写那样。有些人把那种描写看作对新生产方式力量的高度民主的赞扬，而另一些人则把它视为对这种力量的最终的道德判断。但辩证法在那种意义上并不是道德性质的：马克思和恩格斯所确定的是，"比过去一切世代创造的全部生产力还要多，还要大"① 的生产力与它所释放的最具破坏性的否定力量（"一切等级的和固定的东西都烟消云散了"②）同时存在。辩证法是一种原则，它要求同时考虑否定和肯定的两个方面，形成思想的统一整体，而道德化企图舒适地谴责那种邪恶，而不去特别想象其中还有另外的东西。

于是，沃尔玛被赞扬为民主和效率的顶点：流水线的组织无情地消除了一切不必要的虚饰和浪费，通过纪律把它的管理人员变成了一个值得尊敬的阶级，其情形就像当年的普鲁士政府，或19世纪后期法国职业教育中伟大的教师运动，甚或是流水线的苏联体制的梦想。新的欲望得到鼓励和充分的满足，就像20世纪60年代的理论家（以及马克思本人）所预言的那样，而销售的问题也通过各种新的技术发明成功地得到解决。

---

① 马克思恩格斯文集：第2卷. 北京：人民出版社，2009：36.
② 马克思恩格斯选集：第1卷. 3版. 北京：人民出版社，2012：403.

在此，我列举几个实例。一方面（信息方面），确实出现了发展，如统一商品编码或所谓的条形码，即细谷（Hosoya）和沙伊弗（Schaeffer）所说的"制约结构"，一般被解释为"城市的新的基础，提供了前所未有的同步化和看似无形的组织。但结构重新组织城市的规划，使它失去了稳定"。与此同时，条形码"颠覆了零售商和批发商或生产商之间的权力平衡"。20世纪70年代初，引进了"一整套新一代的电子收款机"，这种收款机现在能够处理条形码上记录的大量信息，包括商品目录和消费者的喜好：按照资本主义最古老的逻辑，技术革新率先"成为对萧条时期的补救，它迫使竞争的生产商进行合作"。商品世界里条形码的乌托邦特征，有些像是人类主体中间互联网的等同物，而从生产支配到销售支配的转换，则类似于社会领域里民主意识形态的出现。

然而，另一方面（物质客体方面），却有另一种相关的发展，它同样是实质性的但又与这种发展非常不同，这就是作为运输革命的集装箱化的发明或出现——它的多重影响我们无法在这里进一步探讨。这种空间的创新有些像对社会领域的人口统计和人口过剩的反应，而且会导致我们走向一种数量和质量的辩证。实际上，这种所谓的"供应链条"的两端都需要哲学的概念化，它们在生产和销售之间进行调停，并有效地消除销售和消费之间的对立。

同时，资本主义和市场的无政府状态也得到克服，为日益绝望和贫困的公众提供了生活必需品，而这些公众受政府和大企业的剥削，几乎再不能对企业进行任何政治的控制。任何不欣赏沃尔玛这种历史性的创新以及它的力量和成就的人，事实上不可能进行这种讨论，与此同时——我也是对左派说的——对于这种成就，需要一种审美的欣赏，一种布莱希特为他最喜欢的书之一（古斯塔夫斯·迈尔斯的《美国豪门巨富史》）所保持的那种欣赏，或许我们今天也认为它们是那些巨头罪犯的操纵策略。但是，这种赞赏和肯定的看法必须伴以绝对的谴责，这样我们才能完成对这种历史现象的辩证的矛盾心理。沃尔玛也不会完全忘记它自己的矛盾心理：它担心披露造成伤害的事实而完全回避记者，结果人们对它的声誉怀有混合的心情，有严厉的批评，同时不可避免地也有赞赏的承认。

这里我想对辩证的矛盾心理做些补充，尤其是关于技术创新的矛盾心理。回顾一下列宁和葛兰西对泰勒主义与福特主义的赞赏，就足以在革命者的薄弱之处产生困惑：在资本主义的劳动生活中，究竟什么是最具剥削性的和最非人性化的东西？但这也正是乌托邦在这里所表示的意思，即当前否定的东西因诱发巨大变化或乌托邦的未来也可以被想象为肯定的东西。这就是我为什么想把沃尔玛当作一种思想实验的方式（无论多么简单）：不是按照列宁的粗糙但却实际的方式，把它作为一种机制，（革命之后）我们可以砍掉在资本主义制度下使这个很好的机制残缺的东西，而是按照雷蒙德·威廉斯所说的那样，把它作为自然发生的、与残余相对的东西——一种隐约出现的乌托邦未来的形态，我们必须把它作为一种机遇及时抓住，以便更充分地进行乌托邦的想象，而不是把它作为进行道德化的判断或倒退的怀旧的所在。

现在我需要简略地谈谈另外两种不同的反对这种悖论断言的中肯意见，然后再继续论述一种性质不同的乌托邦的运用。要说的第一种意见是，沃尔玛可能是销售的典范，但不能说它是严格意义上的生产的典范，尽管我们可以谈论销售的生产。这一点直接切入我们的社会-经济矛盾的核心：一方面是结构性的失业，另一方面是零售职业明显地超越"生产性"职业（2003年美国的情况）。（在这些新的矛盾的结构里，还应该包括计算机化和信息化，我觉得非常明显的是，沃尔玛特殊的成功依赖于计算机，在计算机之前这种成功是不可能的。）对此我想从这家零售公司对它的生产供应商（沃尔玛常说是它的"合作伙伴"）进行支配的视角来观察。这种支配是一种破坏性的力量，其中大公司能够迫使它的供应商进行外购，降低材料和产品的质量，甚至迫使它们完全退出商业活动。值得注意的是，这种力量可能以完全相反的方式运作。"运用它的巨大的购买力量，不仅提高它的顾客的生活水准，而且也提高它的供应商的生活水准。"[6] 在这种力量的有效的程度上——从零售垄断到各种生产者——这是一种乌托邦的建议，它可以颠倒过来而无须改变它的结构。

但是，我还想提出，新的体制似乎有可能提供一个完全消除这种对立的机会。对于这种生产和销售之间的二元张力，我们似乎不可能找到出路，并想象一整套新的范畴：不是因消费和信息而放弃生产和阶级的范畴，而是要把它上升为一个新的更复杂的概念。这里我们不可能再对此进行推测。

另一种反对的意见与利益动机本身相关。毕竟，沃尔玛的真正动力在于它是一个资本主义的产业，而社会主义的"失败"似乎在于命令式的计划经济所造成的懒惰。腐败、任人唯亲、裙带关系或者完全忽视研究造成了令人厌恶的现象，例如大量同样的灯罩堆积在地下室里无人购买。作为抵制利益动机的对抗力量，所有社会主义能够提供的似乎是著名的"精神鼓励"，这就需要不断地进行动员和开展运动，以便重新激发可能降低的社会主义热情。

这里应该看到的是沃尔玛也通过精神鼓励来推动：它成功的秘密不是利润而是价格，它为最后的每一分钱讨价还价，对大量的供货商都是如此。这一原则——永远低价——事实上是由最基本的动机驱动的。马克斯·韦伯把它称为"新教伦理"，也就是回到勤俭节约。勤俭节约是这一体制伟大的初创时刻的特点。因此，甚至这种解释性的诉诸利益动机的做法也可能是本质主义的，是人性的意识形态的组成部分，而它本身也是资本主义最初构成的一个部分。应该补充的是，马克思主义并不是以这种方式从心理上进行归纳的，它所坚持的不是基于贪婪和苛求的决定论，而是体制或生产方式的决定论，每一种生产方式都会对所谓的人性产生并构成它自己的历史版本。

现在，我需要更确切地说明这种新型乌托邦的理论和实践，而我对沃尔玛的描述似乎预设了这一点。实际上，这种讨论会表明，探讨它的理论方式有时是在明显的"反乌托邦"的立场中发现的。这是我们下一个例子的情况，它将转向现在众所周知的大众的概念，这个概念是迈克尔·哈特和安东尼奥·奈格里在他们的著作《帝国》和《诸众》（是从斯宾诺莎那里借用的一个术语）里提出来的。值得注意的是，他们自己对乌托邦主义的特殊的谴责，虽然与大量后结构主义的信条相一致，但却具有直接的政治和历史指涉，他们谈到了斯大林主义，谈到了历史上由列宁的传统构成的共产党（从列宁以后，共产党内部有时也批判乌托邦主义）。这里乌托邦与历史必然性的口号一致，与"歌唱明天"的口号一致，为了某个未来的乌托邦，它牺牲当前的一代，因而与党的构成完全一致。

至于大众这个概念本身，不管有多少缺点，我觉得它是试图构成某种新的更适用的集体，代替旧的对集体和集体力量的理论阐述，例如"人民"（在人民主义里取消了社会阶级，在工人主义里排除了性别和种族，甚至在其狭隘的政治定义中排除了农民）。我认为，在一个分裂的个人主义的社会里，每一种新的集体的方式都值得欢迎（下面我再谈个人主义）。旧的集体的概念也有明显的缺陷，只是表现的方式不同：它们同时表达了新的集体形式或主体出现的社会现实。但我在这里并不想介入关于"大众"的争论，因为我想做的本质上是确定一种方法论的创新。但为了这样做，我不会去考虑哈特和奈格里庞大而复杂的著作，而是非常简单地干预一下这种讨论，即根据意大利当代最著名的哲学家保罗·维尔诺的哲学思想（这里人们似乎还了解很少），明确揭露这种新的理论观点的某些后果（现在已成为新的传统）。

他的著作《诸众的语法》可以视为一系列的笔记，论述大众的概念对后现代性时期（不是他的话）日常生活的现象学可能带来的变化，实际上也是对我们关于那些变化的态度以及对它们的评价所带来的变化。这里我不会全面讨论他的主题和意图，而是主要讨论该书对某些标准的海德格尔的观点的修正，而这些观点今天对我们（不论是自由派还是保守派）仍然非常重要，实际上对整个西方资产阶级日常生活都仍然非常重要。

你们可以回忆一下，海德格尔曾呼吁通过焦虑和对死亡的恐惧净化资产阶级那些舒适的习惯，他认为现代生活充满了不可靠性，受城市的集体性支配。你们还会记得，使"存在"的日常生活在现代性的日常生活中异化的四种堕落的形式，即空谈、好奇、含糊和破坏，或者像《存在与时间》里所翻译的那样，闲谈、好奇、含混和衰落（或被吞噬）。正是这些基本的范畴、不可靠性的概念本身，维尔诺想进行修改（离开了纳粹主义和后来的技术理论，我们也会这么做的）。

但重要的是，应该明白，对"现代性"的这些判断并不是海德格尔所独有的；它们是整个保守的、反现代主义意识形态的组成部分，在20世纪20年代，受到从艾略特和奥尔特加·加塞特等非左派知识分子的欢迎，同时也受到从中国到美国的传统主义者的推崇。这种意识形态表达了对新的工业城市的恐惧，包括它的新的工人和白领阶层、它的大众文化和公共领域、它的标准化和议会制度；这种意识形态常常隐含着一种怀旧情绪，怀念旧的农业社会的生活方式，如美国的"重农派"、英国的自耕农或者海德格尔的"田间劳动"。无须再说这种意识形态充满了对社会主义或共产主义的持久恐惧，也无须再说支配20世纪30年代的阶级合作主义——从罗斯福的新政到斯大林的五年计划，从纳粹主义到意大利的法西斯主义、到费边的社会民主——从这种观点出发应该看作与传统主义的妥协，同时也应该看作对所谓的"大众的人"的时代的现代性的抵制。

诚然，那些妥协现在大部分已经成为历史（也许可以补充说，它使当代社会民主陷入某种混乱，在这种境遇中，自由市场基础论迄今确实是唯一可行的新的实用-政治的意识形态），但我想论证的是，我刚才概略地提到的关于旧的保守意识形态的一般的社会态度（对于这种意识形态，海德格尔是唯一独特的哲学理论家），在很大程度上仍然对我们适用，对知识和思想也仍然适用。

为了这样做，我想重新回到我前面提到的再现的乌托邦的问题。实际上，对待形成旧的反现代主义意识形态的社会焦虑的标准方式，就是承认这种焦虑，而同时又向我们保证，在未来任何"更完美的社会"里，所有列出的否定的特征都会得到纠正。因此，在这些乡村景色中，不存在任何产生焦虑的社会不安全性（甚至死亡也会推迟），闲谈很可能被一种净化了的语言和真正的人类关系取代；病态的好奇被与他人的健康距离和自己在整个社会中的地位的自觉意识取代；含混（海德格尔用这个词表示大众文化的谎言和公共领域的宣传）通过与整个计划、工作和行动的更真实的关系得到矫正；而衰落（在"人"的公共维度上"失去自我"，或"大众的人"的非真实性）会被某种更真实的个人主义和更真实的自我孤立以其存在主义的关怀和承诺取代。这些无疑都是很好的、理想的发展，但不难看出，它们本质上也都是反动的，也就是说，它们通过肯定的对立面构成了大量顺从的对否定的支配的条件的取代。然而，这种对海德格尔回应的反动，很可能会首先确认否定判断的优先性。

它可能也会得到当前反乌托邦想象的确认，在反乌托邦的想象里，对于构成"我"熟悉的范围之外的"社会"的那些陌生的他者的多重恐惧，在后现代或全球化的条件下，再次集中到对多样性和人口过剩的恐惧之中。显然，从希伯来先知以来，一种古老的讽刺传统重演了这种对集体他者的恐惧，而其方式就是谴责一种罪恶的或堕落的社会。这与哲学的某些思考相似，例如笛卡尔把他者比作自动化，只是它们以一种不同于神学的方式或不同于新闻主义对异化的"文化批判"的方式来表达反感。20世纪60年代的科幻小说，尤其是约翰·布鲁纳的"经典四部曲"，对各种社会危机、社会分化或社会堕落进行了非意识形态的描写，而无思想性或经过洗脑的僵尸的形象，对现代民主大众无法改善的愚蠢却表达了更明显的谴责。然而，甚至在这些对危机的表达里，其症候（污染、原子战争、城市犯罪、大众文化的"堕落"、标准化、贫困、失业、服务部分优先等）仍然被区分开来，每一种形成一种不同的警示性的再现。只有在后现代或全球化当中，由于世界人口的爆炸、对农村的遗弃、大城市的增加、全球变暖和生态灾难、城市游击战的扩展、福利国家的金融崩溃以及各种小团体政治的普遍出现，这些现象才围绕着主要事业（如果这是可用的正确的范畴）互相交织在一起。而所谓的主要事业就是对多样性和普遍涉及的人口过剩的谴责，或者说，对以多重形式和仅仅作为数量与数字出现的他者的谴责。可以预见，对这种具体情况表征的反应，采取了对"散乱"景象肯定和否定的双重形式，就像是由旧的全球风光的许多部分构成的反乌托邦的城市化，或者倒退到前面援引的小集体的那些田园景观。很少有像雷姆·库哈斯那样的人——赞赏"拥挤的文化"，想象一个过剩的人口能够快乐地繁荣的、新的肯定的空间——已经抓住转变价值的策略，把模糊的悲观主义的诊断指标转变成充满活力的前景，展现出某种新出现的受人欢迎而非哀伤的历史现实。

事实上，我要找出在《诸众的语法》里发生作用的正是这样一种策略，而它的主题现在也许可以简要地（不完全地）加以回顾。对于恐惧和焦虑（在海德格尔那里明显不同）的不安全性，维尔诺代之以对资产阶级的安全性本身（对此我们后面还会再谈）的全面抨击，但他只注意到安全性也是一个空间的概念（与海德格尔的"居住"相关），并假定某种与我的邻居最初的物质上的分离，这在意识形态上也与财产的概念相互关联（在此意义上，只有富人才真正安全，他们居住在封闭的社区，他们的庄园有警卫保护和巡逻，而其功能则在于隐蔽和压制集体本身存在的事实）。这里从焦虑到肯定的判断转换的调控器是康德的崇高概念，它把恐惧纳入崇高本身特有的乐趣，然而这种转换的实际后果，也会把海德格尔的无家可归的悲怆转变成吉尔·德勒兹的游牧主义的兴奋。这种情况我们会在后面看到。

不过，游牧主义似乎也表明当代劳动的特征，经济学家严肃地告诫我们，在这样一种境遇里，任何人都不应再期望一生保持一种职业（一般他们不会增加日益明显的副业，也就是说，许多人根本不应该指望保持住任何职业）。维尔诺对当代劳动的讨论，挑战并破坏传统的亚里士多德式的对劳动、政治和哲学的区分（汉娜·阿伦特重新恢复了这种区分），其目的似乎也是对整个异化概念进行乌托邦的重构，因为从马克思早期对工业劳动的分析中，它已经降低为用于各种目的文化特征的表达。黑格尔的异化的概念——马克思的概念既是对它的批判也是对它的重构——本身就构成一种对手工艺活动和生产的乌托邦的赞颂，在工业时期已不再适用。维尔诺现在提出一种生产作为艺术鉴赏的概念，一种恢复旧的 20 世纪 60 年代生活审美化的理想的概念，并把从景观（居伊·德波）和幻象（让·鲍德里亚）出发的对当代社会的更当代的谴责重新定位。

我们首先要注意今天劳动的具体特征，就像维尔诺概括的那样，从所有现代的哲学运动——从实质的范畴到过程的范畴——得出最终的结论。现代的（或许我应该说后现代的）工作是一个过程问题，它是一种活动，对于这种活动，目的已经变成第二位的，某种物品的生产只是一种借口，过程本身变成了目的。这可以比作美学领域里的艺术欣赏，而实际上，我们在这里遇到了一种出乎意料的旧的左派梦想的体现，即从席勒到马尔库塞以及审美的非异化世界的梦想。然而，它没有旧的唯美主义所保持的那种雅致，它是一种注意机器的文化、一种后工作的文化、一种语言共享和语言合作的活动。这一变化还必然导致对劳动的重新定位——迄今为止，劳动含混地区别于私人领域和公共领域（它不是私人生活，但它的组织结构仍然为资本家所有，并不对公众开放）——在某种新的空间之内，个人和公共合作已经消失，且不会把一个归纳到另一个。

注释

[1] John Willett and Ralph Manheim, ed., *Poems 1913—1956* (New York: Methuen, 1976), p. 380.

[2] 参见 Ernesto Laclau and Chantal Mouffe, *Hegemony and Socialist Strategy* (London: Verso, 1985)。

[3] Charles Fishman, *The Wal-Mart Effect* (New York: Penguin, 2006), pp. 221-222.

[4] Ibid., p. 234.

[5] Ibid., p. 233.

[6] Ibid., pp. 145-146.

第二编　晚期资本主义的空间逻辑：哈维的空间理论

第5章 全球化与"空间修复"*

[美] 大卫·哈维 著 付文忠 马莲 译

即使是那些对发展感兴趣的宏观经济学家，也不太了解如何在他们的理论和模型中处理空间生产。他们通常能做到的最好的事情，就是将世界划分为地理实体（因此，在其分析和政策中要考量国家的重要性）。每个实体都经历了某种发展过程，他们思考的目标是如何理解不同发展轨迹（为什么以及如何以这样的方式发展国民经济，如何对这些发展进行理论化和模型化），以及可能进行的干预，以促进该领土实体内更健康的或更有益（通常定义为更有利可图的）的发展路径。

这种永远不能完全令人满意的思维方式，在把各种复杂进程总括在"全球化"这一术语下时，已成为一种倾向（可能性）。例如，在政治、经济事务中，如果国家作为一个连贯的、全能的实体变得不那么重要了（正如许多国家目前所维持的那样），那么就不得不定义其他一些处理空间的方式。经济学内部确实已有一些面对这一困难而进行的态度认真的尝试。例如，保罗·克鲁格曼（Paul Krugman）① 正试图建立所谓的"新经济地理学"，其关注的是经济活动的自组织空间原则

---

* 文献来源：David Harvey, "Globalization and the 'Spatial Fix'," *Geographische Revue*, 2001 (2): 23-30。翻译中参考了南京大学马克思主义社会理论研究中心官方微博（新浪微博号：实践与文本）以及 being generation 中的翻译资料。

① 保罗·克鲁格曼，美国经济学家，普林斯顿大学经济系教授，2008年诺贝尔经济学奖得主，新凯恩斯主义经济学派代表。——译者注

如何在政治经济生活中发挥重要作用，以及依据区域发展和国际贸易如何更好地将比较地理优势原则进行理论化。杰弗里·萨克斯（Jeffrey Sachs）①则希望我们把重点放在区域综合体（根据环境和文化禀赋的某种组合来进行定义）上，而不是把国家作为更重要的实体来理解发展是如何发生的（他认为，热带地区在环境条件和文化禀赋方面不同于温带地区，像巴西这样的国家应该被归为技术丰富、禀赋较好的南方以及技术贫乏、环境和文化贫乏的北方）。在当代全球化条件下进行的物质进程，似乎已经引起了至少一小部分经济学家某种观念上的转变（因此，在经济基础上发生的变化需要意识形态上的相应转变，正如马克思很久以前所指出的那样）。

然而，对像我自己这样的地理学家来说，空间生产、再生产和重构一直是理解资本主义政治经济学的核心。对我们来说，全球化的当代形态只不过是又一轮资本主义生产和空间重建。这需要通过运输和通信技术的又一轮创新，进一步超越距离界限（马克思称之为"用时间去消灭空间"②，将其作为资本主义发展的基本规律）。因此，它需要改变资本活动的全球地理重构（例如，将该地区去工业化，将另一地区重新工业化）。新形式的不平衡的地理发展、全球力量的重新校准甚至重新调整（如更多地重视太平洋和新兴工业化国家）以及资本主义秩序的地理规模的变化，表现在以超国家组织形式如欧盟的增长和全球治理机构如世贸组织、国际货币基金组织、八国集团、联合国等的更突出作用为标志。我们可以说，当代全球化是这些具体的特殊地理进程的产物。因此，问题不是全球化对地理的影响，而是这些独特的空间生产和重构的地理过程如何创造了当代全球化的特殊条件。

在我的著作中，我常用"空间修复"（Spatial Fix）③理论来解释

---

① 杰弗里·萨克斯，著名全球发展问题专家，哥伦比亚大学经济学教授、可持续发展中心主任。"休克疗法"之父。——译者注

② 马克思恩格斯全集：第30卷. 2版. 北京：人民出版社，1995：521.

③ 在哈维看来，当资本积累无法在一个区域实现时，就要寻找另外一个区域，通过多种机制吸纳过剩资本。这种通过地理扩张和地理重构来解决资本主义经济体内部危机的动力学机制被哈维称作 Spatial Fix，本文强调资本在世界范围内寻找能够消化过剩产能的全球空间，资本的全球积累使得资本全球空间化。基于此含义，我们将其翻译为"空间修复"。——译者注

全球化。然而，这个术语（以及它的中心理论）需要澄清，因为不同的解释是有差别的。即使不是严重错误，也会引起混乱。在某种程度上，这些差异反映了语言的模糊性。在英语中，fix 一词有多种含义。其中一种含义，如 the pole was fixed in the hole（"杆子被固定在洞里"），是指某些东西被固定在一个特定的地方。其意思是，某物被固定在某个空间：它不能被移动或修改。另一种含义，如 fix a problem（"解决问题"），是指解决一个困难、观照一个问题。同样，它也是指某物得到安置，要让其再次恢复正常功能。比如，he fixed the car's engine so that it ran smoothly（"他修理好了汽车引擎，使其平稳运行"）。在这种含义中，fix 是一个隐喻衍生词。如 the drug addict needs a fix（"吸毒者需要注射毒品"），在这个句子中，"注射毒品"意指缓解一个反复出现或积习难改的问题的迫切愿望。一旦找到或实现了"修复"（fix），问题就解决了，欲望也就消失了。但是，就像吸毒者的情况那样，这意味着解决是暂时的而不是永久的，因为欲望很快又会回来。例如，有时有人说，"技术修复"（technological fixes）抵消了人口增长超过区域经济增长的马尔萨斯困境。这意味着持续的技术进步和生产力的不断提高是防止惨淡的大规模饥荒和社会混乱成为马尔萨斯式悲观的剧本变为现实的必要条件。

我第一次使用"空间修复"一词来描述资本主义通过地理扩张和地理定位来解决其内部危机倾向的无止境的贪婪，主要用的后一种含义。我将其与"技术解决方案"相提并论是有意为之的。我们可以说，资本主义对地理扩张的沉迷，就像它沉溺于技术变革和通过经济增长实现无限扩张一样。全球化是当代资本主义长期不断地寻找解决其危机倾向的空间方案。正如我和其他许多人所坚持的那样，空间修复有很长的历史，因此在资本主义社会关系和必要的条件下，空间生产有深刻的持续性。从这个角度来看，没有什么特别新鲜的或令人惊讶的，因为全球化至少从1492年就开始了。

尽管这些 fix（"修复"）的不同含义似乎相互矛盾，但它们都与某物（一件事、一个问题、一个欲望）可以得到安置密切相关。在我对这个术语的使用中，相互矛盾的含义可以用来揭示资本主义的地理动态和随之而来的危机趋势的一些重要内容。特别是，我用它来关注特定的"固定性"（第一种含义，指固定于某处），相对于资本的移动性和流动性而言。例如，我注意到资本主义必须修复空间（通过运输和通信网络的不可移动结构，以及工厂、道路、房屋、供水和其他有形基础设施的建造环境），以征服空间（通过低廉的运输和通信成本实现行动自由）。这就导致了资本的一个核心矛盾：它必须在历史上的某个时刻为自身功能建立一个修复空间（或景观），而在后来的某个时刻却不得不摧毁这个空间（使投入其中的大部分资本贬值），以便在之后的某个时刻为开辟新的空间修复（为新的积累开放新空间和新领域）让路。

"空间修复"的思想最初源于对马克思的资本积累地理学理论重建的尝试。在1975年发表在《对立面》（Antipode）杂志上的关于这一主题的第一篇文章中，我提出，马克思关于资本积累地理学的零散著作可以被整合成一个合理一致的描述，描述资本主义空间和时间的动态。后来，我试图通过考察黑格尔关于帝国主义的观点、约翰·冯·杜能（Johann von Thünen，他是新古典经济学中关于边界代价的重要构想的先驱人物）关于边际代价的论点和马克思关于殖民主义的论点（特别是《资本论》第一卷以殖民地政策为一章结束语）之间的关系，在这篇题为《空间修复：黑格尔、冯·杜能和马克思》的文章中，我第一次直接使用了"空间修复"一词。后来，它作为一个基本概念被运用到《资本的限度》（1982）[1] 和《资本主义地缘政治学》（1985）[2] 的摘要中。这些早期的文章收录在《资本的空间：走向批判地理学》（Spaces of Capital: Towards a Critical Geography）中，该书由英国爱丁堡大学出版社和美国劳特利奇出版社共同出版。

这些调查的主要结果表明：（1）如果没有地理扩张（并不断地为其问题寻找"修复"），资本主义就无法生存；（2）在运输和通信技术方面的重大革新是这种扩张发生的必要条件（因此，资本主义的发展重点是技术，它能逐步、快速地消解商品、人、信息以及观念流动的空间障碍）；（3）其地域扩展模式主要取决于它寻求的是市场、新的劳动力、资源（原材料），还是投资曾以股权为主的新的生产设施的新机会。

最后一点，资本过度积累（马克思危机理论的核心指标）是如何表现出来的，与如何追求空间修复有着密切的联系。过度积累，以其最致命的形式（例如，发生在20世纪30年代）表现为劳动力和资本同时过剩，似乎没有办法不以对社会有用的方式而以"盈利"方式将它们放在一起进行生产。如果危机无法解决，那么结果就是劳动力和资本的大幅贬值（破产、工厂和机器闲置、商品滞销和工人失业）。货币贬值有时会导致实质性毁灭，使得过剩的商品被烧毁，工人死于饥饿，甚至导致战争（20世纪30年代和40年代发生的一系列事件接近于这种情况）。不过，有办法避免这样的结果。在实践中，大多数危机阶段将选择性贬值与战略结合起来缓解困难，其中一种策略是为问题寻找某种"空间修复"。例如，若在某一特定区域或领土内发生局部过度积累的危机，那么，将资本和劳动力盈余输出到某个新地区以启动新的生产将是最有意义的（例如，在19世纪经济危机时期，劳动力和资本从英国跨越大西洋来到北美）。另外，如果过度积累主要是因为缺乏对商品的有效需求，那开放非资本主义地区的新市场似乎是最好的策略。资本过剩和劳动力短缺（由于政治和制度壁垒、劳动力市场僵化）可以通过固定资本转移到劳动力过剩的地区或薄弱的劳工组织地区［因此北美资本转移到了墨西哥边境沿线的自由贸易园区生产线（maquillas）①］，或者向资本主义发展中心输入廉价劳动力（如欧洲的客工项目）。雇佣劳动力过剩和资本短缺通常引起大规模移民潮（合法的或非法的，例如从墨西哥移民到美国）。

在任何或所有这些模式中，扩张的冲动都可以用黑格尔的术语解释为，每一种模式都是一种总体关系的具体表现，这种总体关系存在于一个空间内的过度积累（最致命的是资本和劳动力的过剩）表现出来的危机所形成的内部辩证法及这些过剩的地理（空间）释放的外部辩证法之间。这是黑格尔在《法哲学原理》中的粗略设想。结果就是世界规模的资本积累通过持续的、时而具有破坏性的地理调整和重组，继续其不确定的发展轨迹。同时也将资本的矛盾投射和复制到一个不断扩大的地理区域中。通过进一步分析也能看出，这一系列矛盾如何出现在空间生产之中。这些问题都需要得到解释。资本主义的矛盾不仅被解决并且被嵌入地理景观生产中，而且显然已经在一些历史节点上，成为从核心上动摇资本积累之未来前景的政治经济地震的发生地。现在我们要思考它通常是如何发生的。

这一问题有两个维度，需要分别对待。顺便说一下，两个维度都要追溯到 fix 一词的复杂含义。第一个维度涉及固定资本循环带来的困

---

① 通常这里的工厂会免税进口原材料和设备，再在人工组装、加工后，免税出口到原材料和设备来源地。——译者注

难和随之而来的矛盾，第二个维度涉及更广泛的资本积累的地域结构、空间形式以及地理上发展不均衡的整体性问题。马克思理论中的固定资本范畴指的是嵌入某些财产或事物（例如机器设备）的资本，不会直接甚至也不会间接在生产中消耗（例如原材料或者能源投入），但是可能在几个生产周期后被用完（并磨损）。固定资本的寿命决定了它被用完（折算）的速率及其价值（例如在机器中体现的）被转移到最终产品（例如衬衫）的速率。寿命不仅由实际损耗（physical deterioration）率决定，而且还能继续使用的实体机器可以被新的或更便宜的机器取代，因此技术变革带来的新旧更替至关重要。它可以摧毁现有固定资本的物理寿命耗尽之前存留的价值（我书房里还有一台旧的雷明顿打字机，尽管我从没使用过）。固定资本的贬值对资本家来说是个严重的问题，它处在资本积累潜在危机的爆发点（因此商业循环和固定资本循环关系密切，例如1973年的房地产崩溃是导致危机的重要因素）。

需要指出的是，在这种情况下，"固定"一词指的是资本在某一特定时间内被锁定并被转化为特殊物理形态的方式。但必须区分流动的固定资本和非流动的固定资本。一些固定资本嵌入土地中（主要以建筑环境的形式或更广泛的形式存在），作为"第二天性"，并因此固定在相应地点。这个资本"固定"具有双重意义（被"捆绑"在一个特定的物体上，例如一台机器上，并被固定位置），两者之间有关系。飞机（一种高度流动的固定资本形式）如果要发挥作用，就需要对固定机场设施进行投资。固定与运动之间的辩证法在不可移动的固定资本范畴内开始发挥作用。虽然大型喷气式飞机原则上可以飞到任何地方，但实际上它们只限于在固定地点降落。要实现的目标是，飞机必须满载飞行。为了使投资在飞机上的资金得到回报，机场必须鼓励尽可能多的飞行旅程，这意味着它们服务的地方，必须是吸引商品、人、思想、信息、文化活动等的具有吸引力的地方。显然，不匹配、发生局部危机（可能形成地区甚至全球危机）的情况很多，而将剩余资本吸收进互惠互利的投资结构中（航空公司需要机场，反之亦然）的机会也有很多。我们称之为全球化的许多东西都是通过无数的共生和互惠的活动（航空公司扩张和机场的建设）产生的。空间修复（通过地理扩张解决过度积累问题）部分是通过空间定位实现投资，将它们嵌入土地，从而为资本积累创造一个全新的景观（例如机场和城市）。金融资本及其衍生的各种虚拟资本形式对投资的跨时空重新分配有着举足轻重的作用（它本身是一个重要议题，因为要花很长的篇幅来谈，所以我必须把它放在一边，可以参考《资本的限度》一书，特别是其中的第8、9、10章①）。这足以说明，被大肆吹嘘的金融和虚拟资本的高度流动与两者的固定资本投资之间存在着辩证的关系。在固定资本投资方面，城市化的基础设施至关重要，它既是投资的重点，也是吸收资本和劳动力过剩（提供区域化/本地化的空间修复）的重点。如通过动态郊区化或机场综合体建设，作为一种必要的固定资本，它能促进资本积累在空间中的持续运动和在时间中的持续活力。

　　在我的许多著作中，我把重点放在通过城市化产生空间，这是资本矛盾一直发挥作用的关键场所。这些研究往往关注这两种"修复"之间的张力。一种修复是不断通过空间生产寻求解决资本主义过度积累的危机趋势。例如，1945年后美国郊区化在吸收资本和劳动力过剩方面起关键作用。另一种修复解决的是捆绑和固定大量资金，通过在建造环境中生产固定和不可移动资本（例如，促进郊区城市化所需的公路系统）而获得资本。在这里，这两种修复都是互相供给以刺激共生形式的积累（郊区需要汽车，反之亦然），并相互碰撞，形成潜在的严重矛盾。此外，在1973年前后爆发的危机中全球化需要寻求一系列的空间修复。大多数人都会同意，从那时至今资本已经通过各种各样的生产、商业、贸易和金融形式变得更具全球性。它迅速地从一处转移到另一处（常常伴随大幅的波动）。同时，大量资本和劳动力被投入各种不可移动的固定资本中，比如我们看到的机场、商业中心、办公大楼、高速公路、郊区、集装箱码头等，全球流动在一定程度上受到了投资的引导。但同时，这些投资是投机性的发展，其盈利取决于全球商品、资本、人口流动模式的某种扩张。如果资金流动没有实现，那么固定资本就会贬值和损失（正如经常发生的那样，20世纪90年代伦敦金丝雀码头的破产就是一个很好的例子。贬值过程为最终持有实物资产的银行提供了有利可图的机会）。资本主义的空间生产就在这种矛盾的阴影下继续进行。

　　但是，对于地理发展不平衡的产生，还有一些更普遍的论点需要

---

①　大卫·哈维. 资本的限度. 张寅, 译. 北京：中信出版社, 2017：332-509.

被纳入考量。资本总是在流动中,这种流动是空间的:商品交换(而不是买卖资产)总是伴随位置改变和空间移动。(正如克鲁格曼现在所认识到的)市场被空间化,这种空间化的运作方式是地理发展不平衡的原因之一。例如,市场的规律之一就是"没有什么比不平等的待遇更不平等了"。市场交换中预设的平等在区域和空间之间产生螺旋式上升的不平等,只要这些区域和空间具有不同的禀赋。其结果就是富裕地区变得越来越富裕,贫困地区变得越来越贫困。整个资本主义世界放松国家管制(根据政治情况的不均衡而定),造成了资本主义发展的新自由主义阶段,在这个阶段,财富和权力的不平等显著增长。

但正如马克思很久以前所指出的那样,激烈竞争的最终结果导致垄断或寡头垄断,就像达尔文主义者所说的生存斗争中的弱肉强食一样。因此,虽然市场竞争的好处一直被统治阶级推崇,但从大众传媒到航空公司,甚至到汽车等传统行业,各个领域都出现了一种令人吃惊的垄断或寡头垄断趋势。而且,事实上,当国家在政治和经济上被日益重组为统治阶级的执行委员会时,国家权力已被削弱,正如马克思很久以前所提出的那样。在这个方面,全球化的新自由主义阶段的特点也是国家权力的重新配置,以及在强大的区域联盟中政治、经济权力的集中化和地理集中。地缘政治后果具有一定的空间流动性,而且表现为不断演变的区域综合体之间的竞争。

因此,最近全球化的空间修复是在一个独特的背景下进行的,并且由体制结构的重组形成。这就引发了空间尺度的转换,使像国际货币基金组织、世贸组织和世界银行这样的全球机构变得更加强大和重要,而像欧盟、北美自由贸易区和南方共同市场这样的超国家组织也变得更加活跃。对空间和技术修复的潜在依赖通过这些更加复杂的、不均衡的地理发展过程表现出来。

最后,我要再次强调地理学视角在理解当代全球化进程中的价值。在文学(无论是大众的还是学术的)中,我们经常发现被描述为所谓全球化的虚幻过程的受害者或胜利者的地方。有充分根据的历史地理唯物主义告诉我们,全球化是资本主义制度下实际的空间生产过程。因此,问题不在于对全球化的理解能告诉我们什么是地理学,而是如何理解全球化,告诉我们全球化的成功和失败之处、全球化创造性破坏的具体形式以及全球化给我们带来的政治不满和抵制。最重要的是,更好地理解这些地理原则肯定有助于将目前处于地理分散状态和发展不平衡状态的众多反对运动汇集起来,这些运动给人们带来希望和对替代方案的渴望。

注释

[1] David Harvey, *The Limits to Capital* (Oxford, 1982).

[2] David Harvey, *The Geopolitics of Capitalism*, in Derek Gregory, John Urry (Hg.), *Social Relations and Spatial Structure* (Houndsmill und London, 1985), pp. 128-163.

参考文献

David Harvey, "*The Geography of Capitalist Accumulation: A Reconstruction of the Marxian Theory*," Antipode 2 (1975): 9-21.

David Harvey, *Spaces of Capital: Towards a Critical Geography* (Edinburgh, 2001).

第6章　金融危机的城市根源：
反资本主义斗争的城市重建*

[美] 大卫·哈维 著　董　慧 译

在2011年2月5日的《纽约时报》上，一篇名为《房地产泡沫的破灭》的文章中，被许多人认为在建构凯斯-席勒房价指数中发挥了重要作用的知名房地产专家罗伯特·席勒（Robert Shiller），安抚大家说现在的房地产泡沫是"稀有事件，几十年都不会再重复"。21世纪最初十年的"巨大房地产泡沫""不能与历史上任何国家和国际的房地产周期相比。之前的泡沫已经变小了，更加区域化了"。他声称，唯一合理的相似之物，是19世纪30年代和50年代晚期发生在美国的地产泡沫。[1]

下面我将说明，这是对资本主义历史非常不正确的解读。事实就是，它将不足挂齿的证据传递给现代经济思维中的一个严重的盲点。遗憾的是，它也是马克思政治经济学中同样的盲点。

传统经济学通常将建构环境中的投资与城市化一起，看作与被称为"国民经济"的一些虚构实体中发生的更重要的事情相比不太重要的东西。因此，"城市经济"的子领域是低水平的经济学家去的舞台，而大人物则在别处显示其宏观经济的行业技能。甚至当后者注意到城市进程时，他们也使之看起来犹如空间重组，区域发展和城市建设仅仅只是更大规模进程的实际结果，保持不受他们生产的影响。因而，2009年世界银行发展报告有史以来第一次认真对待经济地理学，作者

---

*　原载：《苏州大学学报（哲学社会科学版）》2012年第1期。文献来源：《社会主义年鉴》2012年卷。

在报告中并没有提示，在城市和区域发展中，任何事情都有可能走向灾难性的错误，从而引发一场整体经济危机。报告完全由经济学家（没有咨询地理学家、历史学家或城市社会学家）撰写，其目的据称是探究"经济机会的地理影响"和将"仅仅是政策潜在关注的空间和地方提升至关注的焦点"。

但作者们实际上是表明，新自由主义经济学应用于城市研究（比如，使国家摆脱任何土地和房地产市场的过度调控，并尽量减少城市、区域和空间规划的干预）的常见策略，是增强经济增长（也就是资本积累）的最佳途径。尽管他们确实对他们没有时间或空间来详细探讨他们所建议的社会和环境的后果很有礼貌地表示"遗憾"，但其显然相信提供"流动土地和房地产市场还有其他支持性机构，比如保护财产权利、执行合同和集资建房"的城市将随着时间的推移和市场变化的需要，而更有可能蓬勃发展。成功的城市已放宽区划法，允许高价值用户竞标更有价值的土地，并且已采用土地规则以适应他们随时间变化的角色。[2]

但土地不是一般意义上的商品，它是来自未来租金预期的资本虚构形式。在过去的几年，其产量的最大化已将低收入甚至中等收入的家庭赶出曼哈顿和伦敦市中心，对阶级差异和弱势人群的福祉产生灾难性影响。这正在给孟买达拉维（报告正确地将其描述为一个富有成效的人类生态系统中的所谓贫民窟）的高价土地造成巨大压力。总之，报告倡导自由市场激进主义，为更高价值的土地利用鸣锣开道，这种自由市场激进主义导致了宏观经济中断，如 2007 年到 2009 年的危机，以及随之而来的反对中产阶级化、住宅区破坏和低收入人群拆迁的城市社会运动。

自 20 世纪 80 年代中期以来，新自由主义城市政策（比如应用到整个欧盟）的结论是，财富再分配至条件不优越的街区、城市和地区是徒劳的，资源应输送到有活力的"创业"增长极。"扩散效应"的空间版本将是，在众所周知的长远发展中（永远不会到来）照顾到所有那些麻烦的区域、空间和城市不平等现象。将城市移交给开发商和金融投机者有益于所有人的利益。世界银行发展报告指出，如果中国人在他们的城市中放开土地利用，将其诉诸自由市场力量，那么他们的经济增长速度将会远远超过现在。

世界银行显然支持投机资本而不是人民。一个城市能够做得很好（在资本积累方面），而它的人民（特权阶级除外）和环境却很糟糕，这一观点从未被研究过。更糟糕的是，世界银行发展报告与导致2007年到2009年危机的政策串通一气。这是相当奇怪的，因为报告在雷曼破产六个月之后才公布，而美国住房市场变坏和止赎权海啸的情况清晰可见已近两年。比如，没有一丝批判性评论的迹象，我们被告之：

> 自20世纪80年代后半部分金融体系放松管制以来，以市场为基础的住房融资规模迅速扩大。发达国家的住宅按揭市场现在相当于其国内生产总值（GDP）的40%以上，但发展中国家要小得多，平均不到GDP的10%。公众应当起到促进井然有序的私人参与的作用。建立简明、强制执行以及谨慎的抵押合同的合法基础，是一个良好的开端。当一个国家的制度比较发达和成熟时，公共部门就可以鼓励次级抵押贷款市场，发展金融创新，并扩大抵押贷款证券化的规模。居住者所有的住房，通常是迄今为止最大的单项资产，在财富创造、社会保障和政治中起着重要的作用。那些有住房或是有保障土地权的人在社区中占有较大股份，因此有可能为较少的犯罪、较强的治理和较好的当地环境条件游说。[3]

从最近的情况来看，这些论述不乏令人惊讶之处。席卷而来的次级抵押贷款业务，由所有人拥有住房的好处的神话推动，并将高利率债务抵押债券中的有毒抵押申请出售给毫不知情的投资者。翻滚无尽的郊区化，土地和能源消费超出了适合人类居住的对地球合理的可持续利用的程度。作者们可能会振振有词地宣称，他们并没有涉足将对城市化的思考与全球变暖的问题联系起来。与格林斯潘一样，他们还可能争辩说，2007年到2009年的事件导致人们思想僵化，不能期许他们预见到其描绘的美好景象。将"谨慎"和"良好的调控"加入论断中，就好像是在抵制潜在批评的"对冲"。

但既然他们举出无数"谨慎地选择的"历史事例来支持他们新自由主义的灵丹妙药，那么他们怎么会错过全球楼市崩盘使得数家银行倒闭的1973年经济危机？他们难道没有注意到吗？1990年日本经济繁荣的结束与土地价格的崩溃（仍在进行中）相关联；因为过度开发的房地产市场，瑞典的银行体系不得不在1992年实行国有化；东亚和东南亚1997年到1998年崩溃的触发因素之一是泰国的过度城市发展；

美国1987年至1990年以商业地产为主导的储蓄和贷款危机，见证了几百家金融机构的破产，美国纳税人为此付出约2 000亿美元代价（这一情况使得威廉·艾克萨斯——后来的联邦存款保险公司主席极为恐慌，以至于在1987年，他告诫美国银行家协会，如果他们不能阻止自己的损失，美国就会被引向银行的国有化）。[4]

当所有这些发生时，那些银行经济学家身在何处呢？自1973年以来，已发生过数以百计的金融危机（而在此之前却很少），而且相当一部分受房地产或城市发展主导。2000年左右美国的住房市场非常糟糕，这对于几乎每一个人（包括罗伯特·席勒）都是相当清楚的。但他将其看作意外的而不是体制性的问题。[5]

当然，席勒很有可能断言，所有上述例子仅仅只是区域性事件。但如果是那样的话，巴西或中国人民会认为，2007年至2009年的危机也是如此。危机的震中是美国西南部和佛罗里达州（在佐治亚州有一些溢出），连同其他几个热点（早在2005年开始的贫困地区的老城市如巴尔的摩和克利夫兰的喋喋不休的止赎权危机，过于本土化和"不重要"，因为受影响的是美国黑种人和其他少数族裔）。在国际上，西班牙和爱尔兰也遇到严重问题，而英国就要少一些。但在法国、德国、荷兰、波兰，或在当时整个亚洲的房地产市场，并没有严重的问题。

可以肯定的是，集中在美国的区域性危机，以一种不同于20世纪90年代早期日本和瑞典危机的方式蔓延至全球。但集中发生在1987年（严重的股灾年，仍然被看作一个完全独立的事件）的信贷危机却引起了全球反应。备受忽视的1973年早期全球房地产崩溃也是如此。传统观点认为，只有1973年秋天的石油价格上涨才与此相关。但结果是，房地产崩溃已是油价上涨6个月以前的事情了，而经济衰退则在秋季来临时已成事实。可以用下列事实来衡量地产的繁荣，那就是美国房地产投资信托资产从1969年的20亿美元增长到1973年的200亿美元，在同一时期商业银行按揭贷款从667亿美元增长到1 136亿美元。随后1973年春季的楼市崩溃蔓延（因为明显的收入原因）至当地的财政危机中（如果衰退只是因为油价的话，危机不会发生）。随后，纽约市1975年的财政危机至关重要，因为在那个时候，它控制着世界上最大的公共预算之一（促使法国总统和联邦德国总理请求救援纽约市，以避免全球金融市场的崩溃）。纽约则成为将道德风险转嫁给银行，使人们通过市政合约和服务的重新调整进行支付的新自由主义实践的诞生地。近期楼市崩溃的影响，也在美国一些州的虚拟经济破产中发挥了作用，如在加利福尼亚，造成了美国国家和地方财政及政府就业中无所不在的巨大压力。20世纪70年代纽约财政危机的故事与加利福尼亚有着惊人的相似，加州在今天拥有世界上第八大公共预算。[6]

美国国家经济研究局近期挖掘了房地产热引发资本主义深层危机的又一个例子。哥兹曼（William Goetzmann）和纽曼（Frank Newman）从20世纪20年代房地产数据的研究中得出结论，公开发行的房地产证券影响了20世纪20年代房地产建设活动，以及抵押品周期机制造成的估值体系的崩溃，可能导致了随后1929年到1930年的股市崩溃。就住房而言，佛罗里达州和现在一样，是投机性发展的激烈中心，在1919年和1925年之间建筑许可的表面值增加了8000%。全国范围内，大致相同时期住房价值增长的预算大概在400%。但与几乎完全集中于纽约和芝加哥的商业发展相比，这只是一方面的表现，在那里，形形色色的金融支持和证券化程序被炮制，为"只能与2000年中期相媲美的"繁荣注入活力。更能说明问题的是哥兹曼和纽曼在纽约市收集的高层建筑建设图表。1929年、1973年、1987年和2000年崩溃之前的房地产繁荣，像一根长矛清楚可见。他们尖锐地指出，我们所看到的纽约市建筑物，代表的不仅仅是一场建筑的运动，它们在很大程度上是一个广泛的金融现象的表现形式。在指出20世纪20年代的房地产证券与"现在一样有毒"之后，他们继续得出结论："纽约天际线是证券化能力的清楚提醒，这种能力将投机的公众与建筑企业的资本连接起来。当为未来最差情形建模时，对早期房地产证券市场的进一步了解有可能提供有价值的意见和反馈。金融市场中的乐观情绪能够构建高楼大厦，但在建成之后却无法使它们偿还债务。"[7] 显然，房地产市场的繁荣或萧条，与投机性资金流动千丝万缕般地交织在一起，而且这些繁荣或萧条对宏观经济总体以及各种资源枯竭和环境恶化的外部影响产生严重的后果。此外，房地产市场在GDP中所占份额越大，作为宏观危机潜在根源的建构环境中融资和投资的关联也就变得越明显。如果世界银行的报告是正确的，那么在发展中国家，比如泰国，其住房抵押贷款相当于只占GDP的10%，房地产崩溃肯定会但不会完全促成宏观经济崩溃（发生在1997年至1998年的类似事件），而在美国，住房抵押债务占GDP的40%，它当然可以并且也确实引发了2007年至2009年的危机。

一、马克思主义的视角

就资产阶级理论来说，如果不是完全盲目地缺乏将城市发展与宏观经济干预联系起来的洞见的话，谁也不会想到马克思主义批评家，以他们自诩的历史唯物主义方法，猛烈地谴责被马克思和恩格斯称为剥削的次级形式的飞涨租金和野蛮剥削，这一剥削是商业资本家和地主在工人阶级居所强加到他们身上的。他们会在城市中通过下层住宅高档化、高档公寓建设和"迪士尼化"来设置专门的空间，反对野蛮的无家可归、经济适用房的缺乏和城市环境的恶化（既指自然的，如空气质量，又指社会的，如日趋式微的学校和所谓教育的"善意忽视"）。在马克思主义城市规划者的有限圈子里（我把自己列为其中之一）一直存在上述情形。但实际上，马克思主义中的思考结构一般来说与资产阶级经济学中的思考结构缺乏相似之处。城市规划者被看作专家，而宏观经济的马克思主义理论化的真正核心却在别处。国民经济的虚假性再一次占据优先地位，因为那里的数据能够很容易地被发现，而且为了公平起见，一些重大决策被采用。房地产市场在引发2007年至2009年危机中的作用及其失业和紧缩的后果并不是很清楚，因为一直没有将城市化进程的理解和建构环境的形成整合到资本运动规律的一般理论中加以认真尝试。因此，许多极度钟爱危机理论的马克思主义理论家，往往将最近的崩溃当作他们所青睐的马克思主义危机理论版本（无论是利润下降、消费不足还是其他的什么）的明显体现。

马克思在某种程度上应该为此事负责，尽管他自己没有意识到这一点。在《政治经济学批判大纲》（以下简称《大纲》）的介绍中，他指出写作《资本论》的目的是要阐述资本运动的普遍规律。这意味着仅仅集中讨论生产和剩余价值的实现，将其从他所谓分配的特殊性（利息、租金、税收，甚至实际工资和利润率）中抽象出来，但排除这些特殊性，因为它们在空间和时间中是偶然的、并发的和现时的。他还从交换关系的特殊性，比如供求和竞争状态中抽象出来。他认为，当需求和供给平衡时，它们不再解释什么，而竞争的强制性规律作为强制执行者，而不是作为资本运动的普遍规律的决定因素起作用。这随之会引发思考,即当实施机制缺乏时会发生什么,就好像在垄断条件下发生的一样,当我们将历来被称为垄断竞争形式(像城市竞争一样)的空间竞争纳入我们的思考之中,又会发生什么。最终,马克思将消费描述成"独特性"这一概念(一个非常斯宾诺莎的概念,哈特和奈格里最近一直痛苦地复兴的概念)。就其本身而言,独特性是混乱的、不可预测的和不可控制的,所以在马克思看来,它通常在政治经济学领域之外(他在《资本论》第一页宣称使用价值的研究,是历史的而不是政治经济的研究)。马克思还确定了另一个层面,那就是与自然的新陈代谢关系,这种关系是人类社会所有形式的普遍条件,因此与将资本运动的普遍规律理解为特殊的社会和历史建构这一认识并没有广泛的关联。因为这个原因,环境问题在整个《资本论》中显得比较模糊(这并不意味着马克思认为环境问题是不重要的或微不足道的,与他认为消费在宏观上不相关而将其摒弃一样)。[8]

纵观《资本论》的大部分,可以看到马克思几乎一直坚持着《大纲》中所概述的框架。他专注于剩余价值生产的普遍性,将其他一切排除在其视野之外。他有时认识到这样做是有问题的。他指出,存在着一些双重制约,土地、劳动力、商品是生产的关键要素,而利息、租金、工资和利润则被看作分配的特殊性而排除在分析之外。

马克思的路径的优点在于,对于以一种从他那个时代特定的、特殊的条件中抽象出来的方式来建构资本运动的普遍规律有非常清楚的解释。这就是为什么我们今天还能够以与我们时代相关的方式读懂他。但这一路径带来了一些麻烦。首先,马克思明确指出,对一个实际存在的资本主义社会/形势的分析,需要将社会普遍的、一般的、特殊的以及单一的方面辩证地整合起来,将社会解释为一个处在变化之中的有机整体。因此,我们不能希望仅仅以资本运动的普遍规律(我反对试图将当前危机事实塞入一些利润下降的理论之中)来解释实际发生的事件(比如2007年至2009年的危机)。但是,反过来说,如果不参考资本运动的普遍规律(尽管马克思自己似乎在《资本论》中解释1847年至1848年独立和自主的金融与商业危机时这么做了,甚至在资本运动的普遍规律从未提及的法国雾月十八日和阶级斗争的历史研究中更为显著)[9],那么我们同样无法尝试那样一种解释。

其次,马克思所选择的普遍性层次中的抽象概念随着《资本论》的进展开始断裂。有许多这样的例子,但最为突出的并且在任何情况下都与论断密切相关的例子，涉及马克思对信用体系的处理。马克思在第 1 卷中有几次、在第 2 卷中反复几次提到信用体系，但却只是将其作为还未准备好去面对的分配的事实放在一边。第 2 卷中他研究的运动的普遍规律，尤其是那些固定资本流通和工作周期、生产周期、流通时间和周转次数，最后都不仅引出信用体系，同时也使之成为必需。对此他是相当明确的。当评论货币资本进程必须始终比剩余价值生产中的应用要快，以处理不同周转时间的时候，他指出，周转时间的变化能够"释放"一些早期推进的货币。"由单纯的周转运动这一机制游离出来的货币资本（还有由固定资本依次流回而形成的货币资本，以及在每个劳动过程中可变资本所需的货币资本），只要信用制度发展起来，必然会起重要的作用，同时也必然是信用制度的基础之一。"[10]① 从这个以及其他相似的论述中可以清楚地看到，信用体系对资本流通来说变得绝对必要，而且一些会计信用体系已被纳入资本运动的普遍规律中。这就提出了一个严肃的问题，因为当我们去分析第 3 卷中的信用体系时，我们会发现，利润率由供给和需求以及竞争状态制定，而这两种特殊性已在早些时候被马克思完全排除在普遍性的理论层面之外了。

我之所以提到这个，是因为在《资本论》中马克思规范其质询规则的重要意义在很大程度上被忽视了。当这些规则必然变得不仅扭曲而且断裂时，就像信用和利率的情况一样，那么超越了马克思洞见的理论化的新视野就会被开启。马克思实际上意识到了，这可能发生在他最初的努力时。在《大纲》中，他就这样说消费，就涉及问题的特殊性而言，消费是最棘手的分析范畴，同时，与使用价值的研究一样，它"本来不属于经济学"② 的研究，消费做出反应的可能性"反过来作用于起点并重新引起整个过程"[11]③。对于生产性消费，即劳动过程本身来说，尤为如此。因此，特伦蒂（Tronti）和那些追随马克思的人，如奈格里，完全正确地将劳动过程看作好像它自身构成一个奇点——混沌、难以规训和不可预知，因而对资本来说具有潜在的危险——内化于资本运动的普遍规律之中。[12] 当资本家寻求调动工人们的"动物

---

① 马克思恩格斯文集：第 6 卷. 北京：人民出版社，2009：313.
② 马克思恩格斯全集：第 30 卷. 2 版. 北京：人民出版社，1995：30.
③ 同②.

精神"来生产剩余价值时，他们所面临的非同寻常的困难表明这种奇异性存在于生产过程中心（这在我们将要看到的工业建筑行业中再明显不过了）。如果我们要把马克思的理论武器更敏锐地用于对实际事件发挥作用，同化信用制度以及在资本的生产、流通和实现过程中利率与利润率之间的关系，同样也是我们必须考虑的。

尽管已发生转变，将信贷整合到一般理论中，仍必须慎之又慎地以一种保存已获得的理论洞见的方式进行。例如，就信用体系而言，我们不能将它仅仅看作发生在华尔街或伦敦金融城大街的基础性活动之上自由漂浮的繁盛的实体本身。很多基于信用的行为，可能确实是投机性泡沫和人类对黄金、纯粹权钱交易的贪欲的令人恶心的赘生物。但其中很大一部分对资本运作来说是根本的和绝对必要的。什么是必要的，以及必要的虚拟（如在国家和抵押贷款债务情况下）和纯粹过剩之间的界限，不太容易界定。

显然，如果不参照信用制度（在美国抵押贷款占 GDP 的 40%）、消费主义（与中国的 35% 相比，在美国经济中占 70% 的驱动力）和竞争状态（在金融、地产、零售业以及其他市场中的垄断力量）的话，要想尝试分析当前危机的动力学和它产生的后果，将是一件荒谬的事情。1.4 万亿美元的抵押贷款——其中许多是不良贷款，正坐拥着美国房利美和房贷美的二级市场，从而强迫政府划拨 4 000 亿美元到一个潜在的救援行动中（大约花费了 1 420 亿美元）。要理解这一点，我们需要了解马克思的"虚拟资本"这一范畴可能意味着什么，以及它与土地和房地产市场的关系。我们需要用一种方法来弄明白，证券化——如同哥兹曼和纽曼提出的——是如何将"资本从投机性公众连接到建筑企业"的。是因为它不是在这场危机形成中发挥基础作用的土地、住房价格和租金中的投机吗？

对马克思来说，虚拟资本并不是某些利令智昏的华尔街交易员的凭空虚构物。它是一个迷信的建构，这意味着，考虑到《资本论》第 1 卷中马克思对拜物教特征的界定，它是足够真实的，但它掩盖了某些重要的、潜在的社会关系的表象。当银行借钱给国家时，银行反过来得到利息，这看起来似乎有一些真正生产价值的生产性的东西在国家中进行，实际上大多数（并不是全部，我将要简单表明）国家中发生的事情（比如打仗）与价值生产无关。当银行借钱给消费者去买房子时，银行相应地收到利息流，这看起来好像是房子生产了价值，但实际情况并非如此。当银行发行债券，来兴建医院、大学等以换取利息时，看起来好像是银行创造了价值，其实也并非如此。当银行放贷给借款者购买土地和财产来寻找、提取租金时，租金的分配类别就被吸收到虚拟资本循环的流动之中。[13] 当银行之间进行拆借活动，或者中央银行贷款给商业银行借给土地投机商寻找合适租金时，虚拟资本看起来则越来越像是建立在一个又一个虚构之上的无限回归。所有这些都是虚拟资本流动的例子，而且正是这些流动将房地产转换成虚幻的不动产。

马克思的观点是，利息是由别处产生的——税收，或是剩余价值生产的直接提取，或是收入征收（工资和利润）来支付。而且对马克思来说，创造价值和剩余价值的唯一地方，当然是在劳动生产过程中。虚拟资本循环对支撑资本主义来说还是具有一定的社会必要性的。它可能是生产和再生产必要费用的一部分。二次形式的剩余价值，能够通过资本主义企业对零售商、银行和对冲基金所聘用的工人的剥削来提取。但马克思的观点是，如果一般生产中没有价值和剩余价值的生产，那么这些部门自身是不可能存在的。如果不生产衬衫和鞋的话，那么零售商将出售什么呢？

然而，这是一个极其重要的警告。某些虚拟资本流确实可以与价值创造相关联。当我将我的抵押房转换成雇佣非法移民的血汗工厂时，房子就变成了生产中的固定资本。当国家修建作为资本集体生产手段起作用的铁路和其他基础设施时，这些就都要被归为"生产性的国家支出"。当医院或大学成为创新和新药物、新设备等的设计场所时，它们就变成了生产场所。马克思根本不会受这些警告的困扰。正如他所说的，不管一些事物是否作为固定资本起作用，固定资本都取决于它的使用而不是它的自然特性。[14] 当纺织阁楼被转换成公寓，而小额贷款将农民屋舍转换成（便宜得多的）生产的固定资本时，固定资本投资就会下降。

在生产中创造的大部分价值和剩余价值，经虚构渠道以各种复杂的方式被转移。有一点是显而易见的，那就是当银行借钱给其他银行时，建立在资产价值永恒波动的转换领域之上的各种社会不必要的单方支付和投机运作成为可能。那些资产价值取决于"资本主义化"的关键进程。土地、房产、股票或其他资产所提供的税收，被赋予可以买卖的资本价值，取决于由货币市场的供给和需求状况所决定的利息和贴现率。当这些资产没有市场时如何评估它们，则成为 2008 年并且到今天都尚未解决的重大问题。房利美所持有的不良资产究竟如何不良，这一问题确实让几乎每一个人都感到头痛（像其他种种令人不快的事实一样，在 20 世纪 70 年代初传统经济学理论中有一个资本价值争论爆发和快速掩埋的重要回应）。[15]

信用制度带来的问题是，一方面，它对生产、流通和资本流动的实现至关重要；另一方面，它又是种种投机和其他"疯狂形式"之巅。正因为如此，马克思才将奥斯曼统治之下巴黎城市投机性重建的主宰之一——伊萨克·贝列拉（其兄弟是埃米尔·贝列拉）描述成"既是骗子又是预言家"[16]①。顺便说一句，伊萨克和埃米尔都是 1848 年之前空想社会主义乌托邦运动的一分子。

二、城市化带来的资本积累

我在别处详尽论述过，城市化已成为资本主义历史中吸收资本和剩余劳动力的重要手段。[17] 我一直认为，它与源自特殊原因的过度积累资本的吸收有特别的关系，过度积累资本的吸收需要与被建构的环境中长期的工作周期、周转时间和投资寿命打交道。它同样也有地域的特殊性，这决定了空间生产和空间垄断的生产不仅依靠变换商品流动的模式，而且依靠那些活动产生的被创造和被生产的空间与地方的本质，从而成为积累动力学的组成部分。但也正是因为所有这种活动——顺便提一下，对价值和剩余价值的生产来说它是极为重要的场所——是如此长时期的，它呼吁金融资本和国家参与结合，以作为其运作的根本原则。显然，从长远来看这项活动具有投机性，而且在迟些时候和它最初有助于缓解过度积累状况这一更大规模上，也通常冒着被复制的风险。因此，城市和其他自然的基础设施投资（横贯大陆的铁路、公路、大坝等）危机四伏。

这类投资的周期性特征已在 19 世纪布林利·托马斯（Brinley Thomas）的细致工作中得到了很好的佐证。[18] 但建构商业周期的理论在 1945 年左右却被忽略了，在某种程度上是因为国家主导的凯恩斯风

---

① 马克思恩格斯文集：第 7 卷. 北京：人民出版社，2009：500.

格的干预被认为将它们有效地摧毁了。商业周期建设（在美国大约进行了18年）已不再具有效力。[19] 但20世纪70年代中期以后，凯恩斯反周期干预系统的逐步崩溃，暗示了向商业周期建设的回归有些许可能。数据表明，当建设中的波动一直保持疲软时，资产价值泡沫会变得比以前更为动荡（尽管20世纪20年代国家经济研究局的解释可能会被看作对这一观点的反证）。即使是在各个国家内部（如美国南部和西部表现出与东北部和中西部不同的节奏），周期性运动同样也表现出一个更为复杂的地理构形。

如果没有这种总体性视角，我们甚至无法理解这一导致2008年美国一些特定地区和城市，以及西班牙、爱尔兰和英国等的房地产市场和城市化灾难的动力学。布林利·托马斯以同样的方式记录了19世纪英国与美国之间的反周期运动，一个地方住宅建筑的繁荣与另一个地方的崩溃相平衡，因此，我们现在看到美国和大部分欧洲地区建设的崩溃为集中在中国的快速城市化和基础设施投资热潮所抵消（有几个分支地方，特别是在所谓"金砖四国"）。若想获得准确的宏观图景，我们应立即注意到，美国和欧洲正陷入低增长，而中国则取得了10%的增长速度（其他"金砖"国家也不甘落后）。

美国住房市场和城市发展，通过投机行为吸收过剩资本的压力始于20世纪90年代中期，并且在高科技泡沫结束和2001年股票市场崩溃之后猛烈加速。相当数量的金融机构，包括房利美和房地美，承受着政治压力，即被要求降低它们的贷款标准，以适应房地产市场的繁荣，加上美联储格林斯潘所青睐的低利率，无疑为繁荣推波助澜。但如同哥兹曼和纽曼所说，金融（受政府支持）能够建构城市和郊区，但它们不能必然使之付酬。那么，是什么刺激了需求呢？

要想理解动力学，我们不得不弄清楚，生产和虚拟资本循环如何在房地产市场语境的信用体系中结合起来。金融机构贷款给开发商、土地所有者和建筑公司，用于在圣地亚哥附近修建郊区地区性住宅，或在佛罗里达和西班牙南部修建公寓。在经济繁盛时期，建设直接占有约7%的就业，当建筑材料供应商和所有围绕房地产行业的法律/金融服务都计算在内的话，比例则会增加一倍以上。

然而，这一体系的可行性是建立在价值能够实现这一假设之上的。这就是虚拟资本的用武之地。钱借给那些假定有能力用收入（工资和利润）支付的买家。因此，金融体系调整到相当的程度，同时满足地区性住房和公寓的供应与需求。这种差异与马克思在《资本论》中标识为生产的"借贷资本"和市场上帮助实现价值贴现的汇票之间的差异相类似。[20] 就南加州的住房来说，相同的金融公司通常为建设提供经费并购买已建成的住房。如同劳动力市场一样，资本具有操控供给和需求的权力（这与世界银行报告所设想的合适的自由运作市场的理念完全冲突）。[21]

但这种关系现在偏向一边。尽管银行家、开发商和建筑公司很容易结合起来，组成一个阶级联盟（通常在政治和经济上主导所谓的"城市增长机器"[22]），而消费者抵押贷款则是单一的和分散的，而且往往包括向那些不同阶级（尤其是在美国而不是在爱尔兰）、不同种族或不同民族地位的人贷款。伴随着抵押贷款证券化，金融公司能够很容易地将任何风险转嫁给别人，当然，这正是它们从所有的生产及诉讼费中获利之后所做的。如果金融家不得不在因为现实的失败或破产而造成的开发商的破产和住房购买者的止赎权（尤其是如果买方是较低阶层或少数族裔）之间进行选择的话，那么金融体系将会如何倾斜是相当清楚的。阶级和种族偏见都不约而同地被卷入其中。

此外，即便伯纳德·麦道夫（Bernie Madoff）没有出任纳斯达克主席，住房和土地构成的资产市场也不可避免地具有庞氏骗局特征。我购买房产，房产价格会上涨，上升的市场鼓励他人购买。当真正信誉好的购买者们的资金干涸时，那么为什么不从收入层继续往下到风险更高的消费者，最终到那些有可能在价格上涨时通过转卖房产获利的没有收入和没有资产的购房人呢？如此下去，直到泡沫破裂。金融机构具有巨大的动力来尽可能维持泡沫。问题是它们往往不能在火车失事之前离开，因为火车加速太快。这就是马克思在《资本论》第2卷中精准分析的不同周转次数，它变得至关重要。[23] 金融建设合同在销售开始之前很早就被起草好了，往往存在着大量的时间滞后。纽约帝国大厦于1931年5月1日正式开放，差不多是在股票市场崩盘后两年和房地产崩溃三年多后。双子塔在1973年股灾后不久开放（多年找不到私人租户），现在当商业资产价值遭遇缩水时，位于"9·11"遗址的商业区重建即将开始。因为生产价值的实现对于初始贷款的回收如此重要，所以金融公司将会竭尽全力来刺激超出其自身承载力的市场。

但这里有一些长远的问题同样需要考虑。如果美国国家经济研究局的文件是正确的，那么1928年以后建设热潮的崩溃，在1929年股灾中扮演了重要的但仍然不太容易被理解的角色，这一崩溃表现为住房建设中20亿美元（当时来讲数目很大）的减少和大城市中房屋开工率不到之前体量的10%。"具有毁灭性的是建筑行业200万美元高薪就业机会的消失，加上利润和租金的损失，这打掉了许多房东和房地产投资者的锐气。"[24] 总而言之，这无疑影响了人们对股市的信心。

所以，罗斯福政府竭尽全力重振房地产行业也就不足为奇了。为了这个目的，美国政府出台了一系列住房抵押贷款金融改革方案，最终通过1938年联邦国民抵押贷款协会（房利美）的创立实现了二级抵押贷款市场的建立。房利美的任务是确保抵押贷款，并且允许银行和其他贷款者转移贷款，从而为住房市场提供急需的流动资金。这些制度性改革，在后来二战后美国郊区化的融资中发挥了至关重要的作用。它们虽然是必需的，但在美国经济发展中还不足以将住房建设提高到另一个层面。种种税收优惠政策（比如按揭利息扣税）与退伍军人法一起，还有宣称所有美国人都有权生活在"体面的生活环境中体面的住房里"的非常积极的1947年住房法，出于政治和经济原因都被设计成促进居者有其屋。居者有其屋作为重要的"美国梦"被广泛推广，拥有住房的人口从20世纪40年代刚刚超过40%到60年代上升到60%以上，并在2004年的高峰期接近70%（截至2010年下降到66%）。居者有其屋在美国可能是一种根深蒂固的文化价值，但这种文化价值通常在政府推进和资助的时候才会蓬勃发展。那些政策所陈述的理由就是世界银行报告中所列举的。但政治原因很少被注意到：如同20世纪30年代公开指出的，有债务担保的房主不会罢工![25] 从第二次世界大战服役返回的军事人员，一旦回到失业和沮丧的状态，将会构成对社会和政治的威胁。有什么比一石二鸟更好的方式呢？通过大规模的住房建设和郊区化复兴经济，拉拢更高薪酬的工人加入居者有其屋的保守政治中。

无论是从政治还是从宏观经济角度来看，这些政策在20世纪五六十年代奏效了，因为它们巩固了美国20年来非常强劲的经济增长，而且增长的影响向全球蔓延开来。问题是，城市化进程如同流向不同工人阶层的收入流一样是地理性不平衡的。当郊区繁荣的时候，内城区则停滞和衰退。当白人劳工阶层相对而言蓬勃发展时，受影响的内城区少数族裔，尤其是非洲裔美国人并没有像他们那样发展。其结果就是整个内城区的系列暴动，最终以 1968 年马丁·路德·金被暗杀后横跨美国约 40 个城市的自发的暴动而告终。后来被称为"城市危机"的东西有目共睹，而且很容易被列举出来（尽管从宏观经济角度来看它并不是城市化的危机）。1968 年之后，政府以大量的联邦基金发行来应对危机，直到尼克松在 1973 年经济衰退中（因为财政原因）宣布危机结束。[26]

与这一切并行的是，房利美于 1968 年成为政府资助的民营企业，在它拥有一个"竞争对手"——1972 年成立的联邦住房抵押贷款公司（房地美）之后，两个机构都在推进市民自置居所以及维持将近 50 年的住房建设中发挥了重要的作用，并且最终扮演了破坏性角色。现在房屋抵押贷款债务在美国约占 40% 的私人累积债务，其中大部分正如我们所看到的，是不良债务。房利美和房地美被传回至政府控制之下。如何处理它们，就一般的美国债务来说是一个具有激烈争议的政治问题（如同补贴住房拥有率一样）。无论怎么处理，都会对与美国资本积累相关的，特别是住房部门的未来以及更广泛意义上的城市化，产生重大影响。

当前美国的情况不如人意。房地产业并没有在复苏，有迹象显示它正随着联邦经费的干涸和失业率高居不下走向可怕的"双底"衰退。住房开工率跳水，首次低于 20 世纪 40 年代前的水平。截至 2011 年 3 月，建筑业的失业率为 20% 以上，而接近全国平均水平的制造业为 9.7%。当年在大萧条中，超过四分之一的建筑工人一直失业到 1939 年。让他们重返工作岗位是公共干预的重要目标。奥巴马政府试图创建基础设施投资的刺激方案的努力，在很大程度上因为共和党的反对而遭遇挫败。更糟糕的是，美国国务院和地方财政状态如此低迷，从而导致裁员和无薪休假以及城市服务大刀阔斧的削减。住房市场的崩溃和住房价格下降 20%（或在全国范围内下降更多），给在很大程度上依赖财产税的地方财政重重一击。随着州政府和市政府削减开支以及建设一蹶不振，一场城市财政危机正在酝酿。

但最重要的是，出现了一个出于政治而不是经济原因而被推行的紧缩的阶级政治。州一级和地方一级的激进右翼共和党正在运用所谓的债务危机激烈地对抗政府计划，以减少国家和地方政府的就业。这当然是在资本激励下对政府计划进行攻击的长期的普遍策略。里根将富人的税收从 72% 削减到 30% 左右，并且通过债务融资与苏联进行军备竞赛。结果就是里根政府负债飙升。正如他的预算主任大卫·斯托克曼（David Stockman）后来指出的，不断支付的债务成为政府管制（如环境）和社会规划的便捷借口，实际上将环境恶化和社会再生产的成本外在化了。小布什忠实地效仿，他的副总统切尼则宣称"里根告诉我们赤字并不重要"[27]。针对富人的减税政策、伊拉克和阿富汗的两场无资金支持的战争，以及国家资助处方药的计划带给大型制药公司的丰厚礼物，将克林顿政府时期的预算盈余转变成大量赤字，使共和党和保守的民主党人后来做大量的资本招标，并尽量外在化那些资本从来就不愿意承担的成本——环境退化和社会再生产的成本。这一举措对环境和人类福祉的挑战是显而易见的，而且它出于政治和阶级的而不是经济的原因。如同大卫·斯托克曼最近指出的，它正在引发一场清晰可见的阶级战争。正如沃伦·巴菲特所说："当然存在着阶级战争，而且它正是我的阶级，一个正在打这场战争的富有的阶级，而且我们将取得胜利。"[28] 唯一的问题是，人们什么时候开始发动阶级战争？我们首先要关注的是城市生活品质的快速下降，包括止赎、持续的城市住房市场掠夺性实践、服务削减，最重要的是几乎无处不在的城市劳动力市场可行就业机会的缺乏，一些城市（以底特律为可悲的典型）完全丧失了就业前景。现在的危机与从前相比，更像是一场城市危机。

三、野蛮的城市实践

马克思和恩格斯在《共产党宣言》中提到，工人们刚领到"用现钱支付的工资的时候，马上就有资产阶级中的另一部分人——房东、小店主、当铺老板等等向他们扑来"[29]①。马克思主义者历来将这种形式的剥削和不可避免地出现在它们周围的阶级斗争（对阶级斗争而言它们确实如此）降级为纸上谈兵的阴影以及它们的政治边缘。但我在这里想说的是，至少在发达资本主义经济中，它们构成了一个通过虚拟资本循环吸收资金，以巩固从金融体系中获取巨额财富的剥夺性积累的巨大领域。

---

① 马克思恩格斯文集：第2卷. 北京：人民出版社，2009：39.

崩溃之前，次级贷款领域内无处不在的掠夺性实践在其比例上颇富传奇色彩。在危机爆发之前，低收入的非洲裔美国人在掠夺性的次级贷款实践中估计已失去了介于 710 亿美元到 930 亿美元之间的资产价值。同时，由于纯粹的金融操控产生的高利润率，尤其是一些与抵押贷款证券化相关的金融操纵，华尔街的红利前所未有地一路飙升。由此可以推断，在被记录的抵押贷款公司比如全国金融公司黑幕交易之外，受住房市场金融操纵的从穷人向富人的大规模财富转移，正在经由各种隐匿渠道发生。[30]

之后发生的事情更加让人震惊。许多止赎（过去一年超过 100 万美元）被证实，如果不是完全的欺诈就是非法的，导致来自佛罗里达州的国会议员写信给佛罗里达州最高法院法官，说："如果我听到的报告属实，那么正在发生的非法止赎代表着银行和政府机构从未尝试过的对私有财产最大的掠夺。"[31] 所有 50 个州的总检察长正在对此问题进行调查，但是，（正如所预料的）他们似乎急于在一些财务结算价格上以总结的方式结束这些调查（但没有归还非法夺取的财产）。当然，尽管有系统的伪造法律文件的确凿证据，还是没有人会因此而坐牢。

这种掠夺性做法由来已久。让我举出巴尔的摩的一些例子吧。1969 年抵达这座城市不久，我参与了内城住房供给研究，这项研究围绕不同行动者——房东、租户和业主，经纪人和贷款提供商，联邦住宅管理局，市政当局（尤其是住房法规强制执行部门）——的作用而展开，在马丁·路德·金被暗杀之后的起义中，这些地区的生产生活条件变得可怕，老鼠肆虐。被拒绝信贷的低收入非洲裔美国人地区被画上了红线，这在城市地图上留下了痕迹，但当时将其排除在外是合理的，因为这是对高信贷风险的合理反应，而非种族歧视。在城市的大多数区域，都可以发现活跃的房地产牟利行为。这为无情的房地产公司带来高额利润。但为了使之能够实现，非洲裔美国人也需要在他们作为高信贷风险人群时，以某种方式获得住房抵押贷款。这可以通过某种被称为"土地分期合同"的方式来做到。实际上，非洲裔美国人受到财产所有者的帮助，那些财产所有者扮演着信贷市场中介人的角色，他们以自己的名义拿到一笔抵押贷款。过了几年，当一些本金加上利息偿还清了，由此证明了家庭信贷偿还能力时，所有权应该在友好的财产所有者和当地抵押贷款机构的帮助下转给居住者。有些购买者做到了（尽管通常在价值正在贬值的街区），却是通过无耻的方式做到的（巴尔的摩有许多，但在这一体系同样非常普遍的芝加哥并没有许多），这可能是剥夺性积累的独特的掠夺形式。[32] 财产所有者获准收取费用，用来支付财产税以及行政和法律费用等。这些费用（有时候相当高昂）可以加到按揭贷款的本金中去。经过多年的稳定支付，许多家庭发现，他们欠下了比最初房子的本金更多的贷款。如果他们在利率上涨之后不能支付高额的还款，合同就会马上失效，他们也会被逐出房子。这些做法带来了一些丑闻。一场对抗最糟糕的房东犯罪者的公民权利的行动开始了。但它却失败了，因为那些签署了土地分期合同的人未能看到附属细则，或是让他们自己的律师（穷人很少拥有）读给他们听（附属细则在任何情况下都是普通人无法理解的）——你有没有读过你信用卡的附属细则呢？

这种掠夺性做法从未销声匿迹。在 20 世纪 80 年代，土地分期合同被"转卖"实践代替（一个财产经销商会买下一处便宜的破旧的房子，做一些整修——许多被高估了——为那些只要能住在里面屋顶不掉下来或是炉子不爆炸的不知情的买方准备"利好"的按揭贷款）。当次级抵押贷款市场在 20 世纪 90 年代开始形成时，巴尔的摩、克利夫兰、底特律、布法罗等城市成为日渐高涨的剥夺性积累的主要中心（700 亿美元，全国范围内更多）。在 2008 年危机之后，巴尔的摩最终推出一项公民权利法案，对抗富国银行（Wells Fargo）歧视性的二级抵押贷款业务（逆转人们被带入次级而不是常规贷款的红线），在这一业务中非洲裔美国人和单亲家庭的女性被有组织地剥削。几乎可以肯定的是，诉讼将会失败（尽管到第三回合它被允许在法庭上提出），因为它几乎不可能证明与信贷风险相对的基于种族的意图。与往常一样，无法理解的附属细则留下了太多空间（消费者要当心！）。克利夫兰采取了更微妙的路径：起诉金融公司妨害公众，因为城市景观充斥着那些需要政府行动将它们封起来的抵债房屋。

四、走向城市革命？

城市是反资本主义斗争一直蓬勃发展的地方。这一斗争的历史是极其令人震撼的，从巴黎公社、西雅图总罢工、图库曼起义和"布拉格之春"，到 1968 年的更广泛的城市运动（我们现在在开罗和麦迪逊依稀可见），都可以看出来。但它同时也受政治和战术复杂因素的困扰，这些复杂因素已让许多左派低估和误解城市运动的潜力与效力，将它们看成与阶级斗争相分离，因此缺乏革命的潜力。而且当那些事件真正被广为推崇时，就像巴黎公社那样，它们通常被称为世界历史上"最伟大的无产阶级起义"之一，即使它们主要针对重建城市权力，与革命化生产中的阶级关系一样。

反资本主义的斗争，是关于生产中资本和劳动之间阶级关系的废除，这种阶级关系允许由资本带来的剩余价值的生产和分配。反资本主义的斗争的最终目标其实很简单，就是废除那种阶级关系。特别是这一斗争被看到时，就像它不可避免地会通过民族、种族、性与性别表现出来的那样，它最终会侵入资本主义制度的本质中，将其中心的阶级关系毒瘤清除。

认为马克思主义左翼长期以来赋予作为先锋代理人的工人特权，导致无产阶级专政的阶级斗争，走向国家和阶级消亡的世界，说实话是一个嘲讽。认为事情从未那样发生，同样也是一个嘲讽。马克思认为，统治的阶级关系不得不被控制他们自己生产过程和协议的联合起来的工人代替。工人控制、自管、工人合作等政治追求的悠久历史就源于此。[33] 从长远来看，大部分尝试并没有被证明是可行的，尽管有让他们面对激烈冲突和积极镇压的崇高的努力与牺牲。也许最显著的例外就是蒙德拉贡。作为 1956 年在西班牙法西斯主义统治下建立起来的巴斯克地区的工人合作公司，现在有约 200 家公司遍及西班牙及欧洲。大多数企业薪酬差异控制在 3∶1 之内（大多数美国公司则是 400∶1 的结构）。[34] 其他举措最终失败的主要原因实在简单。正如马克思在《资本论》第 2 卷中指出的，资本的流通包括三个不同的循环过程，即货币、生产和商品资本。没有一个循环过程能够离开其他两个存在：它们相互缠绕在一起并且相互规定。同样，如果不改变流通过程中的其他循环，这一循环过程也不可能改变。蒙德拉贡幸存下来，在一定程度上是因为它并不全是生产性的。它创建了自己的信贷体系和商人资本网点。它的策略是跨越所有三个循环。

尽管充满希望的自治与自管的华丽辞藻，在敌对的信用体系和商业资本的掠夺性做法面前，相对孤立的生产单位的工人控制很少能幸存。商业资本的力量（"沃尔玛现象"）最近几年尤为复兴（马克思主义理论中备受忽视的另一个领域）。

因为认识到这一困难，所以许多左派得出结论，无产阶级统治国家机器的斗争是实现共产主义的唯一路径。国家将成为控制三个循环，驯服机构、权力和管理支持生产中阶级关系的持续流动的阶级代理人与代言人。当然，国家的命脉源自促成并且进入国家本应控制的流动中是一直存在的问题。这对于社会主义国家和资本主义国家同样适用。集权的和自上而下的管理模式并不起作用，除非通过一些流动性的解放。而且，一旦流动性被解放，灾难就会降临，因为资本主义的妖魔跳出了瓶子。那么，当自管和集权化国家控制两者自身都不能作为资本力量的有效解毒剂的时候，两者中间道路的政治前景又是什么呢？

工人控制的问题就是，斗争的焦点已集中在作为剩余价值生产特权地点的工厂，以及作为无产阶级先锋队和主要革命代言人的工业工人阶级的特权化上。但制造了巴黎公社的并不是工厂工人。所以有一个不同的观点，认为巴黎公社并不是无产阶级的起义或是阶级运动，而是一个城市的社会运动，它旨在重拾城市的权力而不是寻求走向反资本主义建设的替代方案的革命道路。[35] 但为什么不能两者兼而有之呢？

城市化是其自身生产的产物。成千上万的工人参与到这一生产中，他们的工作产生了价值和剩余价值。为什么不将剩余价值生产的场所界定为城市而非工厂呢？就那些声称他们自己创造了城市、寻求重拾拥有和控制的权力的无产阶级来说，巴黎公社可以被重新界定。与马克思主义者普遍青睐的无产阶级联合组织相比，这是非常不同的。但在这一点上，纵观先进的资本主义世界的部分历史，工厂的无产阶级已从根本上减少了，所以我们有一个选择：悼念革命可能性的逝去，或是改变我们对无产阶级的观念，将它们看作一群无组织的城市化生产者，发掘它们独特的革命能力和权力。那么生产了城市的这些工人是谁？城市建设者，尤其是建筑工人，是当之无愧的候选人，尽管他们并不是唯一的也不是参与其中的最大劳动力。作为一种政治力量，建筑工人最近在美国（也可能在其他地方），时常对确保其被雇佣的大规模和带有阶级偏见的唯发展主义表示支持。他们不应该这么做。泥瓦匠的建筑工人在巴黎公社中扮演了重要角色。20世纪70年代初，新南威尔士州的"绿色禁令"建设工会运动，禁止从事他们认为不利于环境的项目，并且在他们大部分所做的工作上取得了成功。他们最终被共同的国家权力摧毁。[36]

在其最终目的地的工厂和家庭消费之间存在一个无缝对接，那些开采矿山铁矿石的工人将铁矿石加工成钢材，之后用其来进行桥梁建设，卡车运送商品到达最终的工厂目的地。所有这些活动（包括空间运动），在马克思看来都是价值和剩余价值的生产。而且，如果再次像马克思所认为的，保养、维修和更换（在实际中通常难以区分）是价值生产流的一部分，那么，我们城市里参与到这些活动中的庞大的劳动力大军，同样在使城市成为城市的物质基础设施中促进了价值和剩余价值生产投资。如果从原材料产地到目的地的商品流是价值的生产，那么，受雇于连接农村生产者到城市消费者的食物链之上的工人的生产同样也是价值的生产。作为有组织的团体，这些工人将有权力抑制城市的新陈代谢。运输工人的罢工（如法国在过去二十多年里发生的）是相当有效的政治武器（这一武器在 1973 年智利的政变中被消极使用）。其他的例子有洛杉矶的"巴士乘客联盟"和纽约、洛杉矶出租车司机组织的罢工。[37]

将流动看作不仅是食物和其他消费商品的，同时也是能量、水和其他必需品的，同时还要看到它们容易中断的脆弱性。城市生活的生产和再生产——其中一些可以被"消除"（一个不幸的字眼）——就好像马克思经典中的"非生产性"仍然是社会必要的一样，是资本和劳动力之间阶级关系再生产的"非生产费用"的一部分。这种劳动的大部分一直是暂时的、没有安全感的和不稳定的。新的组织形式对生产和维持城市的劳动力来说是绝对必要的。这就是新的保障组织，比如美国排斥工人协会，一个经常受临时就业和雇佣不安全条件困扰的工人联盟，与家政工人一样在空间上分散至整个城市体系中。[38]

也正是因为如此，传统劳动斗争的政治历史需要重写。据观察，大多数历史被描述成仅仅专注于工厂工人的斗争被证明有一个更广泛的基础。比如，玛格丽特·科恩（Margaret Kohn）抱怨，20 世纪初左翼劳动史学家赞美都灵工厂委员会，而完全忽视了这样一个事实，即它存在于社区中的"人民之家"，许多政治活动来源于大部分后勤支援。[39] E. P. 汤普森（E. P. Thompson）描绘了英国工人联合阶级的决策如何更多地取决于在教堂和居民区发生了什么，和在工作场所发生了什么一样。如果不是因为大量失业人员和邻里社区间组织，在大门之外不断提供物质和道义上的支持，1937 年弗林特静坐示威又如何能成功呢？20 世纪七八十年代的英国矿工罢工中，住在诺丁汉等分散的城市化地区的矿工最先屈服,而团结紧密的诺森比亚社区却始终保持一致,这难道不有趣吗?在起诉劳工斗争方面,组织社区和组织工作场所同样重要。考虑到传统的工作场所正在所谓发达资本主义世界的许多地方消失的程度,那么组织社区似乎更为重要。

在所有这些例子中,当我们改变关注的焦点到斗争产生的社会环境时,关于无产阶级会是谁以及它们的期望将会是什么的意识也会发生转变。当工厂之外的关系被牢牢地置于此画面中的时候,反对政治的性别组成看上去很不一样。工作场所的社会动力学与那些居住空间中的动力学并不一致。在后者中,性别、种族、民族、宗教上的区别,通常更深地刻在社会组织结构中,而社会再生产的问题在塑造政治主体性和意识中发挥了更突出甚至更具主导性的作用。从这个视角来看,阶级斗争的动力学与政治需求本质看起来非常不同。但当我们回顾和重新评价时,我们看到它们通常与马克思主义者一厢情愿地、虚构地描述出来的结果有很大不同。

弗莱切和甘帕辛(Fletcher and Gapasin)因此认为,劳工运动应该更关注组织的地理形式,而不是行业形式,运动除了授权给组织部门之外,还应该授权给城市中的中央劳工委员会。"就劳工谈到阶级问题来说,它不应该将自身看作独立于社区之外。'劳工'这个词,应该表示扎根于工人阶级的,并且以明确推进工人阶级的阶级需求为议程的组织。从这个意义上说,强调特定阶级问题的植根于工人阶级(例如工人中心)的社区性组织,是一个劳工团体,就像工会一样。更进一步说,帮助失业者和无家可归者的社区性组织,比强调工人阶级方面利益的工会(如白人至上主义者手工联盟),更值得拥有劳工团体的称号。"[40]

因此,他们提出了一种劳工组织的新方案,"在形成联盟和采取政治行动过程中,从根本上对抗当前的工会。事实上,它具有以下核心前提:如果阶级斗争并不局限在工作场所,那么它也不应该局限在工会。战略性的结论就是,工会必须考虑所谓的组织城市,而不仅仅只是组织工作场所(或行业)。而且组织城市只有在工会与大都市社会要素联盟协调一致时才是可能的"[41]。

"那么,"他们会继续问,"一个人如何组织一个城市?"在我看来,如果反资本主义的斗争会在今后几年复兴的话,这就是左翼将要回答的关键问题之一。而实际上,这种斗争有一段辉煌的历史。来自20世纪 70 年代"红博洛尼亚"的灵感就是一个恰当的例子。而且它是对法国共产党从 20 世纪 60 年代起甚至直到今天，在市政管理（相较政治生活的其他方面）上具有显著优势的有意思的讽刺之一。20 世纪 80 年代早期，针对撒切尔主义的英国城市斗争，不仅无望取得胜利，而且和大伦敦议会一样，直到撒切尔废除了整个政府治理层才具有潜在的创新意义。[42] 在美国，密尔沃基多年实行社会主义式管理，而且值得记住的是，首位入选美国参议院的社会主义者是以作为佛蒙特州伯灵顿市市长开始他的职业生涯并赢得民众的信任的。

如果公社中的巴黎生产者重申他们对于生产出来的城市权利，那么，我们又将在何种意义上期待和政治力量可能结合起来把围绕"呐喊和需求"（如同列斐伏尔提出的）这样的"城市权利"的口号作为反资本主义斗争的关键口号？当然，口号是一个充满了内在空洞的能指，但并非是超越可能性的能指。这并不意味着它是无关紧要的或是政治上无能的。一切都取决于谁能赋予这一能指反对改良主义的革命的内在意义。它必定是有争议的，而且正如马克思曾经将它放置于平等权利之中一样，最终结果取决于力量。[43]

区分城市环境中的改良主义和革命举措往往很困难。阿雷格里港的参与式预算，库里提巴的生态项目，或是许多美国城市的生活工资运动，表面来看似乎仅仅只是改良（而且不太重要），但随着其影响的蔓延，这样的举措揭示了大都市规模上更激进观念和更深层行动的可能性。比如，关于城市权利的华丽辞藻的传播（从萨格勒布到汉堡到洛杉矶）似乎暗示着更具革命性的东西可能会受到威胁。[44] 这种可能性的衡量似乎体现在现有政治力量（如非政府组织和国际机构，包括 2010 年里约热内卢世界城市论坛上的世界银行）为满足自己的目的而采取这种语言的绝望的尝试中。

抱怨控制的努力无济于事。左翼应将它当作我们独特的具有内在意义的赞美和斗争，简单来说，就是参与到生产和再生产城市中的劳动力，他们不仅对他们生产的东西具有集体权利，而且同时有权力决定生产什么、在哪儿生产以及如何生产。民主工具（而不是现存的权钱交易的民主）需要构建，以决定如何在主导的阶级关系之外和更符合"我们"（城市化和城市生活的生产者）的心愿下复兴城市生活。

当然，立刻会出现的一个反对意见是，当许多农村、农民和本土运动同样可以要求自身的独特权利时，为什么要将注意力集中到城市？

无论如何，城市难道没有作为和斗争对象一样的物理对象失去其意义？当然有针对这些反对意见的显而易见的事实。城市化产生了一个高度差异化的马赛克社区和互动的空间，它们很难齐聚到任何一个连贯的政绩工程周围。事实上，构成城市的这些空间，彼此之间存在着大量的竞争和冲突。我觉得，正因为此，列斐伏尔才会改变他的关注点，从城市革命转向更宽泛的空间生产领域，或是我所认为的，转向作为理论分析和政治斗争中心的不平衡地理发展的生产。

在那些仅关注字面意思的缺乏想象力的学者看来，这些反对意见的结果是，城市已经消失了，因而追求城市权利就只是对幻觉的追求。但政治斗争被想象激励，与被实际活动激励是一样的。而且"城市"这个词具有深深嵌在政治意义的追求之中的标志性和象征性历史。上帝之城、山顶之城、乌托邦想象之城、城市和公民之间的关系、永久变化的时空秩序中的独特的归属地，所有这些都赋予城市政治意义，那就是动员在诸如"生产空间权利"或"不平衡地理发展的权利"的口号中失去了的政治想象！

城市权利并不是专有权而是集中的权利。[45] 它不仅包括建筑工人的权利，也包括那些给日常生活再生产带来便利的人的权利：护理人员，教师，水管工，地铁维修工，水电工，医院工作人员，大巴车，出租车司机，餐饮业工人，演艺人员，银行职员，城市管理者。它旨在从支离破碎的社会空间的难以置信的多样性中寻求统一。而且有许多公认的组织形式，从工人中心和区域工人集会（比如多伦多的）到在其政治领域关注点中都带有此目的的联盟（比如城市权利联盟、排斥工人协会，以及其他不稳定的劳动组织形式）。

若要改变世界，这些就是必须组织起来的无产阶级力量。如果我们想要组织整个城市，这里就是我们开始行动的地方。城市生产者必须起来反抗，并且重新索回对其集体地生产出来的城市权利。城市生活的转变，尤其是城市化生产中阶级关系的废除将成为走向反资本主义过渡的路径之一。这就是左翼需要设想的，它构成了今后几年其政治策略的核心。

注释

[1] Robert Shiller, "Housing Bubbles are Few and Far Between," *New York Times*, 5 February 2011.

[2] *World Bank Development Report 2009: Reshaping Economic Geography*, Washington D. C. : The World Bank, 2009. See my earlier critique in David Harvey, "Assessment: Reshaping Economic Geography: The World Development Report," *Development and Change*, 40 (6), 1269-1277, 2009.

[3] *World Bank Development Report*, p. 206.

[4] Graham Turner, *The Credit Crunch: Housing Bubbles, Globalisation and the Worldwide Economic Crisis*, London: Pluto, 2008; David Harvey, *The Condition of Postmodernity*, Oxford: Basil Blackwell, pp. 145-146, 169.

[5] David Harvey, *The New Imperialism*, Oxford: Oxford University Press, 2003, p. 113; Robert Shiller, *Irrational Exuberance*, Princeton: Princeton University Press, 2000.

[6] John English and Emerson Gray, *The Coming Real Estate Crash*, New Rochelle, NY: Arlington House Publishers, 1979; William Tabb, *The Long Default: New York City and the Urban Fiscal Crisis*, New York: Monthly Review Press, 1982; David Harvey, *A Brief History of Neoliberalism*, Oxford: Oxford University Press, 2005; Ashok Bardhan and Richard Walker, "California, Pivot of the Great Recession," Working Paper Series, Institute for Research on Labor and Employment, University of California, Berkeley, 2010.

[7] William Goetzmann and Frank Newman, "Securitization in the 1920's," *Working Papers*, National Bureau of Economic Research, 2010; Eugene White, "Lessons from the Great American Real Estate Boom and Bust of the 1920's," *Working Papers*, National Bureau of Economic Research, 2010.

[8] Karl Marx, *Grundrisse*, London: Penguin, 1973, pp. 88-100.

[9] David Harvey, "A Commentary on Marx's Method in *Capital*," forthcoming in *Historical Materialism*.

[10] Karl Marx, *Capital*, Volume 2, London: Penguin, 1978, p. 357.

[11] Karl Marx, *Grundrisse*, p. 89.

[12] Mario Tronti, "The Strategy of Refusal," Turin: Einaudi, 1966, available at http://libcom.org; Antonio Negri, *Marx Beyond Marx: Lessons on the Grundrisse*, London: Autonomedia, 1989.

[13] Karl Marx, *Capital*, Volume 3, London: Penguin, 1978, chapters 24 and 25.

[14] David Harvey, *The Limits to Capital*, Oxford: Blackwell, 1982, chapter 8.

[15] Karl Marx, *Capital*, Volume 3, p. 597; Geoffrey Harcourt, *Some Cambridge Controversies in the Theory of Capital*, Cambridge: Cambridge University Press, 1972.

[16] Karl Marx, *Capital*, Volume 3, p. 573.

[17] David Harvey, *The Urbanisation of Capital*, Oxford: Blackwell, 1985; *The Enigma of Capital, and the Crises of Capitalism*, London: Profile Books, 2010.

[18] Brinley Thomas, *Migration and Economic Growth: A Study of Great Britain and the Atlantic Economy*, Cambridge: Cambridge University Press, 1973.

[19] Leo Grebler, David Blank and Louis Winnick, *Capital Formation in Residential Real Estate*, Princeton: Princeton University Press, 1956; Clarence Long, *Building Cycles and the Theory of Investment*, Princeton: Princeton University Press, 1940; Manuel Gottlieb, *Long Swings in Urban Development*, New York: National Bureau of Economic Research, 1976.

[20] Karl Marx, *Capital*, Volume 3, chapter 25.

[21] Karl Marx, *Capital*, Volume 1, London: Penguin, 1973, p. 793.

[22] John Logan and Harvey Molotch, *Urban Fortunes: The Political Economy of Place*, Berkeley: University of California Press, 1987.

[23] Karl Marx, *Capital*, Volume 2, part 2.

[24] "Cities in the Great Depression," *Wikipedia*, available at http://www.wikipedia.org.

[25] Martin Boddy, *The Building Societies*, London: Macmil-

lan, 1980.

[26] The Kerner Commission, *Report of the National Advisory Commission on Civil Disorders*, Washington, D. C.: Government Printing Office, 1968.

[27] Jonathan Weisman, "Reagan Policies Gave Green Light to Red Ink," *Washington Post*, 9 June 2004; William Greider, "The Education of David Stockman, " *Atlantic Monthly*, December 1981.

[28] Warren Buffett, interviewed by Ben Stein, "In Class Warfare, Guess Which Class Is Winning," *New York Times*, 26 November 2006; David Stockman, "The Bipartisan March to Fiscal Madness," *New York Times*, 23 April 2011.

[29] Karl Marx and Frederick Engels, *The Communist Manifesto*, London: Pluto Press Edition, 2008, p. 4.

[30] Barbara Ehrenreich and Dedrich Muhammad, "The Recession's Racial Divide," *New York Times*, 12 September 2009.

[31] Gretchen Morgenson and Joshua Rosner, *Reckless Endangerment: How Outsized Ambition, Greed and Corruption Led to Economic Armageddon*, New York: Times Books, 2011.

[32] Lynne Sagalyn, "Mortgage Lending in Older Neighborhoods," *Annals of the American Academy of Political and Social Science*, 465 (January), 1983, pp. 98-108.

[33] Immanuel Ness and Dario Azzellini, eds. , *Ours to Master and to Own: Workers' Councils from the Commune to the Present*, Chicago: Haymarket Books, 2011.

[34] See George Cheney, *Values at Work: Employee Participation Meets Market Pressures at Mondragon*, Ithaca: ILR Press, 1999.

[35] Manuel Castells, *The City and the Grassroots*, Berkeley: University of California Press, 1983; Roger Gould, *Insurgent Identities: Class Community and Protest in Paris from 1848 to the Commune*, Chicago: University of Chicago Press, 1995. For my rebuttal of these arguments see David Harvey, *Paris, Capital of Modernity*, New York: Routledge, 2003.

[36] John Tully, "Green Bans and the BLF: the Labour Move-

ment and Urban Ecology," *International Viewpoint Online*, 357, 2004, available at http: //www. internationalviewpoint. org.

[37] Jacqueline Levitt and Gary Blasi, "The Los Angeles Taxi Workers Alliance," in Ruth Milkman, Joshua Bloomand Victor Narro, eds., *Working for Justice: The L. A. Model of Organizing and Advocacy*, Ithaca: ILR Press, 2010, pp. 109-124.

[38] Excluded Workers Congress, *Unity for Dignity: Excluded Workers Report*, December 2010, Inter-Alliance Dialogue, New York, available from http: //www. excludedworkers. org.

[39] Margaret Kohn, *Radical Space: Building the House of the People*, Ithaca: Cornell University Press, 2003.

[40] Bill Fletcher and Fernando Gapasin, *Solidarity Divided: The Crisis in Organized Labor and a New Path Toward Social Justice*, Berkeley: University of California Press, 2008, p. 174.

[41] Ibid.

[42] Max Jaggi et al., *Red Bologna*, London: Writers & Readers, 1977.

[43] Henri Lefebvre, *Writings on Cities*, Translated and Edited by Elenore Kofman and Elizabeth Lebas, Oxford: Blackwell, 1996; Karl Marx, *Capital*, Volume 1, p. 344.

[44] Ana Sugranyes and Charlotte Mathivet, eds., *Cities for All: Proposals and Experiences Towards the Right to the City*, Santiago: Habitat International Coalition, 2010.

[45] Henri Lefebvre, *Writings on Cities*.

第 7 章 《共产党宣言》的地理学 *

[美] 大卫·哈维 著 胡大平 译

在很长一段时期内，我们现在所谓的"全球化"以这样或那样的形式存在着——至少可以追溯到 1492 年，要不然就更早。同样，很长时间以来，这一现象及其政治经济影响是人们讨论的主题，马克思和恩格斯在《共产党宣言》（以下简称《宣言》）中对 1848 年之前的情形做出了热情洋溢而且全面的分析。他们总结道，只有全世界的无产者联合起来斗争，才能征服资本在世界舞台上的破坏力量，建设一种替代性的政治经济体系，从而在一个更平等的世界里实现其自身的需要、要求和欲望。

然而，自马克思和恩格斯写下那些话的革命时代以来，情况发生了很多变化。幸运的是，《宣言》的作者意识到了可能发生的历史变化。马克思和恩格斯在 1872 年德文版序言中写道："这些原理的实际运用，正如《宣言》中所说的，随时随地都要以当时的历史条件为转移。"① 他们评论说，尽管没有权利去改变已经成为重要历史文献的东西，但是，我们有权利并且有义务根据自己所处的历史地理条件对它进行解释并赋予它新的意义。他们问道："人们的观念、观点和概念，一句话，人们的意识，随着人们的生活条件、人们的社会关系、人

---

* 原载：大卫·哈维. 希望的空间. 胡大平，译. 南京：南京大学出版社，2006：21-39。

① 马克思恩格斯文集：第 2 卷. 北京：人民出版社，2009：5.

的社会存在的改变而改变,这难道需要经过深思才能了解吗?"①

当然,对我们这些身处同样令人烦扰却又不是革命性时期的,但仍然坚持社会主义情感的人来说,《宣言》中的某些段落似乎有些古怪、过时,或者说完全会让人反对。但是,《宣言》的绝大部分是那样深刻、清晰有力,以至于其当代相关性令人震惊。

比如,某些为人熟知的段落依然击中了当代异化和感性的核心,特别是过去20年间它们一直在自由市场的自由主义时代中发展着。马克思和恩格斯说,资产阶级:

> 它使人和人之间除了赤裸裸的利害关系,除了冷酷无情的"现金交易",就再也没有任何别的联系了。它把宗教虔诚、骑士热忱、小市民伤感这些情感的神圣发作,淹没在利己主义打算的冰水之中。它把人的尊严变成了交换价值,用**一种**没有良心的贸易自由代替了无数特许的和自力挣得的自由。……资产阶级抹去了一切向来受人尊崇和令人敬畏的职业的神圣光环。它把医生、律师、教士、诗人和学者变成了它出钱招雇的雇佣劳动者。②

难道这不是极其准确地描述了那些令人震惊的力量吗?这些力量腐蚀了当代教育、政治、社会事务和道德情操,以至于我们几乎别无选择,只能以宗教激进主义、神秘主义、个人自恋和自我异化的方式来反抗它们。我们不是经常被包围在"利己主义打算"的"冰水"之中吗?再看看这个:

> 资产阶级除非对生产工具,从而对生产关系,从而对全部社会关系不断地进行革命,否则就不能生存下去。……生产的不断变革,一切社会状况不停的动荡,永远的不安定和变动,这就是资产阶级时代不同于过去一切时代的地方。一切固定的僵化的关系以及与之相适应的素被尊崇的观念和见解都被消除了,一切新形成的关系等不到固定下来就陈旧了。一切等级的和固定的东西都烟消云散了,一切神圣的东西都被亵渎了。③

这些段落中的修辞力量、阐述的确定性、对自由市场资本主

---

① 马克思恩格斯文集:第2卷. 北京:人民出版社,2009:50-51.
② 同①34.
③ 同①34-35.

义(随后在最著名的一个浮士德比喻中,将它比作"一个魔法师","不能再支配自己用法术呼唤出来的魔鬼了"①)条件下释放出来的无边力量的爱恨交织情感确实给人留下了深刻的印象。

《宣言》还警告我们周期性地动摇社会根基的危机的必然性。这些危机具有创造性的破坏,其特点呈现为一种"荒谬性":无数迫切却又无法满足的社会需要中的生产过剩,充裕之中的极度缺乏,螺旋式上升的不平等,先前创造的生产力——资产阶级试图以此按照自己的面貌创造一个世界——所造成的周期性破坏。我们知道巨大的科技变革完全改变了地球的表面以及我们与自然的关系("自然力的征服,机器的采用,化学在工业和农业中的应用,轮船的行驶,铁路的通行,电报的使用,整个整个大陆的开垦,河川的通航,仿佛用法术从地下呼唤出来的大量人口"②)。但是,同样是这些表面上看起来有魔力的力量却制造了失业,使投资缩减,并对甚至连资产阶级都很珍惜的生活方式造成破坏。那么,资产阶级用什么方法来克服这些危机呢?

> 一方面不得不消灭大量生产力,另一方面夺取新的市场,更加彻底地利用旧的市场。这究竟是怎样的一种办法呢?这不过是资产阶级准备更全面更猛烈的危机的办法,不过是使防止危机的手段越来越少的办法。③

资本主义的危机趋势时时处处在扩大、在深化。

敏锐的地理学家立即会察觉到这一论点有特定的空间和地理维度。仔细考察就会发现,关于地理转型、"空间定位"和不平衡地理发展在资本积累的漫长历史中的作用,《宣言》包含了一个独特的论证。既然《宣言》详细地说明了资产阶级如何既创造又毁灭它自己活动的地理基础(生态的、空间的和文化的),并按照自己的面貌来创造一个世界,那么对其空间和地理维度进一步详细审查就很值得。这就是我在这里想要集中讨论的主要矛盾,尽管不久就会发现把《宣言》中的任何一个主题与其他主题分隔开来既不可行也不适宜。

---

① 马克思恩格斯文集:第2卷.北京:人民出版社,2009:37.
② 同①36.
③ 同①.

一、空间维度

资本积累向来就是一个深刻的地理事件。如果没有内在于地理扩张、空间重组和不平衡地理发展的多种可能性，资本主义很早以前就不能发挥其政治经济系统的功能了。不断地转向我在其他地方（Harvey，1982）称之为对资本主义内部矛盾（多数明显表现为在一定特殊地理范围内的资本过度积累）进行空间定位的过程，再加上不同地区和不同社会形态不平衡地嵌入资本主义世界市场，这样就产生了资本积累的全球历史地理学，我们有必要深刻理解其特点。在今天，这些区别比过去更加重要了，而且在研究过程中，我们需要去面对和处理《宣言》的优点与缺点。马克思和恩格斯如何把这个问题概念化也同样值得详细审视，因为正是在这里，一场欧洲范围内的共产主义运动——其代表来自许多国家——开始联合起来，试图确定一个能够在极为显著的地理和文化差异中实现的共同革命议程。

马克思和恩格斯用来研究不平衡地理发展和空间定位问题的方法略微有点矛盾。一方面，城市化、地理转型和"全球化"这些问题在他们的论述中占据着显著的地位；另一方面，地理重构的潜在结果往往会迷失于下面这样一种修辞模式中，即最后总是把时间和历史凌驾于空间与地理之上来考虑。

《宣言》在开场白中就把讨论定位在欧洲，而且其论题主要陈述的正是那种跨国实体及其工人阶级。这就反映了这样的事实，即各国共产党人（法文、德文、意大利文、佛拉芒文、丹麦文和英文一样，都是此文献拟定出版的语言）为了拟定工人阶级的纲领而会集伦敦。所以说，这个文献是以欧洲为中心的，而不是国际的。

但是全球背景的重要性并没有被忽视。使资产阶级掌权的革命性变革与"美洲的发现，绕过非洲的航行"以及对殖民地、东印度及中国市场的贸易直接相关。从一开始，资产阶级的兴起就与它在世界舞台上的地理活动及策略密切相关。

> 大工业建立了由美洲的发现所准备好的世界市场。世界市场使商业、航海业和陆路交通都得到了巨大的发展。这种发展又反

过来促进了工业的扩展，同时，随着工业、商业、航海业和铁路的扩展，资产阶级也在同一程度上发展起来，增加自己的资本，把中世纪遗留下来的一切阶级排挤到后面去。①

资产阶级通过这些地理学手段采取迂回战术，从外部破坏、从内部推翻以地方为限的封建势力。通过这些手段，资产阶级还把具有军事、组织和财政力量的国家变成自己野心的执行机构。而且，资产阶级一旦掌权就会在某种程度上凭借着内外部的地理转型来继续追求它们自己的革命使命。在内部，大城市的创建和快速的城市化使农村屈服于城市的统治（同时使前者脱离农村生活的"愚昧状态"，并迫使农民成为附属的阶级）。城市化使劳动力和生产力在空间集中，把分散的人口、私有财产转变为最终在民族国家法律和军事机构中得到巩固的大规模集中的政治、经济力量。当交通和通信系统、劳动的区域分工和城市基础设施成为资本积累的基础时，"自然力"就必须要服从于人的统治了。

但是随后发生的无产阶级在工厂和城市里的集中使它们认识到自己的共同利益。在这个基础上，它们开始建立像工联这样的机构来阐述它们的主张。此外，现代通信系统的发展把"各地的工人彼此联系起来"，把"许多性质相同的地方性的斗争汇合成全国性的斗争，汇合成阶级斗争"②。当这个过程穿越边界发展时，工人阶级就失去了任何民族性，因为它们每个人都必须服从于统一的资本法则。工人阶级斗争的组织以反映资本行为的方式在空间中集中和分散。

马克思在一个段落中详述了这一观点，这个段落如此著名，以至于我们很容易把它忽略，而不是以它应该得到的那种关注来阅读和思考：

> 不断扩大产品销路的需要，驱使资产阶级奔走于全球各地。它必须到处落户，到处开发，到处建立联系。资产阶级，由于开拓了世界市场，使一切国家的生产和消费都成为世界性的了。……古老的民族工业被消灭了，并且每天都还在被消灭。它们被新的工业排挤掉了，新的工业的建立已经成为一切文明民族的生命攸关的问题；这些工业所加工的，已经不是本地的原料，

---

① 马克思恩格斯文集：第2卷.北京：人民出版社，2009：32-33.
② 同①40.

而是来自极其遥远的地区的原料;它们的产品不仅供本国消费,而且同时供世界各地消费。旧的、靠本国产品来满足的需要,被新的、要靠极其遥远的国家和地带的产品来满足的需要所代替了。过去那种地方的和民族的自给自足和闭关自守状态,被各民族的各方面的互相往来和各方面的互相依赖所代替了。物质的生产是如此,精神的生产也是如此。各民族的精神产品成了公共的财产。民族的片面性和局限性日益成为不可能,于是由许多种民族的和地方的文学形成了一种世界的文学。①

如果这不是对我们现在所知的"全球化"的令人信服的描述,那么就很难想象"全球化"到底是什么了。但是马克思和恩格斯又补充了一些东西:

> 资产阶级……把一切民族甚至最野蛮的民族都卷到文明中来了。它的商品的低廉价格,是它用来摧毁一切万里长城、征服野蛮人最顽强的仇外心理的重炮。它迫使一切民族——如果它们不想灭亡的话——采用资产阶级的生产方式;它迫使它们在自己那里推行所谓的文明,即变成资产者。一句话,它按照自己的面貌为自己创造出一个世界。②

资产阶级"教化使命"的主题在这里得到了清晰的阐述(虽然带有一丝讽刺的意味)。但这段话也暗示,地理扩张的力量存在着某种界限,它不能无限制地、永久性地发挥作用。如果资产阶级的地理使命就是在逐步扩大的地理规模上再生产阶级和生产关系,那么资本主义的两种内在矛盾和社会主义革命同样有可能在地理上扩大。阶级斗争变成全球性的,当然,这使得那句著名的口号"全世界无产者,联合起来",成为反对资本主义并支持社会主义革命的一个必要条件。

二、空间定位理论

马克思和恩格斯并不是很突兀地来阐述他们的观点的。事实上他

---

① 马克思恩格斯文集:第2卷.北京:人民出版社,2009:35.
② 同①35-36.

们诉诸了一个长期的分析传统。特别是，他们似乎大大依赖于对黑格尔《法哲学原理》的解读，从这个文本的灵感中吸收优缺点。

黑格尔（Hegel，1967：148-152，278）提出，帝国主义和殖民主义对"成熟的"市民社会所固有的严重紧迫的内在矛盾来说是潜在的解决办法。一边是越来越多的财富积累，另一边则是深陷于痛苦和绝望中的"贫穷的下层人民"群体的形成，这就为社会动荡和阶级斗争创造了条件，这些动荡和斗争不能通过任何一种内部变革（如财富从富人向穷人的再分配）解决。市民社会由此被它的"内部辩证法""驱动而超出自身范围，并向外部其他民族去寻求消费者，从而寻求必需的生活资料，这些民族或者缺乏它所过度生产的物资，或者在工艺等方面落后于它"。它还必须要发现殖民地，并因此批准它的一部分人口在新的土地上恢复到家庭原则。它还用这种方法"为其工业提供了一种新的需求和领域"。所有这些都被一种"对利润的极度渴望"激励，并不可避免地包含风险，所以工业"不再固定在泥块上和有限范围的市民生活上，也不再贪图这种生活的享受和欲望……用以代替这些的是流动性、危险和毁灭等因素"。这明显预示着《宣言》中的某些辞令。

在一些令人吃惊的简短段落中，黑格尔简述了帝国主义和殖民主义有可能解决不断增强的市民社会的内部矛盾，但他却相当不可思议地中断了这个话题。这使我们仍然不知道资本主义是否能够通过短期或长期地诉诸某种空间定位而得以稳定。相反，他却把注意力转向了作为伦理观念的实在的国家概念。可以认为，这暗示了现代国家超越市民社会内部矛盾——一场内部转型——既是可能的又是值得的。但黑格尔却没有解释他所认识到的贫穷问题和日益增长的财富两极分化问题是如何被克服的。那么，我们是否应该相信帝国主义能够解决这些特殊问题？答案是模棱两可的。正如阿维纳里（Avineri，1972：132）所指出的，"这是黑格尔唯一一次在他的体系中提出问题——但却没有给予解答"。看起来，似乎只有一种可能性，即资本主义问题的解决方法存在于某个福地或地平线之外的其他空间。

黑格尔到底如何深远地影响了马克思的注意力，这个问题可以无限制地辩论下去。恩格斯自然相信只有马克思能够承担起从黑格尔逻辑学中汲取精髓的工作，这个精髓包含了黑格尔的真正发现。例如，马克思在《资本论》中用以描述资本积累一般法则的语言与黑格尔的非常相似。《法哲学原理》（Hegel，1967：150）写道：

> 当广大群众的生活降到一定水平——作为社会成员所必需的自然而然得到调整的水平——之下……就产生了贱民。而贱民之产生同时使不平均的财富更容易集中在少数人手中。

在《资本论》第1卷中，马克思写道：

> 不管工人的报酬高低如何，工人的状况必然随着资本的积累而恶化。……因此，在一极是财富的积累，同时在另一极，即在把自己的产品作为资本来生产的阶级方面，却是贫困、劳动折磨、受奴役、无知、粗野和道德堕落的积累。①

这两个文本之间的相似性是惊人的，甚至可以把《资本论》第1卷理解为由许多历史的和具体的证据支持的一场结构严谨的论证，证明黑格尔偶尔提出的命题虽然没有任何合乎逻辑的或能提供证据的支撑，却无疑是正确的。在马克思看来，黑格尔所描绘的内部矛盾不仅不可避免，而且离开了无产阶级革命将不会有任何内部解决方案。如果放任自流，不加抑制，那自由市场的资本主义将衰竭而终，并最终毁掉它自己财富的两个来源——劳动力和土地。这就是马克思不但试图强加给黑格尔哲学而且试图强加给其他每个人的结论。但为了使这种论证更加有力，他还不得不重提某种空间定位的问题——某个其他空间中的乌托邦解决方案——这是黑格尔提出来却并没有给予解答的问题。

这样看来，《资本论》中论证结构的另外一个特征也很有意思。《资本论》第1卷的最后一章中谈到了殖民问题。乍一看，它似乎是一种多余的追述，以补充前一章中对《宣言》的一种修辞性追忆，通过这种追忆宣告，"资本主义私有制的丧钟就要响了。剥夺者就要被剥夺了"②。但是从黑格尔的论点来看，这一章还具有特殊意义。马克思试图通过资产阶级在殖民地中所鼓吹的政策来说明，资产阶级在资本的起源和本质方面是如何与它自己的神话相矛盾的。在资产阶级的描述中（洛克就是典型的一例），资本起源于对生产者自己劳动能力的充分运用，劳动力作为商品却是通过那些由于节俭和勤奋而制造剩余资本的人与那些不这么做的人之间自由缔结的社会契约而产生的。马克思

---

① 马克思恩格斯文集：第5卷. 北京：人民出版社，2009：743-744.
② 同①874.

怒吼道：在殖民地中，"这个美丽的幻想破灭了"①。"只要劳动者能为自己积累——只要他是自己的生产资料的所有者，他就能做到这一点——，资本主义积累和资本主义生产方式就是不可能的。"②"资本不是一种物，而是一种以物为中介的人和人之间的社会关系"③，它"是以那种以自己的劳动为基础的私有制的消灭为前提的，也就是说，是以劳动者的被剥夺为前提的"④。从历史的观点来看，这种剥夺是"用血和火的文字载入人类编年史的"⑤——马克思引用书籍、诗篇以及萨特伦德公爵夫人的例子来证明他的观点。同样的事实在殖民地的土地政策中也有表述，如威克菲尔德对澳大利亚的评论，在那里，为了给资本主义剥削保存大量的雇佣劳动力，私有财产和国家的权利被用来防止劳动者方便地进入自由土地。资产阶级就是这样在它的殖民地计划中被迫承认它在家乡试图掩盖的东西，即雇佣劳动和资本都是以把劳动者从他对生产资料的控制中强制性地分离开来为基础的。这就是资本"原始的"或"最初的"积累的秘密。

这些事情与黑格尔没有给予答案的问题之间的关系需要进行说明。如果劳动者能够通过移居海外或移往某个边境地区从而回到真正非异化的生存状态（建立他们的乌托邦），那么资本主义对劳动力供给的控制就遭到了破坏。这样一种扩张的形式也许对劳动是有利的，却不能为解决资本主义内在矛盾提供任何方法。马克思在后来的文本中对这个问题给予了更强烈的关注。他首先把两种殖民地类型区别开来：

> 第一，说的是本来意义的殖民地，例如美国、澳大利亚等地的殖民地。这里从事农耕的大量殖民者，虽然也从宗主国带来或多或少的资本，但并不是**资本家阶级**，他们的生产也不是**资本主义**生产。这是在或大或小的程度上自己从事劳动的农民，他们主要是为了保证**自身的生活**……在第二种殖民地（种植园）中，一开始就是为了商业投机，为了世界市场而生产，这里存在着资本

---

① 马克思恩格斯文集：第5卷. 北京：人民出版社，2009：881.
② 同①879.
③ 同①877-878.
④ 同①887.
⑤ 同①822.

主义生产。①

在第一种殖民地中，

资本主义制度到处都碰到这样一种生产者的阻碍，这种生产者是自己劳动条件的占有者，靠自己的劳动使自己变富，而不是使资本家变富。在那里，这两种完全对立的经济制度之间的矛盾，在它们的斗争中实际地得到证实。在资本家有宗主国的力量作后盾的地方，资本家就企图用暴力清除以自己的劳动为基础的生产方式和占有方式。②

被黑格尔视为至关重要的新兴工业市场和工业领域只有通过重新创造资本主义的私有财产关系及占用他人劳动的相关权利才能实现。因此，产生劳动异化难题的根本条件重新出现了。马克思有关殖民问题的章节似乎排除了资本主义内在矛盾任何外部空间定位的可能性。马克思拒不承认殖民化（或通过任何空间定位进行扩展）会最终成为解决资本主义内在矛盾的可行之法，他显然不得不关闭了黑格尔那还有些微敞的大门，并加强了对总体革命的号召。

但是这扇门并不会一直是关闭的。黑格尔的"内部辩证法"在马克思的作品中有着连续的表现，每一次表现时，资本主义矛盾的空间解决这一问题都会被有理有据地重新提出来。有关殖民问题的这一章可能解决了《资本论》第1卷中马克思唯一关注的生产问题。不过，当马克思要表明生产要求与流通要求相冲突从而产生过度积累危机时，他在第3卷中又是怎样做的呢？两极分化呈现为这样的形式，"一方面是失业的资本，另一方面是失业的工人人口"③，结果就是两者都被贬值了。这些危机的形成可以通过地理扩张和重构加以遏制吗？正如我在其他地方（Harvey，1982）已指出的那样，马克思并没有排除这样的可能性，即外贸和外部市场增长、生产资本的输出以及随着其他地区原始积累而产生的无产阶级的扩大等因素会在短期内遏制利润率的下降。但这个短期是多久呢？如果它延续许多代（如罗莎·卢森堡在她的帝国主义理论中所暗示的），那么它对马克思理论及其此时此刻在

---

① 马克思恩格斯全集：第34卷. 北京：人民出版社，2008：335-336.
② 马克思恩格斯文集：第5卷. 北京：人民出版社，2009：876-877.
③ 马克思恩格斯文集：第7卷. 北京：人民出版社，2009：279.

市民社会中心地带寻求革命变革的相关政治实践会产生怎样的影响呢？

并且，如果工人也寻求他们自己的空间定位，那会怎么样？这样，马克思就不得不面对工人运动中日益增长的一个信念，即通过向外移民而逃到某个福地就是解决其痛苦的方法。马克思在1848年致伊加利亚——富有影响的埃蒂耶拉·卡贝所领导的一个乌托邦派系——的公开信（马林所引用，Marin，1984）中不仅坚持任何新的社会组织基础必须要存在于某地，存在于欧洲，而且认为任何逃到乌托邦王国（不存在的地方——伊加利亚）的企图都注定要失败。他指出，这些移民将很容易受到其教育中的错误和当今社会的偏见所影响，而这些错误和偏见不能够在伊加利中被根除。内在的分歧很容易被敌对的、异己的外部力量利用。而且，因为劳动分工和环境条件的根本改变而落在工人身上的负担将需要一定程度的热情和献身精神，而这些热情和献身精神必定会随着时间的流逝而消失。马克思继续敏锐地评论道：如果不具有绝对排外和宗派的性质，几十万人不可能建立并维持一种公有的生活环境。当然，最后证实这正是导致美国伊加利亚移民失败的难题（参见 Johnson，1974），因此马克思的结论就有了一些可信度：

> 对认识到个人自由原则的共产主义者——自然也包括伊加利亚人——来说，如果没有一个过渡期，即个人财产慢慢地变成社会财产的一个民主过渡，一个公有财产的共同体就像不播种就收获一样是不可能的。（Marin，1984：273-279）

对工人来说，乌托邦的渴望也许是可以理解的，但并不存在着任何实际的途径使空间定位为他们服务多过为资本服务。

三、《共产党宣言》地理学的批评性重构[①]

《共产党宣言》中的地理因素在后来的评论中在很大程度上被忽视

---

① 原标题"Problematizing the Manifesto's geography"，其中 problematize 很难找到一个简明的与之对应的汉语词语。它带有质疑之意，但又不是在否定立场上进行的。事实上，20世纪70年代以来，哈维一直强调马克思提出了某种有关资本主义空间生产的理论、资本积累的地理学，但在概念和理论结构上并不清晰。因此，重构这些空间理论或地理学也就成了哈维本人的中心任务之一。problematize 正是指批评并加以重构的一种理论活动。——译者注

了。当它成为关注的焦点时,又常常被认为在政治行动方面是没有问题的。当我们回顾这种观点时,它暗示了一个双重回应。首先,有必要承认(如《宣言》明确指出的),无论是历史上还是今天,地理的重新安排和重构、空间策略和地理政治因素、不平衡地理发展等,都是资本积累和阶级斗争动态的关键方面。同样有必要承认(以《宣言》所采用的轻描淡写的方式),阶级斗争在高度多样化的地形中以不同方式展开,承认推动社会主义运动必须要考虑到地理事实和地缘政治的多种可能。

其次,为了更加复杂地、更加精确地、更加在政治上有益地理解资本积累和阶级斗争的地理维度如何在维护资产阶级权力的永久性与对工人权利及欲望的抑制方面已经发挥并将继续发挥这样一种根本性的作用,批评性地重构《宣言》中实际的描述("概括"也许更为恰当)就具有同等的重要性了。

在下文中,我在很大程度上会把第一个回应当作一种"假定",尽管我非常明白它需要在运动中反复重申,那些运动无论怎么看也没有采纳它的某些基本含义,更不用说其全部的基本含义了。列斐伏尔(Lefebvre, 1976)也许有一点夸张,但我认为还是值得回顾一下他的某个评论,即资本主义通过唯一的方式——"通过占据空间,通过生产空间"——而在20世纪得以幸存。如果到21世纪末的时候还说这样的话,那就确实是讽刺了。

所以,在此我主要关注对《宣言》中实际描述的东西进行批评性评价。我主要从自己时代的立场而不是1848年的角度来进行(虽然——正如我偶尔指出的——即使就其时代观点来说,《宣言》也存在着一些需要商榷的地方)。在这个过程中,我将试图把涉及资本积累和阶级斗争的时空发展论据从它的黑格尔基础上分离开来。从这样的视角出发,我将提炼出《宣言》地理学的七个方面予以评论。

第一,把世界分成"文明的"和"野蛮的"民族,这种行为如果不是完全令人讨厌的,至少也可以说是不合时宜的,即使它可以拿那些时代的特性做托词。而且,与之相伴的资本积累的中心-外围普遍模式,从好的方面来讲是过分简单,从坏的方面来讲则是误导。似乎集中于一个地方(英国甚至欧洲)的资本向外扩散,从而包围了世界的其余地方。这个想法看来似乎源自对黑格尔目的论的不加批判的接受——如果充分考虑到空间,那它则是作为目的论历史过程的被动接受者——这个过程从中心开始,向外围流动,从而充满全球。资本主义诞生于何处、它是否形成于唯一一个地方，或者它是否同时出现于各种不同的地理环境中，所有这些问题都是学者们辩论的舞台，至今还没有迹象显示会达成一致意见（参见 Blaut，1977；1993）。撇开这些不说，随后的资本主义发展——至少到 18 世纪末，在欧洲，特别是在英国集中了它最自由的发展形式——还不能被这样一种传播论的思维方式包括。虽然有一些例子证明资本从中心向外围流动（比如 19 世纪晚期剩余资本从欧洲输出到阿根廷、澳大利亚），但这种描述与日本明治维新后发生的情况并不一致，也与今天韩国和中国相继实行某种内在化的原始积累形式并使自己的劳动力和产品介入全球市场时所发生的情况不符。

资本积累的地理学应该比《宣言》中所提供的传播论概述更值得认真关注。问题不在于描述本身的粗略性，而在于它未能描绘出不平衡地理发展（常常伴随着不平衡的原始积累）的一种理论，这种理论将有助于我们绘制欧洲直至全球范围内工人阶级形成和阶级斗争的动力。马克思在以后的作品中部分地纠正了这个问题。在《宣言》中至少有一丝线索暗示，应该更加辩证地解读资本在占有和掠夺全球财富的商业活动中的起源。

更加完整地、理论化地理解资本主义发展中空间/地方的辩证法也将十分有益。位置、区域、疆域如何随着变化了的空间关系而演进？例如，民族国家间（或其他领土单位间）权力的地缘政治游戏在不断变化的空间关系结构中与市场地位相互连接，这个空间关系结构反过来又因为资本主义的积累而优先考虑特定区域和领土。注意到那些不能够顺利运用空间力量来战胜封建主义的民族资产阶级如何以法西斯主义而告终（相关的例子包括 20 世纪的德国、意大利和西班牙），是很有趣的。因为这些还都是相当抽象的论点，所以我将在下文中尽力充实它们。

地球从来就不是资本积累可以在其中纵横驰骋的一个水平运动场，它曾经并且还将继续是一个高度多样化的表面，包含着生态、政治、社会及文化的千差万别。在不同的发展阶段，资本流找到一些比其他地方更容易占据的地域。在与资本主义世界市场的遭遇中，一些社会形态适时地进行调整使自己积极地介入资本主义市场交换的形式中，其他社会形态则没有这样做，其原因多种多样，但结果却非常重要。虽然是由与市场网络的接触而推动的（这种市场网络日益将全球绑在一起形成一个经济联合体），但就某个非资本主义的统治阶级而言，原始或"最初"积累能够而且已经在不同的地方、不同的时间发生,即使其结果是全球性的,但是原始积累如何发生、在何处发生则取决于当地的条件。例如,现在在日本有一个普遍的信念,即1960年以后日本商业的成功部分归功于它的非竞争性以及中国所持的闭关姿态,而当今中国力量介入资本主义世界市场,这对反对食利性经济的、作为制造商的日本来说则意味着厄运。资本主义世界历史经常会运用这种偶然性而非目的论。此外,资本积累的全球性提出了分散的资产阶级权力(以及与非资本主义统治精英的复杂关系和联盟)这个问题,恰恰由于它的多重地点性,这个问题在地缘政治学上将会更加难以处理。马克思本人后来很担心这个政治可能性。1858年他在梅斯扎罗斯(Meszaros,1995:XII)非常重视的一个段落中写道:

> 对我们来说,棘手的问题在于:欧洲大陆上的革命马上就要来临,它立即会呈现出社会主义的特点;在这个世界的小角落中,它未必不会被镇压,因为资产阶级社会的发展在更广大的地带仍然居优势地位。

反省一下世界范围内居优势地位的资产阶级权力的地缘政治策略所成功包围和镇压的社会主义革命数目,是具有警示作用的。

第二,《宣言》正确强调了通过交通和通信的创新与投资来减少空间障碍对维持和发展资产阶级权力是必不可少的。而且,这一主张指出,这是一个正在形成的而非已经完成的过程。在这一方面,《宣言》极有远见。正如马克思后来强调的,用时间去消灭空间深深地嵌入资本积累的逻辑中,并伴随着空间关系中虽然常常显得粗糙但却持续的转型,这些转型刻画了资产阶级时代(从收费公路到铁路、公路、空中旅行,直至赛博空间)的历史地理特征。这些转型削弱空间的绝对性(常常与封建主义相联系),强调空间关系和地方优势的相对性,并因此使李嘉图关于贸易中的比较优势学成为一个高度动态的而非稳定的事件。此外,商品流的空间轨迹必须要从资本流、劳动力流、军事优势、技术转让、信息流等方面来绘制。在这一方面,《宣言》并非错误,而是其先见之明未得到正确评价。

第三,《宣言》最缺乏的一个方面也许就是没有关注世界领土组织,特别是资本主义的领土组织。比如,如果国家作为"资产阶级的一个执行机构"是必不可少的,那么,国家就必须从领土上加以确定、组织并管理。《宣言》的概述引起了人们的兴趣，却过于简略。财产的集中和资产阶级政治优势的兴起把"各自独立的、几乎只有同盟关系的、各有不同利益、不同法律、不同政府、不同关税的各个地区，现在已经结合为一个拥有**统一的**政府、**统一的**法律、**统一的**民族阶级利益和**统一的**关税的**统一的**民族"①。

虽然主权独立国家共存的权利在1648年《威斯特伐利亚和约》中就作为欧洲一个（特别不稳定的）规范而确定了，但是正如民族国家形态的内部过程一样，这个原则在全球经过了几个世纪才完全普及。1848年，"统一起来"在德国和意大利还没有发生。在世界绝大多数其余地方，这个原则直到现在都还没有实现。19世纪是领土定义的伟大时期（多数的国家边界线是在1870年至1925年之间确立的，而且这其中的大多数还是由英国和法国单方面绘制的——1885年对非洲的瓜分就是最惊人的例子），但是国家形成和巩固又是领土定义以外的一个完全不同的阶段，事实证明它是一个长期扩展的且常常不稳定的事态（特别是在非洲）。只是在1945年以后，非殖民化运动才推动全世界的国家形态有些接近《宣言》中设想的高度单一化模式。此外，交通和通信的变革以及阶级斗争的不平衡发展与天然资源的不平衡分布造成了某种相对性，这意味着领土构型不能保持长期稳定。商品流、资本流、劳动力流及信息流总是会使边界变得可以渗透。偶然性在此起着极大的作用（包括领土重组和再定义的阶段），从而破坏了任何一种简单的目的论解释（这类解释来自黑格尔，仍然可以在有关未来必然会是什么样的资本主义或社会主义这两种观念中找到）。

第四，国家只是对积累和阶级斗争动力产生影响的众多调节机构中的一个。货币和金融也必须要被赋予首要的地位。在这一方面，有一些令人感兴趣的问题，《宣言》对这些问题保持沉默，我猜想，部分原因在于作者对货币、生产、商品交换、分配和生产尚未形成根本性的洞见（这些内容在《1857—1858年经济学手稿》导言中才概念化）。但同样也可能是作者当时面对两种主要的激进思想派系时充满了矛盾，这两种激进思想派系分别是圣西门主义者的激进思想——他们视资本联合和信用集中为一种解决方法，以及强调分权管理和信用合作社的

---

① 马克思恩格斯文集：第2卷. 北京：人民出版社，2009：36.

无政府主义思想（如蒲鲁东）——这种思想对手工业者和小商品生产者具有很强的吸引力。可以从两个方面看待此事（这里我把货币和信用的问题看作既是象征性的又是根本性的）。我们可以把世界货币解释成某种价值的普遍代表，不仅领土与之相关（通过它们自己的货币），而且资本主义生产者在衡量他们的业绩和利润率时需要遵守。这正是一种功能主义的、非辩证法的观点。这种观点使价值看起来像某种飘忽不定的抽象观念一样盘旋在个人和国家的行为之上（顺便说一句，这是当代新古典主义全球化意识形态中起作用的、占统治地位的观念）。在《资本论》中，马克思以不同的方式来理解世界货币，作为一种价值代表，它产生于物质行为特殊性（具体劳动）与价值普遍性（抽象劳动）之间的辩证关系，前者发生于特定的地点和时间，后者完成于商品交换变得如此广泛和普遍以至于成为一种正常的社会行为时。但各种机构在普遍性和特殊性之间起着调停作用从而使那些原本会成为流沙的东西在表面上获得秩序和永恒。于是，中央银行、金融机构、交换体系、国家支持的本国货币等就成了世界市场上货币的普遍性与眼下在我们身边发生的具体劳动的特殊性之间的强大调节者。这样的调节机构同样会经历变化，例如，当权力在日元、马克和美元之间变动，或者当新机构（如1945年以后的国际货币基金组织和世界银行）涌现出来承担新的调节作用时。

  这里的问题是，局部的和特殊的条件与在世界市场上实现的价值普遍性之间的关系总是悬而未决的，并且这种内部关系由本身就获得某种独立力量的制度结构所调停。这些调停机构常常以领土为基础，并在重要方面具有偏见。它们对决定某些具体劳动和阶级关系发生于何处起着重要作用，有时甚至能够通过指挥资本积累和资本流动来控制不平衡地理发展的模式。考虑到19世纪40年代全欧洲银行业和金融业的重要性（路特希尔德家族在1848年革命中是突出的代表）及圣西门主义者关于联合资本的力量可以改变世界的政治经济学理论，尽管《宣言》中关键的政治提议之一就是"通过拥有国家资本和独享垄断权的国家银行，把信贷集中在国家手中"①，但缺乏对货币和金融的调停机构进行分析也让人吃惊。后来的一些陈述〔除马克思以外，列宁、希法亭和其他许多人都对此做了说明，参见我（Harvey, 1982）

---

① 马克思恩格斯选集：第1卷. 3版. 北京：人民出版社，2012：421-422.

的概括]也许有助于详细阐述这些事情,但《宣言》则是偶尔提及金融和货币资本在组织资本积累的地理动力方面的作用,这可能就是其不经意的、令人遗憾的遗产之一(在希法亭1910年的指导性著作和20世纪70年代早期之间,几乎没有任何关于这个主题的著述)。

第五,坚持认为资产阶级革命使农村屈从于城市,认为工业化和快速城市化的过程为更加统一的工人阶级的政治奠定了基础,这个主张非常重要。归根结底,这个主张强调,对阶级斗争来说空间组织的生产不是中立的。不管我们对《宣言》中关于这些动态的概括如何挑剔,这仍是一个至关重要的原则。具体的陈述如下:

> 无产阶级经历了各个不同的发展阶段。它反对资产阶级的斗争是和它的存在同时开始的。最初是单个的工人,然后是某一工厂的工人,然后是某一地方的某一劳动部门的工人,同直接剥削他们的单个资产者作斗争。……在这个阶段上,工人是分散在全国各地并为竞争所分裂的群众。工人的大规模集结,还不是他们自己联合的结果,而是资产阶级联合的结果……但是,随着工业的发展,无产阶级不仅人数增加了,而且结合成更大的集体,它的力量日益增长,而且它越来越感觉到自己的力量。……单个工人和单个资产者之间的冲突越来越具有两个阶级的冲突的性质。工人开始成立反对资产者的同盟……这种联合由于大工业所造成的日益发达的交通工具而得到发展,这种交通工具把各地的工人彼此联系起来。只要有了这种联系,就能把许多性质相同的地方性的斗争汇合成全国性的斗争。①

这个描述把握了19世纪大多数时期阶级斗争发展的共同道路。在20世纪还有大量的例子(韩国的工业化就是其中一个),可以从中发现类似的道路。但是,说它是一个有用的描述性概括是一回事,而认为它是实现社会主义过程中阶级斗争所必经的阶段则是另外一回事了。

而且,如果像我所建议的那样把它理解为对空间组织在阶级斗争中的非中立性的令人信服的陈述,那么由此可以得出结论,即面对明显威胁其存在的阶级力量的兴起时,资产阶级也可以发展它自己的空

---

① 马克思恩格斯选集:第1卷. 3版. 北京:人民出版社,2012:408-409.

间策略：分散、分而治之、在地理上瓦解它们。除了上面引用的段落，我们还发现了另外的警示性陈述："无产者组织成为阶级，从而组织成为政党这件事，不断地由于工人的自相竞争而受到破坏。"① 有大量的例子可以反映资产阶级如何运用这些策略来达到那种效果。从19世纪晚期美国城市中的制造业由中心向郊区分散以避免无产阶级力量的集中，到当前凭借生产过程在空间的分散和分裂来对付联合力量（自然，这大多数是对所谓发展中国家而言的，那里的工人阶级组织最为薄弱），这已经被证明是资产者努力增强自身力量的一个强有力的武器。不同空间的工人竞争加强了资本主义优势，更不用说工人阶级运动内部的地方主义和民族主义问题了（第一次世界大战中第二国际的立场就是最突出的例子）。大体上，我认为这样说是公正的：工人运动比较擅长指挥场所和领土而不是控制空间性，其结果就是资产阶级运用它的空间花招的优势力量打败了以地方为限的无产阶级/社会主义革命（比较上文引用的马克思1858年的担忧）。最近通过"全球化"对工人阶级的力量形式在地理和意识形态上形成威胁就非常有力地证明了这一论点。虽然这一切并非与《宣言》的基本观点相背离，但是它当然不同于《宣言》对阶级斗争动态的实际概述，那一概述为1848年欧洲背景下社会主义的发展提供了阶段模式。

第六，贯穿《宣言》的一般假设是，革命行动的关键在于因迅速城市化而产生的工业无产者。但是，即使在当时，忽视乡村、农业和以农民为基础的运动的革命潜能看起来肯定也不成熟（托尔普德尔蒙难者都是农业劳动者，他们竭尽全力试图在多塞特形成一个联盟，结果还是被放逐到澳大利亚；法国乡村的许多地方在1848年充满了法国大革命时期使他们成为主要斗士的相同的革命情感）。不要说由小商品生产者、种植园工人和其他农业劳动者所发动的斗争，就是随后相当长的农民斗争和游击战争史就已使人们对《宣言》在何处能够发现革命作用（和反作用）潜能的主要假设提出质疑。

第七，这就把我们带向了《宣言》的遗产中最成问题的要素之一："无产者"（working man）和"劳动力"（labor power）在高度多样化的地理领域内的同质化是反对资本权力的恰当基础。虽然"全世界的无产者联合起来"［经过适当修改以消除它的性别预设（working man

---

① 马克思恩格斯文集：第2卷. 北京：人民出版社，2009：40.

含有男性工人的含义，故有性别预设之说）]① 仍然是对资本积累全球化策略的唯一相称的反应，但是实现那个反应并使之概念化的方式仍然需要严格审查。这一主张的中心思想在于，相信由资本家所强加的大工业和雇佣劳动（英国的情况与法国的情况相同，美国的情况与德国的情况相同）剥夺了工人阶级的"全部民族性"。结果：

> 工人没有祖国。决不能剥夺他们所没有的东西。因为无产阶级首先必须取得政治统治，上升为民族的阶级，把自身组织成为民族，所以它本身还是民族的，虽然完全不是资产阶级所理解的那种意思。
>
> 随着资产阶级的发展，随着贸易自由的实现和世界市场的建立，随着工业生产以及与之相适应的生活条件的趋于一致，各国人民之间的民族分隔和对立日益消失。
>
> 无产阶级的统治将使它们更快地消失。联合的行动，至少是各文明国家的联合的行动，是无产阶级获得解放的首要条件之一。
>
> 人对人的剥削一消灭，民族对民族的剥削就会随之消灭。
>
> 民族内部的阶级对立一消失，民族之间的敌对关系就会随之消失。②

这个指导性观点非常著名，但这里无疑有许多如意算盘。充其量，《宣言》只是勉强承认，社会主义者开始掌权后最初采取的措施"在不同的国家里当然会是不同的"③。它还指出政治主张在从一种环境转换到另一种环境的过程中，会产生怎样的难题——德国采用了法国的主张，并稍作改变以适应他们自己的、并没有得到很好发展的环境，因而就产生了马克思所严厉批判的德国式的社会主义。于是，在实际的政治世界中就存在着对不平衡的物质条件和当地环境的某种敏感。《宣言》最后部分关注了法国、瑞士、波兰和德国的不同的政治情形，马克思和恩格斯从中推测出，共产主义的任务就是统一这些不同的事业，在差异中确定共同性，并进行一项全世界无产者在其中联合起来的运动。但是要这样做就必须严重依赖资本的力量，这种力量根除并摧毁

---

① 在本文中，我们没有按照英文把 working man 译为"工人"，而是按照《共产党宣言》标准译成"无产者"。——译者注
② 马克思恩格斯文集：第2卷. 北京：人民出版社，2009：50.
③ 马克思恩格斯选集：第1卷. 3版. 北京：人民出版社，2012：421.

了以地方为限的地域忠诚和纽带。

我认为可以从两方面来理解当代条件。一方面，《宣言》坚持——在我看来是正确的——抵抗资本主义、实现社会主义的唯一方法就是通过一场全球性的斗争，在这场斗争中，一步步地由地方到国家再到全球所完成的全球工人阶级的形态会获得充足的力量和在场来实现自己的历史潜力。在这种情况下，共产主义运动的任务就是想方设法地、不计成败地去集合各种高度分化的、常常是地方性的运动，使它们朝着共同的目标努力（比较 Moody, 1997；Herod, 1997；1998）。另一方面就有点机械化了。它认为，由于资产阶级的发展、工人阶级人口以及由此引起的政治抱负和运动的非地方化、非国家化，国家差异和分化会自动消失。共产主义运动的任务就是为资产阶级革命的终结做准备，并加速它的进程；教育工人阶级认清自己处境的真正性质，并在此基础上组织它们的革命潜能从而建立一种替代方案。这样一种机械论解读在我看来是不正确的，即使能在《宣言》中找到实质性依据。

主要困难在于假定资本主义的工业和商品化会导致就业人口的同质化。当然，也存在一种不可否认的认为它正确的见解，但那种见解没有意识到资本主义同时进行的分化工人的方式，它有时会依靠古老的文化特性、性别关系、种族偏爱和宗教信仰。资本主义不仅通过资产阶级明显的分而治之的策略发展，而且还通过把市场选择的原则转变为集团划分的机制来实现这个目的。其结果就是在资本主义的地理景观中植入了形形色色的阶级、性别和其他的社会划分。诸如城市和郊区之间、区域之间及国家之间的各种划分都不能被认为是某个旧秩序的残余，它们不会自动消失。它们是通过资本积累和市场结构的分化力量而主动制造出来的。通过阶级斗争的机制以及自为的资本和雇佣劳动机构，以地方为限的忠诚扩散了，并在某些方面得到了加强而不是瓦解。阶级斗争实在太容易分化成一系列地理上分裂的社群利益，太容易被资产阶级权力左右或是被新自由主义的市场渗透机制利用。

《宣言》存在着一种对资本力量具有潜在危险的低估，在通过雇佣劳动和市场交换而实现的全面同质化中，资本具有粉碎、分割及区分的能力，吸收、改造甚至恶化古老文化差异的能力，制造空间差异、进行地缘政治动员的能力。而且同样还存在着一种对劳动力动员方式的低估，劳动力通过领土组织形式动员起来，并在动员的过程中建立以地方为限的忠诚。共同性和差异性的辩证法尚不能以《宣言》的概述所暗示的方式达到令人满意的效果（假设它曾经能够做到），即使其团结起来的基本逻辑和指令是正确的。

参考文献

A. Herod, "Labor as an Agent of Globalization and as a Global Agent," in K. Cox, ed., *Spaces of Globalization: Reasserting the Power of the Local* (New York, 1997), pp. 167–200.

——ed., *Organizing the Landscape: Geographical Perspectives on Labor Unionism* (Minneapolis, 1998).

C. Johnson, *Utopian Communism in France: Caber and the Icanians* (Ithaca, New York, 1974).

D. Harvey, *The Limits to Capital* (Oxford, 1982).

G. W. Hegel, *Philosophy of Right* (New York, 1967).

H. Lefebvre, *The Survival of Capitalism* (New York, 1976).

I. Meszaros, *Beyond Capital* (New York, 1995).

J. Blaut, "Where was Capitalism Born?" in R. Peet, ed., *Radical Geography* (Chicago, 1977), pp. 95–111.

—— *The Colonizer's Model of the World* (New York, 1993).

K. Marx, *Capital*, Volume 3 (New York, 1967).

——and F. Engels, *Manifesto of the Communist Party* (Moscow, 1952).

——and F. Engels, *Collected Works*, Vol. 16 (New York, 1980).

K. Moody, *Workers in a Lean World* (London, 1997).

L. Marin, *Utopios: Spatial Play* (London, 1984).

S. Avineri, *Hegel's Theory of the Modern State* (London, 1972).

第三编　晚期资本主义的空间批判：
　　　　索亚的空间理论

第8章 论非正义地理的产生*

[美]爱德华·W. 苏贾 著
高春花 强乃社 等译

作为一种结果与过程，我们可以从多重视角和不同社会层面来研究如何寻求空间正义。从最广泛的层面来说，非正义地理包含了人类身体，正如已讨论过的堕胎、肥胖症、干细胞研究、器官移植、性生活或者人的外显行为。从另一极端层面来说，地球的外部地理环境到处都充斥着空间角度的环境正义缺失，其中，由社会原因造成的气候变化与全球变暖则使这一非正义现象愈演愈烈。人体与地球环境有效地界定了空间正义（或非正义）概念的边界以及人类围绕着地理而展开的斗争，我们对此问题不做深度探讨。

接下来我们要关注因果地理如何在这两极空间中出现，即包含从米歇尔·福柯所谓的"住处的小策略"，到地区、国家乃至全球地理环境不平衡发展的表现形式。要侧重于研究正义或非正义在哪里出现、以怎样的方式出现及其具体案例，这样有助于为空间正义提供扎实的研究基础，而不是使研究处于空想状态，也不是一味地呼唤人权与激进的革命。

这里尤为重要的是城市环境及其状况。全世界大多数人目前都生活在城市，就重要性而言，若将空间正义或非正义置于一定的环境中，

---

* 原载：爱德华·W. 苏贾. 寻求空间正义. 高春花，强乃社，等译. 北京：社会科学文献出版社，2016：29-63. Edward W. Soja, "On the Production of Unjust Geographies," in *Seeking Spatial Justice* (University of Minnesota Press, 2010), pp. 31-67. Copyright 2020 by Edward W. Soja.

必须将研究定位在两个方面：一方面是城市生活的具体环境，另一方面则是人类以集体的形式公正地使用城市提供的社会资源与便利条件。正如在引言中提到的那样，具体的城市环境以及与城市环境相关的正义或非正义，并不局限于某一特定区域范围内。城市生活巢居于许多不同的地理环境之中，凌驾于城市本身的行政空间之上，或归属于城市本身的行政空间管辖。

这就为寻求空间正义设定了地域性、民族性与全球性的发展方向，同时更为直接和详尽地用本土化方式表达了何为空间正义。"多标量城市观"概念虽然还鲜为人知，但它不仅是理解"批判性空间观"范畴的关键，而且在研究空间正义或非正义的发展过程中起到了重要作用。导致非正义地理产生、蔓延及影响的方式多种多样，本文将从概念范畴与经验主义范畴来探讨正义或非正义的空间性。论证在三个各不相同却又相互重叠的社会行为领域展开，这三个领域可以被粗浅地定义为外因空间、内因空间与交汇空间（宏观空间与微观空间交汇形成的空间，或称为全球空间与地区空间交汇形成的空间）。研究的目的并非就以上具体的话题展开冗长的细节描述，而是由此来描述人与自然斗争的多面性，同时从空间正义的角度来举例论证。

一、外在地理与空间政治组织

由上可知，地球上每一寸土地均被宏观空间机构层层占用，这些机构的出现不仅出于管理便捷的需要，也出于政治权力、文化统治的需要，以及对个人、集体和对他们赖以生存的空间进行控制的需要。这些由外因产生的地理，其范围包含：第一世界、第二世界及第三世界，主权国家的政府内部结构，国家内部政治与行政管理区域和边界组成的密集网络。无论人们生活在哪里，这些区域和边界都会对人们的日常行为造成影响。于是，这些过分强加的（或被称为外在的）地理就导致了非正义地理的产生。

1. 巴黎郊区

穆斯塔法·迪克的经验主义作品重点描述了受移民影响的巴黎郊区。他对空间正义的探讨建立在"正义与空间想象"之上。这些人口稠密的城市内部郊区曾经是城区的发源地，2005年秋季出现了猛增势头。在作品中，迪克情景交融地描述了这些移民的斗争，并将移民的骚乱称为"共和国的荒原"[1]。这些真实与假象交融的荒原，首次揭露了物质结构与象征结构——迪克将其称为非正义或空间性的非正义。

"郊区"这一术语被极具迷惑性地直译为"受到禁锢的土地"，但事实上，"郊区"这一术语来自bann的古义。如今，bann这个词在教会宣称的婚姻禁锢中依然存在，在中世纪时期（欧洲5世纪至15世纪）bann这个词通常出现在城市的入口处，告诉初来乍到的人何为"文明"、何为"城市生活"。bann是城市文明的边界线，其主题包含如何清理垃圾、何为城市居民的政治权利。然而就在最近，"郊区"开始指代围绕在城市外围的内部郊区，通常是原城墙所在地。从某种程度上讲，这些所谓的内部郊区标志着城市文化的兴起。

巴黎周围的"郊区"拥有极为有趣的地理历史。在很大程度上，"二战"后，随着巴黎大多数工人阶级搬出市中心，一个人口稠密且呈超大环形的内部郊区逐步形成。观察家声称，这是瓦解工人阶级对市中心控制过程的必不可少的一部分，同时也是使巴黎市中心服从于中产阶级、服务于全球旅游业应尽的职责。而将工人阶级从巴黎市区核心地带"净化"出去的做法，从许多方面讲，是城市空间的一场变革，与19世纪奥斯曼男爵设计的巴黎林荫大道所导致的城市空间变革一样极具戏剧性。显然，这一高效的变革导致了由社会所操控的空间体系迅速攀升，尤其对城市贫困人口产生了主要影响。

战后经济的发展与城市空间的进一步重建使巴黎"郊区"发生了重要变化。法国国内人口不断增加，人口开始向城市外围的中产阶级聚居区迁移。外来移民与前殖民地居民占据了原本属于这些人口的聚居地，因此，这些人口只能居住在落后的高层建筑中，这样一来就导致了经济排斥性不断升级，公共意识淡漠以及文化、政治两极分化。随着这些变化的出现，非正义城市地理现象在巴黎不断升温，骚乱也此起彼伏。1968年5月，巴黎的楠泰尔区发生了骚乱与示威游行（楠泰尔是一个发展很快的城市近郊区，毗邻巴黎新商业区拉德芳斯）。1968年前后，法国制定的城市政策使这些本已恶化的状况愈演愈烈。这些政策表面上看起来充满了民主理想与原则——包括政府对列斐伏尔的《城市权利》（*Le Droit à la Ville*）[2]一书概念的解读以及对公民城市权利的解读——口头上说得好听，但事实上，这些政策不断受到共和思想的束缚。共和思想拒绝承认社会经济与城市空间构造之间的差异，认为在法国法律之下人人平等。在很大程度上，无论是少数民族还是主体民族，无论是移民还是土生土长的当地人，无论贫富，都是平等的。在法国政府的城市政策中，推行城市权利绝不仅仅是警察与政府维系社会治安这么简单，这在美国被称作"法律与秩序"。

从这种根深蒂固的文化与意识形态视角来看，以种族、阶级或空间地理位置为基础，无论是正面的还是负面的歧视都是不正确的。然而，从地理角度而言，大面积的贫困问题、失业问题、社会排斥问题在公共政策中几乎没有体现，或者说很难从其字里行间看到，这就导致了环境变化无常。2005年，骚乱终于像火山一样爆发，尾随其后的便是在巴黎与其他法国大城市中爆发的骚乱，这样，空间非正义的严重问题浮出水面。

一系列城市骚乱将原本隐藏在正常且自然的地理环境下的对空间的剥夺以及空间非正义推上历史舞台，摆在了公众面前，揭露了以种族、阶级与性别为基础的特权机构，同时也揭露了其他形式的社会歧视与压迫。巴黎见证了一个又一个具有历史意义的重要瞬间：1789年法国大革命攻占巴士底狱、1848年起义、1871年巴黎公社成立、1968年5月发生的具有典范意义的事件以及2005年的移民骚乱。

其他城市也有类似事件发生。诸如1992年洛杉矶骚乱等一系列事件。洛杉矶事件开创了美国历史上城市暴乱的高峰。资本主义制度具有高度灵活性，其新自由主义的全球化与新的经济模式导致了负面的社会空间影响。洛杉矶事件就是早期以暴力形式反抗这种负面影响的典型案例。接下来便进入了对暴力事件的监控期，人们快速撤离到安全之地，例如"铜墙铁壁般的"住宅区。与此同时，该事件也导致草根阶层结成同盟，人们纷纷开始实践空间正义理论与空间非正义理论。

生活在郊区和所有城市中"荒原地带"的移民受到严格限制，由此产生的一系列问题生动地表现了城市非正义的空间性（作为后果），以某一机构的利益为出发点，非正义因素主动注入城市地理（作为过程），而后又注入地方政府与国家政府。寻求空间正义并不仅仅指鼓动巴黎人民起义，或在2005年组织草根阶层结盟，也不是指1968年事件。尽管实现空间正义并不是主要的驱动力，但是，通过批判性空间视角解读曾经发生过的一切以及广泛地展开地理上的想象，人们对传统的空间评论有了更敏锐的领悟。该案例从经验主义的角度对如何寻求空间正义进行了多层次、多角度的探讨。

2. 殖民时期与后殖民时期的地理

巴勒斯坦文化批评家爱德华·赛义德说："任何人都不能完全脱离与地理的斗争。"他认为，人与地理之间的斗争不仅是军事力量的表现形式，而且是理念的表达、意象及想象的体现。赛义德的作品涉猎甚广，包括文化与帝国主义、政治的剥削性、殖民时期的地理以及后殖民时期的地理等。这些作品为以政治地理为手段探讨空间正义的生产方式提供了概念性依据。

赛义德是在20世纪占主导地位的文化评论家和后殖民主义思想家之一。他的卓越之处在于率先采用了批判性空间视角，极具创造力与洞察力。他用自传体叙事手法，从历史与反殖民视角，直奔地理主题。在揭示以欧洲为中心的东方主义的"想象地理"（imaginative geographies）时，赛义德重点诠释了地域掠夺的空间理论、军事占领、文化控制、经济剥削以及普遍存在的反抗。这一切都已渗透到东西方的关系之中，决定了世界的殖民格局。

赛义德在福柯的基础上发展了想象地理这一概念。福柯在赛义德（及其他许多学者）的批判性空间想象理论形成的过程中起了至关重要的作用。福柯对于权利与社会控制的微观地理的探索，不仅是主宰与控制政治问题的一种模式，也是促成政治抵抗与行为的一种途径，这就为赛义德从个人、政治及空间的角度来分析殖民者与被殖民者之间僵持的矛盾提供了灵感。正如赛义德所说，离开了与空间的形成、空间的划分以及空间的政治组织相关的物质形成与想象过程，就无法解读殖民主义与帝国主义。社会生产的（非）正义的形成也是如此。

在赛义德看来，以欧洲为中心的东方主义殖民力量与想象地理，从文化的角度解读了其他殖民地国家作为附属品或低等品的形成，往往在既定的空间中用诗歌或政治的形式加以表达。社会控制的殖民空间包括教室、法院、火车站、市场、医院、街道、教会，甚至是私人住宅等，在日常生活中无处不在。社会控制的空间范围很广，包括地理政治空间、行政管理以及公共建筑的修筑地点与土地分配。由此出现的现实与想象的地理、殖民占领中的物质空间、具有象征意义的空间以及等级森严的空间与导致这一切出现的过程，融入了圈地、排斥、统治与纪律控制。

赛义德的贡献在于，他诠释了空间政治组织如何通过其物质表现形式与代表性假想造就了具有压迫性的非正义地理的诞生。在遵循福柯之路并且对后殖民主义格局怀抱希望的同时，赛义德也承认由政治权利产生的非正义地理为抵抗运动与潜在的解放运动打下了基础。重要的是，空间正义是一把双刃剑，无论是正义的空间性还是非正义的空间性都具有极强的压迫性与潜在的解放力量，接下来我会用更翔实的例子加以说明。

3. 非正义的选区划分

空间政治组织是如何不断地制造空间（非）正义性的呢？这一点在选举时的选区划分中可见一斑。选区是社会的产物，是极易操控的空间，其影响既可以是公平公正的，也可以是极具歧视性与非正义的。若要划定一条公平与民主的选区界限，理想的解决方式便是划定面积大致相同、紧密相连而又邻近的区域，这些区域反映出人口总体分布与构成，并且确保每张个人选票均为有效票，真正体现"一人一票"的制度。但是，每当选举到来时，即使是民主的选举，也会涉及政治权利中的等级差异，这就使得理想的选举状况出现畸形与偏差。空间政治组织有目的地操控选举就导致了偏差的出现。

空间政治组织操控选举最明显的例子就是非正义的选区划分：埃尔布里奇·格里的例子最能说明这一点。1810年至1812年，格里任美国马萨诸塞州州长。该州是一个亲共和党而反对联邦的地区，它在一家报纸漫画中的卡通形象就像一条扭动的火蛇一样（有人称之为"格里蛇"）的怪兽。这条火蛇长着龙一样的脑袋，张牙舞爪。在1842年、1962年和1985年，最高法院的一系列判决指出，当空间策略被用来支持个人或者某个政党从而反对另一个政党时，这种非正义的选区划分是不合法的，也是不平等的（或者用我们的话来说就是有失正义）。然而人们继续使用这种策略，甚至，该策略被使用得更加娴熟，甚至具有欺骗性，尤其是电脑程序发明以后。电脑程序能够利用区域地理设计，使空间利益最大化。

用福柯的术语来说，赋予权力中的三种微观技术，已被人们识破。人们用这三种微观技术来划定不公平的国会选举区。这种过度选举，或者说打包选举，其策略主要集中于某些地区的反对党（或者一些民族群体）的选举权上。选举中的废票策略是通过在选举中进行干扰来削弱反对党的竞选力量。这种具有欺骗性的做法仍然属于"格里蛇"的表现形式——它形成了怪异的选区界线,用以支持某个党派或团体,压制另一个党派或团体。从司法与民主的角度,这些做法都是非正义的,其实际存在的案例则一直处于法庭的审理过程之中,也许还会持续审理下去,这是因为很难得出理想的裁决。选区地理这个概念总会带有些许非正义色彩,而这些非正义色彩会进一步加剧选举人群中的文化差异与政治差异。

在空间政治组织中,经常存在的情况是复杂的选区地理具有两面性特征:重新划分选区界限既会产生积极影响,也会产生消极影响。这本身就表明了在某些特定的人群中存在着不公平的划分尺度。有时,积极的与消极的目标在一个微细的平衡点之间融合,这就很难判断空间上是否具有正义性。例如,最近美国得克萨斯州允许该州的立法机关可以根据政党的需求来重新划分选区,不影响少数民族的公平选举权即可。尽管这种做法既不合法也不民主,但这项决议在2006年6月还是得到了保守的最高法院大多数人的支持,而这些人认为,此项决议不存在种族歧视。

4. 南非的种族隔离

形成非正义地理的另外一个极端是种族隔离。这种空间或者区域控制与之前所提到的南非共和国种族主义统治密切相关。现在指向文化统治与文化压迫,而这源于对种族隔离及其界定划分的空间政策。种族隔离在方式上是由地理斗争引起的。通过立法、意识形态的合理化以及制止暴力政治行为等手段,南非的空间政治组织重新组合,从1948年开始,南非共和国步入了种族隔离及划分严格边界的等级社会,这个等级社会一直到20世纪90年代中期才和平瓦解。

正如民族国家所描述的那样,种族隔离包含了为具有统治权的白人精英而特别设立的隔离行政区,其中大部分是最发达地区,同时,它将大部分非洲人口安排在被称为"家园"的边缘地区,其作用是经济上直接获取隔离区的劳动力资源。更深的空间歧视体现在由白人控制的城市之中的隔离,它将城市空间分割成不同的街道,一旦认为有必要进行空间"净化"时,就驱逐长期居住在那里的非洲人种、有色人种(混合人种)以及亚洲人种的居民。南非的这片"坏土"(迪克描述巴黎郊区时惯用的术语)严格限制了人们的日常生活,同时,也限制了城市、地区以及国家政治，就像使其身着一件受空间制约的紧身衣一样。

南非共和国是非洲人独立领导的国家，种族隔离政策的持续影响体现在该国的现代城市景观中。在该国约翰内斯堡市，这里曾经是富有的白人居住的空间，而现在则是黑人精英的住所。约翰内斯堡的一个又一个街区、一条又一条街道，现在仍然被高墙围栏圈占起来，有人看守，就像城堡在抵御外来入侵一样。在经济发展景观的另一端有西南部的城市索韦托，它的名字源于其独特的设计，寓意为容纳非洲人口。索韦托就像一个"城中之城"，虽然已经是人口密集的城市化区域，是核心，但依然处于边缘地位（从某种意义上讲是郊区）。约翰内斯堡在贫困与隔离中创造性地生存下来，城里城外皆是如此。在我所了解的其他城市中，没有任何一个城市像这座城市一样极端分化，尽管在今天，世界上几乎每一个主要城市都存在着"城堡与贫民区"的"都市对立"。

在殖民者与被殖民者对峙的过程中，种族隔离（也就是种族歧视）早已成为一种惯例，它是控制人口的一种手段，由此导致经济优势资源的分配不成比例，种族隔离的空间政策就此形成。这种政策使各种族长期处于分离状态，它是一种抽象概念，统治着少数民族的意识形态，同时相对于少数民族所处的劣势空间，种族隔离又是一种复杂的政策。资本主义贪婪的需求塑造了殖民地地理，资本主义力量虽然强大，但不是塑造南非与其他殖民地国家社会生活空间性的原始动力。

对殖民地地理的加强便是批评家所谓的对"不发达国家"开发的重要组成部分，它通过残害殖民地"他者"的意识形态而将其合理化（一种赛义德式的东方主义）。从批判性空间视角来看，"不发达"的过程包括：构筑歧视性的城市与地区环境，建立一个对空间具有约束性的政治组织，将其固定在一个持续的地理位置，对其进行文化统治与经济压迫。从殖民主义开始，它一直是第一世界与第三世界关系的核心（也是外围）。甚至在殖民地独立后，不发达国家的非正义地理与殖民控制还一直存在，几乎不可能被彻底根除，这就是所谓的后殖民主义。

5. 占领巴勒斯坦

时至今日，控制与统治在殖民地地理和后殖民地地理中仍不断产生，从巴以领土争端可见一斑。从发生在更广泛地区的暴力事件来看，阿拉伯-以色列交界地带虽然土地肥沃，但从意识形态来看，该地区的局势又非常紧张，为创新性地研究受压迫的地理环境与空间非正义提供了良好的素材。最擅长研究该问题的当代研究者之一是易亚尔·魏茨曼。他不仅是一位建筑师、设计师，还是一位出色的空间分析批评家。在《空地：被占领的以色列建筑》（Hollow Land：Israel's Architecture of Occupation）[3] 和其他作品中，魏茨曼描述了以色列军队如何由表及里地逐步渗透到建筑环境中，在推倒地表上修建的隧道（该隧道可以穿过巴勒斯坦住户的起居室通往现有的城墙）后，修建新的城墙与防御工事，用以分离居民，伊芙塔其尔和雅克比称之为"爬行的种族隔离"[4]。

以色列与巴勒斯坦之战是针对空间与领土发动的战争，不仅是荷枪实弹的战争，还是一场意识形态的战争。空闲时，以色列军官们讨论吉勒斯·德勒兹、加塔利以及其他城市空间理论专家（包括爱德华·赛义德）的最新哲学著作。魏茨曼把他们的讨论拍摄下来，目的是提高他们那高超的策略与先进的技术手段。这些策略与手段用来对巴勒斯坦领土从社会与空间的角度加以控制。令人不安的是，很明显，运用空间理论与空间策略加强了对该地区的压迫和控制，同时也激发了该地区的抵制运动。

透过这些空间的战略战术，不难发现，即使建立了独立的巴勒斯坦政权，可巴勒斯坦被占领土实际上还处于以色列军队的操控之下。诸如权力、监视、控制等无形的"微地理"以及公然设立的防御工事，将多层次的非正义渗透到以色列政权的内部空间及周边空间，这与通过种族隔离政策所实现的殖民效果和空间管理体系相比，更为微妙和复杂。明显的教训已摆在眼前：空间非正义已经深深地嵌入了建筑环境之中，很难根除。

这些用于边界领土的策略以及随即引发的空间非正义的影响在世界范围内扩张，边界将好斗的民族文化与好斗的国家分开。近年来，在美国与墨西哥边境线上，发生过一起极为残酷的暴力案件：贩毒集团在边界城市划定出"交易广场"以及像高速公路一样的走廊来打通毒品走私的渠道。

伴随着福柯所描述的空间、知识与权力相互交叉的曲折变化，一个重要的现象是，受压迫的地域潜伏着抵制运动的潜在空间，例如，发生在南非的非暴力反抗种族歧视运动，简直出乎意料。同样重要的是要认识到，开启充满希望的空间有赖于具有批判性的空间意识的发展。这种空间意识是具有激励性与驱动性的政治力量。离开了这种空间意识，非正义的地理便会隐遁于无形。

6. 存在安全隐患的城市主义

研究空间的学者，如赛义德、迪克与魏茨曼等，其研究结果触及许多当代理论热点，尤其是在重构的现代大都市的政治组织中，体现出来的政治控制地理和权力关系。值得注意的是迈克·戴维斯在《水晶之城》(City of Quartz) 中所描写的具有安全隐患的城市主义的猖獗蔓延。[5] 具有安全隐患的城市主义是指基于令人生畏的心理地理学（迈克·戴维斯称之为一种生态学）的城市生活和城市空间的防御堡垒，目的是保护居民与财产不受来自真实的或假想的入侵者的威胁。

富人总是生活在各种防护之中。这些防护既包括制度与心理上的保护，也包括物质上的防护。然而，过去 30 年里，在与全球化的不稳定效果和经济重建相联系的许多方面，城区和郊区的堡垒化随处可见。不仅所有居民区越来越处于高级别的安全监督警报系统保护和包围之中，而且其他所有的活动、土地使用，以及城区环境里的所有东西——从购物中心、图书馆，到为防止无家可归者和挨饿者入侵而设计的带铁刺的公园长椅和垃圾桶——都是如此。社会和空间控制的微技术在日常生活每个角落大肆蔓延、日积月累后，便产生了一种紧密相融并似乎有毒的地理布局，似乎总有一双眼睛在窥视着这一布局。

在这些防御性围墙中，最著名的就是禁止入内的社区和城堡式大院。它们由全副武装的保安看守，各种有形与无形的迹象均表明，闯入者"格杀勿论"。这些存在安全隐患的"岛屿"在全世界许多城市随处可见，在美国更是为数众多。最早一批禁入社区建在洛杉矶南部的帕罗斯·福德斯（Palos Verdes）半岛上。今天，那里所有的自治市都是由这些完全封闭的围墙组成的。这些禁入社区在空间上是不是非正义的呢？或者，它们是不是民主个人主义与自由选择的极端表达呢？也许主要问题都是由对这两个问题回答"是"而造成的。

然而，该社区只是（至少在美国）城市政治地理变化中的冰山一角。受恐惧和个人偏好的驱使，越来越多的人——主要是高收入群体（被某些人称作"幸运的第五等级"）——在许多方面纷纷退出城市公共生活和公众社会，改为生活在"狭隘空间"中。"狭隘空间"是政治科学家伊凡·麦肯基在其 1994 年出版的作品中提出的。这种趋势导致了"以居住为主要目的而修建的私有化的政府建筑物"的出现，与公共用地毫无瓜葛。这种远离城市和逃避城市责任的"离心运动"与"重归城市"运动完全不同，与对城市生活缺乏认同感的所谓"地区绅士进程"也截然相反。

在所有这些无处不在的私有化城市生活的重建中，我们看到了空间殖民的另一种形式：国家遮遮掩掩的统治，但是并非完全不同于诉诸武力，这与种族隔离政策有关，同时也与在控制被占领的巴勒斯坦地区时以色列军队所使用的先进空间战术有关。对潜在的入侵与暴力的恐惧驱动了所有的空间控制进程。这种几乎普遍存在的对安全隐患的恐惧感，在城市重建的过往 30 年中达到巅峰，它加速了城市空间的堡垒化，使城市处处布满了监控摄像头。

资本、劳动力和文化的全球化伴随着新经济模式的形成与国际化移民大潮一路走来，在 500 座拥有 100 多万名居民的巨型城市中，形成了世界贫富人口的两极分化、集中。尽管我们不能妄下断言，但至少可以说，这些市区贫穷人口聚集的城市存在着安全隐患以及由此而产生的监狱式空间，尤其是移民与国内主流人口之间还存在着文化和种族的巨大差异。以洛杉矶为例，迈克·戴维斯笔下的"水晶之城"在全球范围内演变为新近的说法"布满贫民窟的星球"：戴维斯在《水晶之城》中将社会问题同空间管理、城市扩张、地产开发、资本意志、分区治理等城市环境问题联系起来。戴维斯认为，洛杉矶城市中弥漫着一种对恐惧的过度防御，空间被无比清晰地分割和划分，私人的领地安装了各种监控设备，富人区没有人行道，穷人区环境每况愈下，公共空间成为城市的消极面，这种社群与社群、空间与空间、公共与私人之间的张力使社会阶层之间的关系日益恶化。

7. 公共空间和私有财产

封闭社区及私托邦（privatopia）背后有一个更为错综复杂的空间非正义的网络，它植根于神圣不可侵犯的财产权与特权。在市场经济中，每一平方英寸的空间都被商品化和商业化，成为由个人、公司（通常法律上视为若干个人）或机构（被视为公众整体的代表）所有的有价地块。三方所有权模式（个人/家庭、公司、机构）为人们所接受，社会或集体对土地或公共空间的直接所有权几近消失，导致生产和再生产的极度不公正。

我们的日常生活严重受制于这样的条块分割的空间。我们的上方（和下方）就归属于几乎难以计数而实际上隐匿的空间权分层。几十年前，从纽约的帝国大厦望下去，可以看到 1 500 多个政府机构。如果深入探究我们身处的空间管制层，不管是否意识到，我们每行走一步都是在跨越某种界限。要想理解非正义的地理形态何以形成，需要我们关注财产权的潜在机理。

美国和其他资本主义社会的土地所有权模式起源于几千年前的城邦，经过封建主义的过滤，在美国及法国革命之后融入了自由民主意识而得以重新确立，其目的在于对抗社会主义思想的影响。法律明确了财产权神圣不可侵犯，并使之成为资本主义国家及其法律系统和公民权的总原则。由此，身处世界各地的我们，每日置身于私人和公共所有权以及私人和公共空间之间无休止的紧张局面中。

对某些人而言，寻求空间正义首先在于捍卫公共空间免遭商业化、私有化及政府干预。人们普遍认为，由于新自由主义宣扬解除控制，现代城市中的公共空间一直以来都在迅速萎缩。私有化浪潮涌入先前的各类公共场所，危害到言论、集会及结社自由。尽管寻求空间正义不应只局限于争取公共空间，尽管这样的奋争不可或缺，但还应扩展到多方位的争取正义与城市权利之中。

例如，我们把公共空间视为从城市的角度对公共财产这一概念的表述，这一度被称作"共有"。从广义上讲，这些承担了集体责任的民主空间包含了许多地理范畴，是从空间的财产权开始的。所有城市的公共街道、十字路口、广场与市场都是公共财产的一部分。公共交通网、环城的公共汽车及城铁（如果不含私人汽车的话）也是公共财产的一部分。我们要考虑的不仅是"巴士乘客联盟"案例，还要考虑罗萨·帕克斯（Rosa Parks）案例，即空间民主权要体现在乘坐公共汽车时，任何座位皆可乘坐。那么人行道也是公共财产的一部分吗？海滩和公园呢？森林及荒野地带呢？

事实上，所有这些针对公共与私人财产权之间的争论，其焦点在于能否建立一种确保居民城市权利的社会行为，最终实现城市公共资源共享。相对直接地将这些争论扩展到大都市或城市区域的范围，建立以社区为基础的地方主义与地区联盟，以促进当地社区发展及环境正义。甚至可以将公众的观点进一步扩展到更广泛的地区、国家及全球范围。他们主张制定多种策略，主要是为了争取城市权利、公共设施使用权以及享受公共服务。我们可以将争论的范围延伸至国家及全球层面，甚至更广的范围，如全球居民共享自然资源和文化资源，共享清洁的空气资源、水资源、自然景观资源，共享具有生态意义的区域及文化遗产保护区。由此可见，地方为争取空间正义和城市权利而进行的努力是与全球可持续发展的实现和全人类的权益紧密联系在一起的。空间正义的范畴并不是孤立的，而是相互影响，以复杂的形态交织在一起的。

我阐述的这些跨界联系并非对各类财产权与私人财产权本身发起攻击，也并非极力要求一场革命性变革，以将其转变为集体所有权，更不认为这是解决问题的唯一办法。我意欲用一种批判性空间视角来全新地看待公共空间和私人空间这一话题，试图寻求新的策略以使更大的社会空间正义得以实现。我的目的是要增强公众意识，这种公众意识来自空间政治组织对我们的生活施加的控制，因为它是以一种社会控制形式强加于公众生活，并由地方政府、法律体制及土地市场来加以维护的。

二、空间差异性地理的内在性

涉及空间正义的区域或者空间正义问题发生地的形成，不仅源于上述对地域边界的外在划分和统治权力的影响，也源于对位置进行选择这一内在过程，以及由此而来的总体分布效果。在此意义上，位置是容纳事物的空间所在，空间正义和非正义可以被看作无数与位置相关的决定产生的结果。

1. 不平等分布及差异性地理

分布不平等是空间非正义最主要和最明显的表现，至少在强调地理结果而非强调产生结果的过程时是这样。从医生、医院、诊所和其他健康服务的分布就可见一斑。城市的每一个地区，应尽量做到健康设施的分布能使所有人享受到同样的服务，但从空间视角看，这种公平的分布实际上是做不到的。分布不公平是不可避免的，一部分原因在于与消费者有关的位置和距离造成的差异效果，另一部分原因在于提供此类服务的个体在位置选择上做出的决定。预算要求、公共机构的无能、个人贪欲、种族偏见、存在差异的财富和社会力量，以及一系列其他因素导致了基本分布的不平等，造成了地域歧视，由此产生了在获得医疗服务上的地域差异，特别重要的是产生了在获得公众健康服务上的地域差异。

从至关重要的公众服务，例如教育、公共交通、警察和犯罪防治，到更具私人性的充足的食物供应、住房和就业机会，这些与城市生活相关的最基本需求也存在着分配的不平等。其最终结果是空间非正义永久存在，无论怎样，虽然有一定程度的缓和，但仍能看到违反正义和平等的城市公民权以及法律法规的行为。这已在"巴士乘客联盟"案件中有充分体现，其中蕴藏了几乎所有为空间正义而进行的斗争。

分布不平等是空间差异加剧过程中最明显的结果，这些结果通常产生于众多并常常对立的角色所做的大量个性化决定。在资本主义城市工业化伊始，城市地理就是这样被塑造的，多数都是为了使富裕阶层和权贵阶层获利。正如恩格斯所指出的，对信奉城市生态学模式的曼彻斯特学派和芝加哥学派而言，工业资本主义城市更倾向于围绕中心城市进行发展，外围交织的富裕阶层和贫困阶层呈辐射状分布，这样产生和维系的地理，能给更富裕者抑或更贫困者提供更多的利益和更优越的条件。然而也能看到，在这些区域从来没有像现在这样存在牢不可破的种族隔离，也没有像现在这样出现被严密限制的种族飞地和黑种人区域。这些常常体现了资本主义工业城市的特征。世界上几乎每一个城市，无论是彻底的资本主义还是不彻底的资本主义，其具有阶层意义的社会地理已经构成并仍将构成非正义空间，当然也很容易受到来自民主的挑战。

然而，若把地理差异视为一种社会构成（而不是将其视为一种自然给予），则需要借助全社会的力量来面对挑战，进而实施社会变革。这种批判性空间意识未能广泛传播不足为奇。如果认为民权非正义和违反民权是可以缓和的，那么这通常会掩盖分布中的不平等，即认为在城市生活中这一切都是正常的、可预料的和不可避免的。对一些观察者来说，他们甚至认为，正如封闭式社区倍增所表明的那样，个体自由选择的结果最终能给公众带来最大的利益。人们可能会进一步认为，这已经成为资本主义工业城市的固有特征。在很多社会主义国家的城市中,情况也是如此,城市建立在具有差异的财富、特权结构及空间优势中。

在《社会正义和城市》(*Social Justice and the City*)中,大卫·哈维成为最早揭示城市地理中深藏的非正义和差异性的学者之一。[6]关于哈维,这里主要论述他的"自由构成"理论。哈维深入研究了由地域决定的城市日常功能和过程,这使非正义的城市地理产生并得以维持。在关注劳工、住房、固定资本市场、规划者、银行、开发商和零售店在位置上做出的选择决定时,哈维认为,就实际收入而言,这些日常行为带来的最终结果将不断引起偏向富人的再分配。换句话说,资本主义工业城市自身像一架机器,不间断地制造并维持着分配的不平等,以及哈维所说的土地非正义。甚至当对不公平的地理进行干预时,最富裕阶层更容易在有利位置的竞争中胜出。另一个清晰的例子是赛义德所说的无法逃避的地理斗争。哈维早期的"自由构成"理论现在看来仍然具有重要而深远的意义,对理解非正义城市化的内在本质也具有积极意义。

2. 空间歧视及相关法律问题

另一些具有歧视性的偏见,从男权和同性恋到文化民族主义和种族主义,导致非正义空间问题更为突出。于是,人们从法律与宪法的角度对违反民权的行为提出了挑战。实际上,几乎每一次为实现空间正义所进行的努力都在寻求采取法律或者立法的形式。然而在美国,对空间歧视的斗争却几乎没有诉诸法律。关于这个事实有很多解释,最中肯的解释是因为缺少对(非)正义空间性的恰当理解,这既存在于广大民众中,也存在于美国法律体制本身。在批判性空间视角上未能深刻洞察,公众重要服务和所有其他可获得的城市生活资源在分配上的失误,都可能被认为是随意给定的或者自然存在的结果,对一部分人来说,分配失误可能带来不方便,但就其存在的原因和结果而言却是合理的。它们在法律监督和民主审视中,常常被视为打开的潘多拉盒子,盒子中放出的是混乱的结果和无法决定的论述。

美国的法律制度对非正义空间有内在的防御。为了避免地方性色彩,它用严格的、"具有普遍意义的"国家标准来界定正义的条件,使其在理论上对所有居民都同样适用。假如法律忽略了其实施过程中存在的不公正,并且忽略了该过程导致的不公正结果,那么法律存在的目的便是让每一个人平等地享有正义，并试图在平等的条件下对正义的要求做出回应。甚至可以这样说，所谓"正义"的内涵几乎完全忽视了非正义地理尤其是空间正义等概念。我认为，在解决非正义空间导致的相关问题上，寻求空间正义开启了新的可能性。

1975 年，在美国南部伯灵顿全国有色人种协进会和劳勒山的诉讼（Southern Burlington County NAACP v. Township of Mount Laurel）中，案件判决就实现了这样的突破。劳勒山是一个自治县，距离新泽西的坎登有 10 英里远，是美国最贫困的地区之一。劳勒山最早由获得自由的奴隶所建，长期以来拥有历史悠久的"非洲裔美国"文化渊源。最初的案件审理中，在"排除分区"这一理念上，劳勒山的权威地位遭到质疑。法律中的规章制度大大限制了该县居民本应获得的住房，于是，当地居民向法院起诉，矛头直接指向法律中的"居住原则"和当地政府机构的权利——他们本来有权在自己的地域内决定如何规划土地——这是法律上认可的权利，类似于美国宪法中赋予州的权利。尽管经历了种种困难，但新泽西州法院还是判决当地居民获胜。1983 年，法庭通过该法案之修订案来修缮当地居民住房（《劳勒山 2 号判决》）。这促成了 1985 年新泽西州《合理住房法》的诞生。此后，在新泽西州内外的城市中，与之相似的案件层出不穷。

被一位资深的州长称为"共产主义的"劳勒山判决，在全美范围的关于住宅的民权运动中发挥了重要作用。它厘清了法律体系中对"排斥区域"和"包容区域"这两个概念的区别，并使当地政府认识到提供公平的住宅条件是他们应履行的责任。就像 1996 年"巴士乘客联盟"决议一样，这个判例具有潜在的深远意义。例如，劳勒山判决以法律的形式认定，空间中的位置本身是产生差异的源头。人人都有平等权利去享受适当的住房、医疗以及州政府颁发的公众投资与补贴等利民服务。这些服务不仅基于种族或民族，也基于人类最基本的需要。它也能产生有关土地或者空间责任的法律原则，这样，所有市政府都将认识到地方政府在自己周边土地上做决定所带来的负面效果。空间责任是在其他政府机构力不能及的情况下形成的一种内部区域福利制度。

作为导火索，劳勒山判决引发了住宅问题，彻底粉碎了当局粉饰的"太平"，并且与大范围的民权运动产生了直接联系。当局虽然做出了一些努力，但并没有从法律角度解决地域性歧视和地域性责任问题。

在宪法和其他论证的基础上，这些反对的呼声变得越来越有力，尤其来自较保守的联邦政府和司法系统。对于整体的民权运动，情况更是如此。在里根执政时期，地方性的决议，例如州一级的或者联邦法庭所做的决定，常常对这些激进的行为加以限制，尤其是1954年布朗案终结了学校的种族隔离制度，于是挑起了更严重的种族正义斗争。似乎由这些先例所引发的推动力在执行过程中越艰难，其反作用力也就越大。

在学校隔离制度不断受到抵制的时期，小学和高中以及美国学生活动区域都经历了公共服务中最大限度上的空间重组，其规模在世界范围内也许是最大的。合并校园区域的理论来自当下的地理信息与理念，这都是先行者们从职业地理学家的核心地理中形成的理论。由此似乎可以看出，人们有能力用公平、民主的方式来规划和推动学校隔离，但其愿望和认知却不是这样。

在民权运动与种族主义对抗斗争之初，人们反对地域差异，这就破坏了空间运动作为补充和支持力量的可能性。不管民权运动最终以何种方式展现，从反学校隔离到肯定行动和脱贫项目，在体制和宪法上都削弱了它的持续影响。布什政府对最高法院施压以及对司法系统进行控制，使很多重要进步成果都倒退了。

人权运动消亡带来的特殊影响，如类似"巴士乘客联盟"的法律上的胜利，使得法庭不再倾听任何个体或组织发出的反对的呼声，或者让起诉者自己来证明歧视是有意的，而这几乎没有可能。运用法律体制对抗种族、空间正义以及城市权利的行为并没有完全停止，相反，它将继续成为一个非常重要的因素，尤其是当我们看到，法律学者逐渐接受了批判性空间视角。

3. 种族、空间和环境正义

由于人权运动已经被禁止，反对种族和空间歧视的法律资源也在逐步减少。在关于空间正义的纵向研究中，一个新的想法出现并且占有重要的地位。它的影响虽然并不立竿见影，且受到制度和宪法上的双重抵制，然而它却引起了公众对于空间分布、不公平的地理位置和恐怖主义的责任感，以及对公民民主权利的广泛关注。我将其命名为"环境正义运动"。回顾人们在人权运动中的持续抗争，可以发现环境正义运动始于环境种族主义。贫穷的少数人群，特别是非洲裔美国人，承受着更多的空气污染和水污染，他们的生活环境充满了危险。在某种程度上，种族问题至少首先掩盖了空间问题，就像黑种人的人权运动一样。在20世纪的最后十年，对环境正义的研究已经和其他研究一样，使空间正义（或空间失衡）得到了关注。该理论目前的影响主要有：把人权的概念拓展到更加广阔的空间角度来审视，特别是增加了对更为传统的民族、阶层以及性别歧视问题的关注，并鼓励那些遭受地域和空间不平等的民族构建合作。

实际上，鉴于城市里发生的一切都能对危险的环境条件形成影响，环境正义运动多年来一直在努力将空间正义运动与民主运动紧密结合。就像"巴士乘客联盟"一样，这个团体为互相学习和分享策略提供了机会，但同时也带来了一些困惑和利益上的分歧。这在很大程度上要归因于其哲学中存在的不同的理论框架。那些要么激进要么浪漫的环境主义者通常将环境正义运动与旨在争取更加公平的地域环境的批判性空间视角相对立。

与明确的空间视角不同，许多悲观的环境主义者倾向于强调物理与自然之间的因果关系，他们将神圣的地球母亲过于理想化；激进主义者又过于关注那些特殊的方面，认为应该严格区别对待受环境影响的不公正情况。大卫·哈维用"好斗的本地主义"来形容环境正义运动和大众阶层运动。[7]"巴士乘客联盟"最重要的成就之一就是提出应该消除民族、阶层和性别三方面存在的歧视，将环境正义与交通正义相结合。

进一步说，这并不是说环境正义的倡导者提出的意见不是空间上的，地球上的一切，无论是否有组织，都与空间有关，也不是说环境正义运动并没有对空间正义做出突出贡献或者民主运动仅仅在一个城市展开。如同公共空间中的抗争一样，对于明确的环境正义的研究一直是并将继续是为争取更大的公正而抗争的内容。然而，环境正义和空间正义并不能被简单合并。也许最好是把环境正义理解为空间正义的一个分支概念，它注重地域区别，考虑到了负面的环境影响，包括有毒物质的污染、不平衡的地理条件和温室效应以及气候变化对国家的影响。

因此，环境正义运动可以从当今对交叉地理学和多层次地理学研究更广泛的关注中明显获益，基于地域区别的研究可以修正对环境正义的看法，并为全球和地区的联合提供更多的机会。例如，尽管人们把目前全球变暖和气候变化归因于人类，然而，研究人类如何通过生产，以及对非正义的地理条件和全球结构进行再生产而带来空间上的优劣长短，还是很有用处的。这就需要更多和更广泛的政治响应。

同样，鉴于环境局限性的增加，人们可以反驳说今天我们已经为全世界人口制造了足够的食物、衣服和住所，环境恶化却并不明显。这一切（引起不可逆转的灾难性气候变化）的原因在于全球性的生产和消费在地理上的不平等，某些地区的物产过分丰富和集中，而某些地区的物产则过于匮乏。这种地理上极端的两极分化不仅为处理与环境有关的问题带来了挑战，而且也带来了对于空间正义的多重政治挑战，我们关注过程更甚于关注结果。

借用马丁·路德·金的话，任何地方的非正义对任何地方的正义都是一个威胁。更确切、更直接地说，大范围内出现的气候变化等现象将影响全球地理，同时也在很大程度上以不同的形式影响每一个独立国家、城市、地区甚至是邻里之间。同样，从宏观角度看，下列三个方面的事物存在着关联性：某一个地区发生的事件，可以把像美国的卡特里娜飓风摧毁了密西西比河堤坝这样的地方性事件与对国家经济、科技、政治的批判联系在一起，同样也可以与全球气候发生的巨大变化联系在一起。正如环境主义者所言，每件事物都与其他事物相关，而且并不局限于某个范围的生态系统和某个生物圈之内。这些联系垂直地贯穿于具有严格地理界限的社会生产层次之中，从地球蔓延到个体。

4. 种族隔离与空间正义

无论是以上谈及的内容还是以下即将谈及的内容，种族隔离或在特定地区对特定人口加以限制，都与空间非正义有关。迄今为止，研究者从不同的角度对不公正的种族隔离进行讨论，从南非的种族隔离制度到地方上建立种族隔离学校，都在讨论之列。毫无疑问，种族隔离也是导致空间非正义的原因之一。在这里，各种形态的地域歧视因为各种内部和外部的影响而恶化，地理选择与地理特权的关系也变得复杂起来。

并非一切有关种族隔离和种族聚居的例子都是完全非正义的。在某种程度上，种族隔离且集中居住可能是出于人们自己的意愿，并且会带来某种意义上的益处。同样背景的人选择住在一起有很多原因，如确定个人身份和整体身份、吃到自己喜欢的食物、满足其他需要、延续文化、为新加入者提供工作和住所等。然而，当以上益处被限制得过于严格时，就形成了一种制约，例如南非的种族隔离和犹太人的群居，或者是对不合规范的"自由"构成压迫，当聚集带来副作用的时候，种族隔离就成了一个问题。

这里有必要区分两种极端形式的种族隔离：针对犹太人的歧视和压迫，有积极意义的"飞地"（在一个国家内部隶属于另一个国家的领土）。之所以说它们是极端形式，是因为对犹太人而言，聚居也有正向作用，例如可以建立共同的反压迫思想意识，共同进退存亡；与此同时，"飞地"也有负面影响。与空间（非）正义类似，种族隔离制度本身并不是完全邪恶或恶劣的，同样，文化融合与经济融合给被融合的人带来的也并非完全有益和积极的影响。种族隔离，就像对公共空间的侵蚀一样，最初好像是（非）正义的生产和城镇化的基本组成部分，随后就变成了对公正最重要的抗拒，在不同时间、不同地点的确如此。然而，这里要强调的是，这些表面上的不公正事实上远比它们所呈现出来的更为复杂。它们首先应该被放在空间的大环境和地区的优劣态势里看，而不是被固定地标为好或者坏。就理论的空间而言，应该将这些视为特权，不论是基于民族、阶级、性别、种族划分还是基于性取向、能力或者其他阶层控制与主导。

三、不平衡发展的中观地理

在全球和地区之间存在着许多区域层次的分类：大都市、次国家、国家和超国家。在每个层次上，地域发展不平衡都造成了空间或领土的超乎寻常的不平等，这一点和城市内部区域描述的情况大致相同。如果这些大都市内部、国家内部、国家之间的不平等状况长期延续下去，就像第一世界和第三世界长期两极分化，以及意大利、英国和美国三个国家的南北部收入差距一直存在一样，那么，这些不平等将成为寻求空间正义的另一个背景或平台。

批判性地理思维除了可以从多个层面阐述如何寻求空间正义之外，也是对地域发展不平衡进行更普遍的理论建构的焦点所在。批判性思维还是一股主要力量，推动着地域分布不公平的产生和发展。在发展以福利为中心的区域规划这一应用领域的过程中，这些理论发挥着至关重要的作用。以福利为中心的区域规划专注于减少区域间的不平等，以达到可以称为区域正义和区域民主的状态。探讨区域公正（不公正），开启了战略思考和战略行动的新思路。

1. 全球范围的发展不平衡

也许寻求宏观空间正义的最明显的例子是全球南北问题，这个问题广为人知，富国和穷国在社会发展与生活质量上相差悬殊。南北地区、第一世界、第二世界、第三世界、国际分工、核心和边缘、发达工业化国家和发展中工业国家，这些名词反映了全球地域分布的不公平、不平等、非正义。当然，紧接着我要补充一句，人们通常从历史和社会的角度，而不是从空间视角分析这些巨大差距。

这种全球不平等的组织体系并非自古就有。自地球上出现人类以来，始终存在某种程度的地域发展不平衡，但直到19世纪后半期，进入帝国主义和全球殖民时代，更多根深蒂固的特权及空间优势结构才在全球范围深入发展。此时，"中心-边缘"结构出现并持续发展，直到20世纪末，这种结构才出现了一些变化，世界秩序开始重构，当然，这不是普遍性的而是局部性的巨大重构。

冷战结束后，苏联解体，一些社会主义国家发生剧变。此前几十年，越来越多的新兴工业国家发展迅速，加入发达工业国家的行列。起先，所谓的"亚洲四小龙"地区是发展的先导，而最近原本属于第三世界国家的中国和印度成了领头羊。与此同时，世界上不少国家陷入更深的贫困状态。在这几十年间，虽然旧的国际分工发生了巨大变化，但地域发展不平衡与新自由主义全球化同步发展。今天全球财富及实力分布的两极分化（非正义）比过去更加严重，这一点虽难以证明，但几乎可以肯定。越来越多的巨富集中在一些备受青睐的空间和场所，而居住在贫民窟的人口达到10亿甚至更多，这些贫民窟彼此相连，拥挤不堪。

之前讨论过非正义的城市化及城市化的非正义，同理，现在可以提出非正义的全球化和全球化的非正义。无论是非正义的城市化还是非正义的全球化，都主要源于地域发展不平衡以及长期存在的特权结构，这种特权结构对某些地区的居民有利而对其他地区的居民不利。我们也可以提出一个观点，就像工业资本主义城市正常运转一样，就国际贸易、资本、信息及人员流动而言,如果没有外在的强力干预,全球市场经济正常运作往往造成财富的再分配不断由穷国流向富国,从边缘地区流向核心地区。批判性区域思维或中观地域视野的一个重要产物是,认识到全球化和城市化之间的多层次交互关系,并采取行动改变它们相互依存的空间不公正的状况。

正义(非正义)的城市化和全球化两者可做进一步比较,基于欠发达和依存理论,世界地域不公正是资本主义发展进程中的既相互依存又根本不同的过程。一个过程主要对权势阶层有利,而另一个过程主要服务于穷人,后者更短更随意,资源也更少。在"巴士乘客联盟"事件中,在不同层面提出类似观点,既隔离又不平等,"巴士乘客联盟"奋力抵制美国南部学校中的种族隔离政策,这一观点适用于种族隔离制度的所有表现形式。在非洲,种族隔离意为"分别发展"。

因为世界上的主要决策者很容易忘记这一点,所以有必要再次强调一下。满足穷国的基本需要几乎总是被忽略,不管是市场机制还是政府政策,相比之下,小到街区大到国家都尽力满足最富有、最有权势的人的消费需求,而这些巨大的消费需求并不迫切。这就产生了多层次的本质上不公正的地域布局,需要我们采取重要的补救措施解决这一问题。

我们继续比较全球和城市。即使最近第三世界成员国发生了一些变化,但第三世界仍可视为全球的贫民区,这是在不流动性、个人选择、强加空间歧视和外在控制的共同作用下形成的局面。在这种意义上,第三世界或全球边缘地区,与城市里的贫民区相似,这里剥削严重却没有投资。贪婪的资本家在某一地区四周画一条红线,禁止他人进入,然后他们相互勾结,榨干某一地区的财富。像城市划定贫民区一样,全球范围内的贫民区并不一定完全是这种贪婪攫取行为的产物,而主要是因为日复一日的市场的正常运作,通过竞争为资本获取了最大利润。虽然随着时间的推移,情况可能会有所变化,但一个城市总是会有一些贫穷的区域,该区域居民的储蓄和收入都转移到了其他地区,流入外部利益之中。原因在于,人们觉得沦为贫民区的地方这个危险、不安定,或者是没有足够的吸引力,不适合做生意,当地居民直接受益的投资减少,于是,该地区物质资本和人力资本向外转移,惠及其他地区居民的投资反而增加。既然在以市场为主导的城市经济中总是存在着贫民区,人们可能就会认为,如果没有强大而持续的干预，资本主义全球分工中第三世界或与第三世界同等地位的国家将始终存在。

然而，全球和城市层面存在着重大差别。一个主要的例子是政府结构中，国家和地方政府权力巨大，相对而言，全球性的国际组织的结构则微弱得多。由于全球不平等长期存在、收入差距不断扩大，人们会批评世界银行、国际货币基金组织、世界贸易组织甚至联合国。这样做很容易，但是，大多数时候这些组织都遵循不变的市场逻辑，而不是故意将有些国家引入贫穷。虽然全球性组织并不是无可指责，但地区发展不平衡并不是这些组织的日常运作造成的，而是有其深层次的原因。

在各个地域层面，不平等和不公正问题越来越严重，催生了世界正义运动的发展，这些运动的发展壮大至少部分原因在于人们有了环境意识与空间正义意识。这些运动应对的主要目标可以高度概括为新自由主义全球化、环境退化和全球气候变暖、核扩散、对世界和平及普遍人权的威胁，以及资本主义本身的邪恶。但是，几乎所有为解决这些问题所做的努力，都面临区域特殊情况和根本问题的困扰，这些区域特殊情况和根本问题与地域发展不平衡的两面性及相关的复杂性紧密相连，特别是当特权的地域分布和选择的地域分布共同作用时，这些区域特殊情况和根本问题更为突出。

《世界城市权利宪章》（World Charter for the Right to the City）是寻求全球空间正义的一个重要证明，在世界社会论坛举办一系列会议之后，该宪章于 2005 年颁布。[8] 宪章吸收了亨利·列斐伏尔在《城市权利》一书中的主要观点[9]，并结合争取普遍人权的长期斗争经验，体现了不同地域层面的思想，形成了一股合力。将全球正义运动置于城市权利之中，形成更明显、更容易达到的目标，而不仅仅是组织起来去反对主要产生于并具体表现在当今世界主要城市区域的三个问题，即新自由资本主义、全球化和全球气候变暖。

有人可能会认为，专注于城市权利就会忽略不在大城市居住的大批人群。但是，从区域角度或中观地理角度看，城市化进程与基于城市的工业资本主义是资本全球化、劳动全球化与文化全球化的组成部分。正如有人说到的那样，地球的每一寸土地都受到全球化的影响，只不过某些地区受到的影响小，而某些地区受到的影响很大、很深而已。因此，也可以说，城市化运动及伴随着城市化到来的一切，在世界各地的传播轨迹并不平衡。在某种程度上,全世界都面临着城市化与全球化的问题。非正义的城市化和非正义的全球化相互渗透,于是就有可能导致财富与权力的空间分配不平等,这种不平等是史无前例的。寻求空间正义与城市权利比以往更加紧迫。

2. 超国家地方主义与欧盟

在过去的40多年间,新世界地理格局逐步形成,并已延伸为超国家地方主义。在很大程度上,欧盟被视为第一个发达工业国家的准联盟(或者暂且将其称作联盟),推动了这种超国家地方主义的出现与发展。该联盟目前正处于重要的扩张进程中,吸纳了东欧大部分国家。如果将发生在中国、俄罗斯及东欧其他国家的改革也包括在内,似乎当代世界正在朝两个完全不同的方向同步发展,即社会主义和资本主义。然而,这样说也许更准确(在策略上是乐观的):表面上,这些发展完全处于不同的方向,使意识形态更趋复杂,开启了社会主义和资本主义创造性的融合,而不是继续保持传统上相反的两极格局。

在许多方面,尤其是在关于对待空间非正义及提倡地方民主的问题上,欧盟已经变成社会主义和资本主义的"混血儿"。欧盟经常被描述为欧洲国家的联盟,所以,欧盟通过推动地区与空间设计的形式更新来寻求空间正义,在此方面,欧盟确实起到了创新的作用。从欧盟开始,为了减少地区间的经济差异、消除成员国之间的社会与经济排斥,地区财政已开始投入资金。至少到目前的危机为止,欧盟已经使爱尔兰从一个不发达的典型欧洲边缘国家转变成"凯尔特之虎",成为欧洲最富有的两三个国家之一。

尽管还没有很多实际的效果出现,但欧盟近期出台的另外一项政策表明,在城区间和地区间寻求空间正义的一种新方法已产生。我指的是欧盟空间发展战略,这项战略现已成为欧盟及所有成员国制定政策中不可或缺的部分。[10] 这一发展战略的名称本身就具有重大意义,因为它至少表达了空间战略的重要性。30年前,将"空间""发展""战略"这些词放在一起几乎是不可思议的,对大部分人而言也是难以理解的。现在,致力于消除空间非正义以及促进社会与自然环境可持续发展的空间发展规划政策,已变成欧盟发展目标的核心。

欧盟成为越来越多的地区贸易集团的带头人。每一个贸易集团都致力于在全球资源竞争中获取更大的市场份额与权力,其中最突出的是北美自由贸易协定、南方共同市场及亚太经合组织。这些组织与其他因特殊目的而组建的集团组织，如石油输出国组织、经合组织以及更多的全球大公司，占到了全球极大的份额。在过去，这样的实例还比较缺乏，现在这种超国家范围、次于全球范围的组织正在迅速崛起，填补了空白。大部分贸易集团目的性很强，仅以经济为其出发点，因此缺乏凝聚力。但如果欧盟能够作为榜样继续施加影响，这些集团在未来的全球正义运动及减少国际不平等方面将会发挥更大的潜力。

3. 国家内部的地区不平等

地方主义及为争取所谓地区正义而进行的努力，在过去的20年间一直不断增长。这样的例子包括原南斯拉夫治下的共和国、原苏联治下的共和国及原捷克斯洛伐克治下的共和国，西班牙的加泰罗尼亚和巴斯克地区，英国的苏格兰、威尔士以及英格兰的大伦敦，加拿大的魁北克省等地方权力下放的形式，还有厄立特里亚、南苏丹、斯里兰卡和意大利北部、弗兰德地区、克什米尔、车臣等国家和地区发生的不同程度的分裂运动。有些人认为这些分裂运动融入超国家地方主义的兴起之中，已经表明了未曾受到挑战的单一民族国家统治开始削弱。然而，另一些人认为单一民族国家正在进行一场具有重要意义的重组，并以此为契机重新调整其领土权，使其在规模上仍然在全球经济中扮演重要角色，同时通过受控制的地方分权向下扩大它的等级权力。

不论如何理解单一民族国家不断变化的角色，国家内部的地区发展不平衡作为一种持续的空间非正义形式仍然是一个政治问题。为获得更大的地区正义所做的种种努力表现为许多不同的形式。有些情况下，文化分裂主义导致了分裂运动的产生，还有其他如西班牙的加泰罗尼亚和加拿大的魁北克省出现的类似"国中国"的情况。斗争已超过了真正意义上或象征意义上的自治。无论哪种情况出现，已建立的国家秩序、统一的民族主义感情与民族身份都受到了挑战。

文化分裂主义与为实现地区平等所做的斗争常常与地域间不一致的经济发展模式密切相关。由同时存在的空间差异而产生的不同地方主义政治斗争会朝相反的方向发展。最富裕的地区常常认为，它们在与更贫穷的地区打交道时承担着不合理、不公平的责任份额，而最贫穷的地区甚至还要求对它们的贫穷或失业问题给予更多关注。这种地区发展不平衡所导致的两极化政治斗争格局，也会出现在没有明显的文化语言差异的地区。另外，还要提及区域性的空间非正义，因为无论是全球还是地区，都应该成为为空间正义而战的坚实堡垒。

不幸的是，正当大都市内部、国家内部及全球范围内出现的地区不平衡与非正义发展到前所未有的水平时，世界各地的国家重组和民族政策导致了社保体系的削弱及中央政府在社会扶贫项目上的财政投入大大减少。因此，城市与地区的福利规划土崩瓦解，更多的企业发展策略抢占了规划程序中的先机，打着发展全球经济的旗号，在城市和地区间形成了恶性竞争。在这种日益恶化的环境下，推动民主地方主义和地区福利规划与管理的复苏成为寻求空间正义的主要目标。

4. 走向一种不平衡发展的地理环境理论

要理解地理环境发展不平衡背后的动因，例如为什么一个地区及当地居民比另一个地区及当地居民发展得更快，这或许是当代学者们面临的最大挑战之一。然而，对具体的地理环境上的发展不平衡的看法很少被直接提出来，这也再次反映了之前所描述的长久以来形成的偏见，这种偏见反对将地理环境作为解释社会关系和社会发展的重要原因。要从批判性空间视角来建立一个全面的发展不平衡理论，最可行的尝试是从地区发展理论中找出路。相关的文献都是高度重复的，且没有得到研究当代社会发展的大部分学者的认可与接受，但是仍可以从中提炼出一系列的基本原理，这些原理能够增加我们对空间正义（非正义）的产生和再现的理解。

首先要认识到，无论怎样给发展下定义，发展在空间上都不会以单一形式出现。所有的社会进程都会对地理环境产生不同的影响。这听起来或许并不难理解，但在人文社会科学尤其是新古典经济学中，这一点在很大程度上被忽视了。直到 20 世纪 50 年代，一批杰出学者如弗朗西斯·佩尔鲁克斯与冈纳·缪达尔，在他们的作品中展开了关于城市与地区的空间经济发展的讨论，并将这一理论进一步深化，认为发展不平衡在很大程度上源于地理上的集中及依照各自最初的优势不断形成的城市群。这些城市群的发展处于动态中并极易扩张。空间聚集或两极化发展的出现是造成地理不平衡发展的主要因素。

在理解空间两极化发展的动力学方面则鲜有突破。直到最近，一批具有空间理念的新经济学家和地理学家对经济聚集理论的重新研究，才使这一情况有所改变。在最具开拓意义的一次空间转向中，人们逐渐意识到，由空间理念组合而成的城区所产生的城市化进程以及经济驱动力才是推动社会发展最重要的"发动机"。最早对城市聚集化的刺激效果进行研究的是简·雅各布斯所著的《城市经济》(*The Economy of Cities*)。[11] 这本书在当时遭到人们的嘲讽与误解，现在却成为一部具有启迪意义的著作，引发了人们对城市空间因果关系的思考。

关于地理区域的发展以及如何产生与维持它们的经济动力等问题，早期的区域学者们并没有透彻理解。然而，他们确实迈出了重要的一步。从广义上讲，他们认识到在城市聚集化的同时，也引发了积极与消极的动力。这把双刃剑是我们之前讨论过的正义与非正义的伴随物。缪达尔将这两种动力及效果称为"扩散与反流"[12]，而阿尔伯特·赫希曼将它们命名为"极化与细流"[13]。无论如何，这都是人类首次承认"欠发达"与"依存理论"，其日后被描述为：一种是支持核心国家的发达工业化，另一种则导致第三世界的周边国家不发达的产生。

缪达尔还为地理发展不平衡理论加入了循环与累计因素的概念。他在分析"黑色美洲"的贫困循环时采用了这一概念。他指出，一旦最初的优势或劣势被确定下来，该优势或劣势便会自主发展，不知不觉逐步在富有与贫穷国家或者地区之间形成不平衡的发展态势。另外有理论称，城市工业化的地区与较农业化的地区继承了天然的优势，这就导致了加大差距的不同增长模式，进而产生了在核心与周边地区的政治压力。这种压力若无人问津，可能会产生潜在的爆炸性后果。这与哈维关于城市系统收入的再分配分析有异曲同工之妙。这些论证都说明了区域发展规划和政策制定不仅对高效的经济增长至关重要，而且对减少日益增长的与经济不平等相关的（换句话说，寻求区域平等与正义）问题来说也不可或缺。

规划者们需要做的事情非常明确：他们需要找到增强积极传播效果的途径，同时通过集中分散化的努力来减少消极元素，确定那些比较落后的地区中具有推进作用的增长点。然而，在大多数情况下，如何实现这项工程对他们来说却是能力之外的事。如何利用区域发展不平衡所产生的强大动力来实现更大的经济平等与空间正义，这种挑战并没有得到很好的应对，而只是停留在最初的且相当肤浅的概念化的突破上。当时的区域发展理论家们对规划者并没有提供多少帮助，而仅仅是通过偶尔变化的术语陈述既有论点而已。

关于地理发展不平衡的争论的弱化源于 20 世纪 70 年代早期区域发展理论演进的间断与重新定位。这与新自由主义全球化和经济重建理论的兴起不无关系。在 20 世纪过去的这 30 年间,有进步意义的且旨在消除空间非正义的地区主义的形式基本消失。就像先前提及的那样,这些形式被一种新自由主义——或者更准确而言,新保守地区主义——代替。这种新保守地区主义基本上是企业化的结果,而且受控于全球经济竞争的压力,并不能直接解决贫困和发展不平衡的问题。

城市规划与政策制定中包含了市场化和城市形象工程的因素,这就导致了恶性城市空间区域的竞争。这样做的目的就是吸引外来投资,打造国际化旅游市场。目前,这种做法产生了世界上最大的产业。改变区域不平等的初衷消失,取而代之的是疯狂的消费主义以及人们假想的需求。这些需求迎合了国际市场需求,因此,必须将城市与区域空间重新进行规划。然而,极具讽刺意味的是,当收入不平等和社会分化达到一种前所未有的水平时,区域福利规划基本上也就消失了。幸运的是,目前出现了与所谓的新区域主义相关的复兴迹象。

5. 空间正义与新区域主义

由于空间思维的传播,人们开始关注城市和区域问题。20 世纪 90 年代中期以来,新区域主义逐渐形成,目的在于重建过去的福利区域主义构想,再度开展国际及地区间的正义运动。新区域主义引发了寻求空间正义的若干创新发展。如今,全球正义运动活跃,其目的不仅在于创建全球规模的环境正义,还具体到争取城市的民主权利。欧盟更是通过其空间发展战略,重新确立了多层次空间规划的重要性,以减少空间非正义及社会、经济的排他性。聚集理论与城市和区域经济的新发展,激发了我们对地域发展不平衡理念的再思考,引发了对区域多层面规划、管理与决策的重新关注。

此处尤其关注大都市范围内的新区域方法,以及在全球文化、政治、经济背景下如何与日益壮大的大都市地区所彰显出的重要性相结合。地方活动家联盟已经开始采取区域方法连接地区与全球、微观与宏观、地区认知与全球战略。例如,作为城市或城市区域权利的"城市权利"理念正在区域化;大都市的区域民主和民主区域主义的新观念正在形成。[14] 也许最令人惊讶同时又出乎人们预料的就是以社区为基础的区域主义的出现,把发展社区的积极分子与进步的区域规划者联系起来。[15]

注释

[1] Mustafa Dikec, *Badlands of the Republic: Space, Politics, and Urban Policy* (Oxford: Blackwell Publishers, 2007).

[2] Henri Lefebvre, *Le Droit à la Ville* (Paris: Anthropos, 1968).

[3] Eyal Weizman, *Hollow Land: Israel's Architecture of Occupation* (New York and London: Verso Books, 2007).

[4] O. Yiftachel, and H. Yacobi, "Walls, Fences and 'Creeping Apartheid' in Israel/Palestine," in M. Sorkin ed. *Against the Wall* (New York: Greenwood Press, 2005), pp. 138-158.

[5] Mike Davis, *City of Quartz: Excavating the Future in Los Angeles* (New York and London: Verso Books, 1990).

[6] David Harvey, *Social Justice and the City* (Baltimore: Johns Hopkins University Press, 1973).

[7] David Harvey, *Justice, Nature, and the Geography of Difference* (Oxford: Blackwell, 1996).

[8] Habitat International Coalition, *World Charter for the Right to the City* (Paris: UNESCO, 2005), after Social Forum of the Americas, Quito (2004); World Urban Forum, Barcelona (2004); World Social Forum, Porto Alegre (2005 and 2002).

[9] 同 [2].

[10] Andreas Faludi and Bas Waterhout, *The Making of the European Spatial Development Perspective* (London: Routledge, 2002).

[11] Jane Jacobs, *The Economy of Cities* (New York: Random House, 1969).

[12] Gunnar Myrdal, *Economic Theory and Underdeveloped Regions* (London: Duckworth, 1957); also published as Rich Lands and Poor.

[13] Albert Hirschmann, *The Strategy of Economic Development* (New Haven, Conn.: Yale University Press, 1958).

[14] Myron Orfield, *Metropolitics: A Regional Agenda for*

Community and Stability (Washington, D. C. : Brookings Institution Press/Lincoln Institute for Land Policy, 1997).

[15] Manuel Pastor Jr, Chris Benner, and Martha Matsuoka, *This Could be the Start of Something Big: How Social Movements for Regional Equity are Reshaping Metropolitan America* (Ithaca, N. Y. : Cornell University Press, 2009).

第9章 超越后大都市*

［美］爱德华·W.索亚 著　强乃社 译

一、导论

现在也许是做城市地理学家最好的年代，很多人研究城市空间如何社会性地生产出来，及城市空间性如何影响个人和集体的生活。以前从没有一个批判性的空间视野如此广泛传播，聚焦城市和都市生活，而且对经济、政治、文化和社会变化持有如此普遍的、有新意的生产性观点。今天，任何领域的学者在一定程度上都不能不说是一个城市地理学家。

这种前所未有的城市地理学视野在知识分子中的传播，恰好与城市的发展同步。城市发展到了如此程度，以至于联合国宣布世界上大多数人居住在城镇中。但比单纯数量更加重要的是，三个相互联系的、重要的发展，到了21世纪已经形成了重要的力量：（1）城市化生成性力量的再发现；（2）空间视野的跨学科的传播；（3）对区域和区域主义的兴趣日益增长。

---

* 原载：《华中科技大学学报（社会科学版）》2016年第1期。文献来源：*Urban Geography*, 2011, 32 (4)：451-469。

(一)城市空间因果性的再发现、城市强有力的生成性力量和城市化进程

西方社会理论和哲学,无论其政治立场如何,都很少给予理解城市有力的解释性力量,所以在这些理论看来,发生在城市的事情很少是城市自身导致的。城市地理学在这个意义上不过是对社会过程的反思,而不是对城市的自身影响的探讨。[1] 在过去十年里,主要来自地理经济学的一些亚学科的综合性的富有成效的著作,塑造了一个令人目不暇接的现实,那就是都市地理学有一个生成性的力量,即城市是经济发展、技术创新、文化创造性的首要原因。从一种革命性的阐释来说,我把它简单地称为城市空间性。这是从个人发展中的解释性的因素、从被忽视的因素到革命性因素的转变,它已经形成人类社会的驱动性的力量。近来教科书已经将这种情况称为雅各布斯外溢。这是城市地理学家对雅各布斯的著作的一个理解。她的著作《城市经济》(1969)被多个诺贝尔经济学奖的获得者和其他学者理解为,是对一个城市聚集刺激经济和文化的解释,是将城市作为一个原创性的解释。《后大都市》一书中称之为所谓的"聚居"(synekism)[2]①、其他人称之为建构性的城市力量的城市化经济学(主要是马歇尔早期的聚集经济学理论和工业区域构成理论),还有斯道普和梵纳斯提出的快速移动(buzz)理论[3],指人们面对面接触的时候形成的刺激性作用[4]。我怀疑,这些城市空间的因果性的解释,不久将被纳入一个更具综合性的空间资本的概念中,可以和社会资本概念媲美。

(二)社会科学和人文学科中的跨学科空间转向

空间转向是一个值得纪念的前所未有的空间思维,尤其是关于城市空间因果性的融合,这几乎是所谓的人文科学和社会科学还有社会主义者与马克思主义者都重视的。如此转向开始在巴黎启程,主要是福柯和列斐伏尔的转型性的空间视野激发的。不过,1968年的罢工和学生抗议运动被当作一个没有广泛传播但更加糟糕的对空间思想的崇拜。这主要是马克思主义的思想家所为。这些新的方向在20世纪90年代在英、美等国家被激活了。1991年列斐伏尔的《空间的生产》英

---

① 该词在后文中,根据语境也译作"聚集"。

文版出版，被学者们视为一种批判性的当代空间视野的探讨在不同的学科中传播和应用，至今令人惊讶的是，没有一个批判性空间视角在普通大众和专业学院中有如此广泛的传播和影响。[5]

（三）区域和区域主义兴趣的再形成

不断扩张的空间思考有广泛的关联性，不仅引起人们对城市问题的重视，而且激发了其对区域和区域主义问题的兴趣。在最广泛的意义上，新的区域和区域主义影响重大，如斯道普所说，在区域性的世界当中，区域因素可以同市场、国家和亲属相比较，一起构成一个基本的社会组织结构；同时来自城市区域的生成性积聚的网络是一个新的概念，被称为全球化和新经济背后的推动性的力量。[6]这些新的对区域的探讨，不仅是对城市聚居的改变，而且进入我们对城市化的过程的探讨，改变了我们对现代大都市的理解。这是一个强有力的和更加明显的区域性的维度，可以说，区域性的城市化过程，明显改变了城市结构。

除了这个特殊的机会，他们给人文科学和社会科学的空间视野提供领袖地位外，还给地理学提供了一个直接的、令人信服的、特别的发展。新的对城市空间因果性的强调，在地理学家中形成了一种对于知识界的伤害的神经的记忆，这个伤害曾经涉及早前人们所持有的地理环境决定论，或者说还让人们注意到一个禁忌，这就证明了一个地理解释的特定形式的禁忌。地理学中的解释是很好的，但是由地理学解释就是另外一回事了，从空间转向来讲，除了鼓励和扩张它的影响之外，不少地理学家关于这个问题的一个玩世不恭的疑问是：什么是空间转向？难道我们不是一直身处空间吗？

建立在或者是老式的过时的地理学理念上，或者是超越饱学人士的隐喻上（比如说图绘），就丢失了真正的地理学底蕴等。[7]对这些地理学家来说，新的区域主义不是那么新，而它关于区域主义计划的研究，对一些更加激进的地理学家来说，很少超越新自由主义的公司和国家权利的操作范围。这是区域性研究的一种复兴，伴随着更新的、被一些地理学家看作另外一种地理学唯名论的或者科学主义的视野中的努力。

我的一个目标就是，像我再一次探索我十年以前在《后大都市》中阐述有关理念时所解释的那样，鼓励更多的地理学家，将他们的保守和禁忌放在一边，热情地投入新的发展中来，不仅是追随者，而且是引领者。

二、对《后大都市》一书的概括

2000年我的《后大都市》一书，思考了城市的起源、发展和影响，尤其是城市在后现代条件下的未来发展和核心问题。在人类发展史上，城市的形成和发展意义非凡。城市是人们在空间上聚居而形成的。聚居使得人类生活发生了重大变化。雅各布斯认为没有城市我们仍是渔猎者和采集者，人类不会有如此高的财富积累。列斐伏尔以空间的社会生成和变化为契机，打开了理解现代社会的新视界——空间是人们生产的对象和结果，而不是静止的、对社会历史事件没有影响的背景。我们甚至进入了城市时代，这是一个和农业时代、工业时代不同的新时代。今天，我们进入了后现代的大都市时代，它与以往不同，多样性、全球化的城市已经出现；经济上不平等、文化上分化，社会两极化现象突出；随着技术的发展，城市变化剧烈，安全问题困扰着城市，城市呈现堡垒化。城市空间发生了重大变化，不再是主体意志空间、客观空间彼此孤立，而是两者相互交织。人们的行动也改变着城市空间。1992年洛杉矶发生了大规模动乱，这种社会运动对空间的正义诉求变得更加突出了。空间正义成为一个重要问题，这是我2010年《寻求空间正义》一书写作的最初缘由。这里我更愿意重新思考城市的起源、城市化的新形式（区域城市化），落脚点依然是在新的后大都市时代寻求空间正义。

（一）卡特尔·狐玉克[①]被发现之后和之前

近来考古学有了一些对城市化生成性力量的探讨，让我们有信心讨论我所说的城市积聚——就是城市积聚的刺激性力量——可以被当作所有人类社会力量的一个主导因素。这个因素已经发挥作用12 000年了，人们逐渐认识到——这是第一次有意识形成的城市地理学——

---

① Çatalhöyük，或译为"恰塔胡由克""恰塔霍裕克"，也有人音意结合译为"加泰土丘"，位于土耳其中部，是已知人类最古老的定居点之一。

从人类第一次城市集中居住以来就已经是这样了。自渔猎年代以来，人类社会就已经被永久城市定居现象影响。在西方社会理论、哲学和科学当中，关于城市的因果性的缺席让我们感到惊讶。研究城市起源，不仅要搞清楚哪个城市首先建成，而且要寻求一个机会，增加一个空间视角，以便更好地理解，无论是在历史上还是在当代条件下，城市积聚对经济发展、技术创新和文化创造性等影响非常大。

有一些严格的关于后期苏美尔城市起源的教科书知识，很多人认为今天仍需要坚持。这些知识有这样一种假设：城市是一种结果而不是原因。它们认为可以将一个城市的增长和这样的因素联系在一起，比如天气变化、书面语形成（书写的历史而不是史前史）、灌溉农业的扩张、剩余食物的必然积累以及（欧洲中心定义的）文明。正在变化且日益明显的是，城市化和农业的发展（不仅仅是植物从野生到种植的变化）之间存在着一种相互刺激的关系，这比六千年以前苏美尔人建设城市还要早。早期建设城市是由平等主义的猎人和采集人开始的，伴随的是石头建筑、视觉艺术方面的重大技巧的发展。还有一个重大的规模上的飞跃，就是从短期的拥有资源的大概三百人的居住地，到组成贸易网络并形成有万人居住的城市中心。[8] 村庄在规模上纯粹增长，一直到它们变成城市的进化模式，是少有或者没有证明的神话。更多的证据并不能证明农牧引致城市化，而更有可能是相反的情形——至少也是两者相互影响。[9]

这些早期居住地是城市吗？如果一个人被严格限制在这样的一个偏见中，即城市文明是随着书写、大规模的灌溉、更加精细的分工等形成的，那么这些古代定居点如杰里科（Jericho）、卡特尔·狐玉克等，就变成了一个不符合常规的、无法解释也不能确定是否成功的城市建设实验。然而，如果从规模以及相对来说持续的积累（比如形成基础理念、经济活动和艺术）而言，那么至少可以说，早期的居民点大部分可以成为城市。先将如何定义城市的问题放在一边——这是一个永远有争议、依然模糊的问题。无须怀疑的是，在当时的农业生产和动物养殖中，在不同的宗教信仰和文化中，在金属加工、个人饰品制造、陶罐制作、小地毯编制、弹性的视觉艺术等活动中，所表现出来的发明和革新是城市聚居带来的刺激性结果。这些生成性的影响不断发挥作用，一直到目前，仍是社会发展和变化的优先性的力量。这些空间解释没有否认环境因素包括天气因素的重要性，但它们坚持将城市化因素放在前面，坚持说环境因素和自然事件的影响在社会的城市空间生产中是可以看得见的。

近来，关于早期城市化过程的新的地理学已经从一些考古发现中发展形成了。第一个定居点正好是在卡特尔·狐玉克的东部开始的。这是《后大都市》讨论的焦点，在安纳托利亚中南部地区形成了一个城市定居点，在这里城市化与大规模的农业发展一起进行，形成了一场共同的经济发展和城市化的革命。城市化大概延续了12 000年，这个过程的起始点现在很清楚，而且，它是如此清楚，以至于早先的一些神话（比如伊甸园）有可能是和这样的一个过程联系在一起的，即人类经过了从渔猎到以农业为基础的农耕革命这样一个重大变化过程。目前人类所知的最早的永久性建筑是高尔布里克·泰布（Göbekli Tepe），至少有35根石灰岩石柱非常精彩地集合在一起，在这个地方高高矗立，比一打石圈、石栏还要坚固。很难想象，但确实如此先进、大规模的石头建筑是由日渐定居起来的渔猎者与采集者建设的，而且这还预示了埃及的金字塔建筑和圆形石头建筑。它比埃及建筑要早8 000年，比苏美尔人的第一个城市的建设要早6 000年。

值得注意并依然在争论中的是，在高尔布里克·泰布发现的东西，意味着通过修建纪念性的场所来进行崇拜活动，这些建筑与人类永久性的居住地同时形成或者提前形成。也可以说，这些建筑确认了自然环境的一种社会转型，与人类聚居的形成有密切的联系。这种聚居是由渔猎者和采集者发动的，导致了后面的农业革命。有意思的是，在高尔布里克·泰布附近发现了原始的农作物，这些农作物是比早期谷物、豆类等还要早的作物，比如单粒小麦（现代小麦的祖先）。就像我在《后大都市》中所说的，安纳托利亚南部地区是绵羊、山羊、猪、牛等动物养殖发达的地区，也是葡萄、橄榄、燕麦、二粒小麦、小百里莱豆、宽扁豆、小扁豆和亚麻的种植地。[10]

除了不断有证据表明城市化和农业的共生的进化以外，还有对关键概念的反证：第一，大规模农业发展和社会所必需的剩余食物的生产，需要城市聚居的刺激，而不是其他的方式；第二，是平等主义的渔猎者、采集者、贸易者，而不是农夫，建设了最早的城市，不是在一个进步的村庄基础上，而是通过大规模的从小的半永久居住地向上做一个重大超越而形成的；第三，杰里科、卡特尔·狐玉克等被当作城市，而不仅仅是一些过度发展的文化意义上的村庄。

无论如何，近来人们所理解的城市的生成性的力量，结合空间转向以及区域主义，最终导致了这样一个结果：过去那种僵化的对这些观点的抗拒被削弱了，另外，可以和发生在地球科学领域的大陆漂移学说形成的革命进行比较。日益增长的来自城市经济学的经济、政治、文化的影响增加，可能导致一个激进的在当代发展经济学和批判的人文地理学中以及在建筑学、古人类学、考古学和人类社会发展的历史方面的重大变化。

六千年以前发生在苏美尔，或者说高尔布里克·泰布形成以后大约六千年，不是第一次和唯一一次城市革命的开始（教科书依然这样说），而是以城市为基础的中心化的国家的发展，而且其伴生物即世袭组织社会形成了。[11] 这些有可能相伴随形成了人类社会的重大变化即国家形成了——就是城邦形成了，和城市规模的戏剧性变化联系在一起，从可能最早 15 000 年前新石器时代的城市状态，向新的、集中的、有墙的、以帝国形态发生的扩展性城市的转变。城市变化到如此程度，以至于居民人数能够成千上万，在罗马、中国北部、墨西哥就是这样的。[12]

现在看来清楚的是，在美索不达米亚平原上以城市为基础的国家（或者以国家为基础的城市）是一个带状地区长时间城市化发展的产物，在这个带状地区内，从西往东通过安纳托利亚延伸到印度河谷，向南则穿过列维他（Levant）直到尼罗河谷。虽然没有相关文献说明，但是这很快能够从可追溯到很久以前的、我所定义的第一次到第二次城市革命的转变中看到。这个时期，不仅有集中的国家出现，而且有阶级分化、父权制、书面语使用等重大事件出现，以及保护性的城市关隘（比如城市城墙）、城市地理的重组，还有对民主原则的最早表达等。如此革命性过程的起点，比如列维他的杰里科、安纳托利亚东南部的卡于努〔Cayönü，可能还有乌尔法（Urfa）〕，每一个城市至少有 11 000 年的历史，它们是由平等主义的渔猎者建立的，但是最大和最一般的新石器时代的场所，依然是积聚性的城市形成模式下的卡特尔·狐玉克。[13]

关于国家的城市起源、工业革命的发展以及后来经常谈及的并被描述为都市工业资本主义的发展等讨论的重新兴起，来自三个革新性的、生产性的发展。在相对忽视了这个问题的两个世纪以后，人类社会发展的空间解释至少获得了同等的注意，就像社会历史的解释获得了平等的关注一样,这导致了一个新的发现,即都市地理学的重要性。

(二) 区域城市化和都市时代的结束

城市空间的地理历史的探讨引向一个激进的修正:我们如何解释早期的城市化。这也使得我们对都市过程的理解有了激进的变化。过去三四十年来,这种争论导致了对当代城市和城市化过程中变化的思考。在这些变化以前,就已经确立了一个多中心的城市化过程。这帮助我们描述了一个都市增长和变化的大都市模式相对衰落的情况。主流的城市文献还没有承认这一模式,但也有一些发现,即从都市到区域城市化的转变已经存在了。为描述这些情况,人们使用了一些相关的术语,比如区域城市、城市区域等,这些术语将作为重要因素出现在日益发展的城市地理学分析中,这在下一个十年中将是一个重要的关注点。[14]

一种新的区域主义在后大都市中被辨认出来,可以作为我称之为后大都市转型的核心特征,其方向和意义是开放的,但是还没有最后确定。今天我确信,城市过去三十年所发生的可以描述为一种范式性转型,即城市化过程的范式转型。虽然尚处于早期阶段,但是区域城市化过程很长,在一些城市区域可以确定其特征,也可以辨认和分析。这让城市学者意识到,现代都市时代正在终结,已经形成了一个日益增长的新需求,即需要一个新的空间框架来研究城市和城市地理学。

1. 从中心化城市化到大都市城市化

大都市形式的城市化已经统治了如此长时间,以至于很多人认为这是唯一的现代都市增长和变化模式。城市和郊区的二元论在19世纪晚期已经形成,这种观点深入人心。我这里指的是传统的对于都市的划分:有一个人口密度很大的都市中心,充满了异质性的文化、社会交互的分层,还有娱乐、购物活动以及犯罪、吸毒、阴谋和贫困的集中;城市周围有一个环绕的并不断扩展的郊区,那里有不同的生活方式,更多同质化的种族、阶级以及有孩子的家庭,盖满了相互分割的房子和花园,每个人为维持日常的生活而需要依靠更长距离的交通工具和设备。

城市研究文献直接反映了这种城市世界的二元分割模式。这种城市和郊区的二元模式已经过去了三十年，其影响如此深刻、明显，以至于它的基本特征发生变化时我们也视而不见。典型的变化依然没有被注意，或者重新进入新的古老二元分割模式中。非常有意思的是，有些熟悉的事情发生在20世纪以前，所有的大都市模式都出现在更加中心化的19世纪资本主义工业化城市中，甚至连都市发展和进化都出现了。芝加哥学派的学者发展了一个模式，不仅适用于当时的芝加哥，而且对19世纪资本主义工业化城市依然管用，比如挤压概念，中心城市人口密度很大，在繁华的市中心，城市离心力和向心力都在居民与工业聚集中形成了。这后来被形象地称为"城市"，这种"城市"统治着城市研究，尤其是城市空间理论和城市地理学，一直到现代大都市的年代。[15] 今天都市模式被芝加哥派高度合理化了，似乎它是城市增长的唯一方式。

我在这里要讨论的是：第一，都市城市化在资本主义工业化城市发展中应该被看作一个不同的步骤；第二，它是生长起来的，但是没有抹擦掉早期更加集中的工业都市主义的模式；第三，这种大都市城市增长模式在一种新的多样规模的区域城市化中被超越和重构。

2. 区域城市化在增长

这种区域城市化过程是在都市和郊区的密度都不断增加的过程中形成的。这种剧烈的都市密度的变化从旧的城市中心梯度式地延伸出来，从一个密度较高的地方延伸到密度较低的郊区，这样一种变化意味着相对的集中度的衰减（人口数量也是如此），这是内城的衰落，同时郊区经历了一个值得注意的集中化，这通常是内嵌式发展而不是外延性增长。一个矛盾的转变是，由于密度不断加大，相对同质性的郊区不断增长而产生分化，就有可能成为旧的城市中心，这样单一中心的大都市形态发展为多元的区域城市，组成了一个广泛的各种类型的聚集的网络——这是一种新的都市地理学。

一个不同的术语已经形成并用来描写这种转向，就像我2000年所称呼的那样。后郊区时代的村落已经被描述为边城、外城或都市郊区，同时，在超过了旧的核心范围以后，现在有了相当混乱的外郊区、农村郊区、农村郊区地域和边缘郊区等的混合。随着阶梯式的密度分布变化，边缘地区的城市化也带来了经济和文化的不断增长的异质性，以及不断增长的移民人口，同时，实践中与传统核心城市相联系的任何东西,将过去可以合理界定的城乡、城郊的区分打破了。[16] 在《后大都市》中,我用"前都市"(exopolis)来描述这种城市形态的变化。这是以开玩笑的方式提请大家注意它的双重意思,比如外在的、边缘地区的城市化的意思,还有以前、以往的意思等。前都市是一种新的城市形式,不同于旧的城市化,前都市现象是一种区域性的城市化。

外城现在几乎到处都在不断增加密度,内城则经历了不同的发展趋势,世界上几乎所有的主要区域都经历了空心化,或者在早期的重构和去工业化过程中城市核心的密度降低了。有两个地方,居民的迁移方向趋向城市以外,即底特律和大阪,底特律城市中心少了50万居民,变成了被遗弃的城市,大阪城市中心也衰落了。除了有限的人口,在很多全球化城市中,其内城腾空以后,大多数地方由移民填满,能够充分证明这些问题存在的城市有伦敦、纽约、巴黎、阿姆斯特丹、洛杉矶等。[17]

有不同经历的内城的剧烈变化,伴随着的通常是在一定程度上带有强制性的对于市中心衰落的关心,还有看起来像流行病一样的复兴和发展欲望的形成。多中心的城市化让内城中心的发展更加不稳定、不可预测,这导致侵略性的城市市场化和品牌化的努力,即提升品牌、增加公共投资、提高竞争性,政策和计划从过去强调满足社会基本需要而变为更有竞争性的企业主义,用公共的资源吸引私人投资以及旅游的发展。在一个颇具讽刺意味的策略中,无数公共资源不再用来解决贫困、无家可归、不平等这些重大问题,而这些问题在一定阶段成为越来越严重的问题。可怕的充满贫民窟的星球[18]、痴迷计划与发展性城[19]、以充满奇异建筑而使得城市整体繁荣的毕堡效应(Bilbao Effects),这些都是区域城市化的副产品。

也许在世界范围内重构区域城市的过程中还有一些剩余的核心城市、一些衍生性的部分,也依然保留了大量的传统郊区带。无论如何,现代都市正在变得无法限制,以前的空间结构、社会文化界限等定义它们的东西正在消失。旧的阶级、种族地理学变得更加混合和异质化,新的移民文化飞地重新构成都市地理学,很多人感到这更加混杂,比以往更有威胁。[20] 对这种情况的传染性的恐惧感,很大程度上是由不安定的、不熟悉的城市地理学引起的,这就如同迈克·戴维斯所说的,一个带有安全强迫症的城市,充满了堡垒、围墙、电栅栏、监视探头、大门和武装门卫的社区,让人感到无限恐怖。

如果不是社会、经济、政治和文化两极化问题突出，这些恐怖情形还在不断加重。财富集中在百分之一的富人手里，同时生活在贫困线上下的人自 2000 年以来在美国和世界其他地方增加到了一个不能相互匹配的水平。土著和移民之间的对抗也达到了剧烈的程度，这在 500 个有百万以上人口的城市中普遍存在，这些城市集中了世界大部分人口、财富和创新能力。背负这些重担，美国形成了迄今为止最深邃的富人和穷人之间的鸿沟，这种差异从 2008 年以来更加严重。

现在依然可以看得清楚的是，从 2000 年以来，世界上主要城市区域，不仅是推进城市和全球经济发展的动力，也是高度爆发性的、形成基本的不平等问题的途径。然而新的城市化过程是确定的。通过 30 年危机形成的城市重构，我们就能够进入一个重构形成的危机中，社会的不安定、反叛、危机，深化的全球性衰退和金融危机也就形成了，这就是我们面临的时代，而且，几乎直接是由我所描述的区域城市化推动的。

3. 区域城市化的多样性

区域城市化的影响扩大，是在规模上的扩张，超过了旧的现代大都市的核心地带的局限。大都市城市化是一个单一的规模，在城市、行政区划以及亚国家区域水平上进行。不仅区域城市化过程在本地和全球的范围内进行，而且一个有说服力的论述是，在城市区域或者区域性城市中有些指标已经在某些地方出现了。都市、大都市、亚国家区域的城市化在世界上很多地方是相互融合的，形成了巨大的区域性的聚集网络，这些可以称为元城市区域、元区域、元都市区域、区域星团或者甚至是区域性国家。例如，在巴塞罗那附近的加泰罗尼亚，南非的豪登省（Gauteng），还有"更大的"巴黎、伦敦、纽约和洛杉矶这些元区域，都有 600 万～2 000 万居民。而在珠江三角洲、长江三角洲，日本的东京、大阪等，以及理查德·弗里德[21] 所谓的欧洲低地（从丹麦的兰德斯坦，到新形成的围绕着卢森堡的地带），这些元区域的人口大多超过了 5 000 万。[22]

区域内扩张性的城市化、多种规模的城市重构有多种影响，其中之一是区域城市治理危机。[23] 全世界范围内旧的国家行政管理和政治地理学在过去的 40 年中变化最慢，尤其是与经济和地理的空间重新组织相比较的时候。这种治理危机在国家和全球规模上也很明显，这里有一个所谓的超民族国家的区域主义的"大爆炸",因为一个民族国家区域在很大程度上要面对全球化、新的经济革命和IT革命的影响。其基本的模式有欧盟,还有其他的国际贸易组织。[24]

区域性城市化过程以不同的规模在扩展,从本地水平到全球规模都有。全球化过程是区域性城市化的载体,城市工业资本主义的影响扩展到几乎所有地方,从500万及以上人口的元城市区域,到包括世界上绝大多数人口,形成了网络适配、光谱漫射型的相互联系的区域,以及新的工业化国家和新的工业化地区,并外扩到亚马孙雨林区、西伯利亚冻土区域、撒哈拉荒漠区域、北冰洋冰盖区域。这些不仅将人口从各个地区带到全球性城市化区域,而且形成了世界范围内日益加速的城市化。[25]

(三) 寻求空间正义

在《后大都市》第三部分也就是最后一部分中,我用新的思维方式和写作方式对空间与地理学进行新的思考和写作,以寻求新的领域进行空间化。促使我这样做的原因是,我意识到,我已经勾画出来一个非常黑暗的和令人失望的重构大都市的图景,它存在着空前的不平等、社会两极化、迷恋安全和监督、放弃社会福利目标、摧残市民自由、形成恐惧的生态,以及日益增长的无家可归、日趋贫困的现象。如果让我教授地理学和社会学,我就可以用堆积无数的资本主义、自由主义、父权主义、新自由主义等理论进行批判。但我在城市规划系的几十年中,需要发现一些办法来做到这样:让教室充满这样的气氛,即促使那些严肃的积极行动者,试图努力让社会变得更好。要为有效的社会改造打开空间。

在城市重构的故事中是否有隐约的希望?我问自己,有什么事情能够为进步的行动主义做开场白吗?我把几十年来自己写的东西放在一起,我就有了这样的主意:空间性地去思考,通过特殊的空间棱镜看世界,也许可以提供一些有用的策略,来动员新的和更加有力的社会运动,以应对当代世界中积累的不平等、不公正和压迫。以空间思维中的发展作为支撑,从后殖民主义的批评者赛义德那里借来一些理念,我把注意力投向了逐渐流行的为地理学而斗争的理念,这种斗争是由城市重构和区域城市化形成的,注意到了我所描述的寻求空间正义,并重新思考社会正义及相关的民主、市民资格、平等主义。这是从一个直接陈述性的、因果性的视角进行的。我在哪里发现了为地理学而斗争、为空间正义而寻求策略的例子呢？

也许毫不惊奇，我转向洛杉矶来寻求证明和激励。这就是过去十年以来的以洛杉矶为基础的研究，因为其明显的过分要求而变成了一个备受批评的靶子。很多洛杉矶内外的学者，粗暴地对待地理和规划研究者迈克尔·迪尔[26]的观点，即在当代城市研究中要用洛杉矶学派替代芝加哥学派城市生态学的观点。[27]其他与研究洛杉矶有关的大多数地理学家和规划学家，注意力都集中在洛杉矶研究中的空间分析视野，尤其是从区域研究角度，而很少有兴趣来推进迪尔提出的这个学派的新理念以及和这个新理念有关的概念。现在有些共识已经形成了，在洛杉矶形成了一个很大的创新性的地理学研究群体，他们在过去40年中的研究与别的研究小组可以媲美。我也许可以给这个群体的研究再加上一点，即他们的本土性研究在重新发现城市空间研究的因果性、跨学科的空间转向、新的区域主义中，扮演了一个很重要的角色。

因为混乱和争论包围着这个所谓的洛杉矶学派，以及日益广泛传播的关于洛杉矶企业主义的否定性的负面反应，我曾犹豫是否要过于集中在洛杉矶上，但是，洛杉矶再一次提供了充分的例子，由一些学术文献作为基础（这些已经搜集好了）；还有一些新的关于城市因果性的思维模式，在空间与区域性研究中去复兴和传播城市空间因果性。我开始探讨这个理念，洛杉矶的实践不仅是发展理论导向的生产性经验、理论导向的实验性研究、理论支持的经验性研究，洛杉矶本身也是一个平台，进一步将空间转向落实到实践中去，落实到实际政治行动和空间实践中去，这至少部分是围绕着创建一个创新的意识进行的。到2000年，很多人发现洛杉矶变成了新的、以美国劳工运动和社团为中心而组织的、两者共同创新的一个核心。新的联合已经出现，如"巴士乘客联盟"、洛杉矶新经济联合会，这是值得注意的明显成功的例子。

我决定写一本容易读的书，追溯新的社区劳动联合在洛杉矶的发展，从联合农场工人到现在，尤其寻求这种联合与大学教员、学生和教工的联系，探讨在这些社会活动发展中空间尤其是空间策略思想所扮演的角色。可以肯定，有一些导论性的章节涉及空间转向，其中包含社会空间辩证法。我想写下这些内容，这样理论就可以对我最重要的行动主义的读者和学生听众产生作用。

我所探讨的新的空间意识正在指导研究空间正义，这种意识表现在一些基本的地理学预设当中：第一，人文地理学是社会化形成的（反思列斐伏尔对空间的社会生产的解释）；第二，这些地理学可能形成的是压迫性的，也可能是促进性的社会权力（福柯的空间、知识和权力关系的概念化）；第三，压迫性的和不正义的地理学可以改变，通过社会关系空间行为可以将这些压迫减少，增加更多公正；第四，新的空间意识和集体性地为地理学而斗争，可以为地理学提供在组织和社会运动之间的联合，提升寻求空间正义的策略的重要性。

洛杉矶已经形成了美国劳工运动尤其是以积极的社团为基础的组织化行为集束的中心，这种中心地位是通过成功形成以下组织而获得的："巴士乘客联盟"及其先驱组织劳工社团战略中心、洛杉矶新经济联合会、洛杉矶正义经济策略行动组织以及近来构成的城市权利联盟。部分来说，这一中心地位是由来自全球化和经济的重构中特别不公正的、压迫性的地理学促成的，也是因为洛杉矶比世界上任何发达国家城市的收入不公正和社会极化都要严重而形成的。这种情况正在墨西哥城等地出现。

在全球化背景下所谓的第一轮城市爆炸中，现在已经形成了所谓的名言"无正义，无和平"以及被称为"正义的抵抗"的1992年的起义和反叛，这意味着出现了另外一个拐点。人们逐渐认识到，政府（本土、州和联邦）的投入，从来没有解决洛杉矶所面临的问题，围绕着洛杉矶这个中心，行动主义者的组织化、工薪穷人的聚集形成了。人们也意识到为更大的社会和经济公正而斗争，在洛杉矶出现的运动中有一些非常突出的、和兄弟城市比较而言的特点，如这里有一个创造性聚集，大约500万移民工薪穷人形成了一个创造性的、在都市中心的聚集，这种密集度只有曼哈顿可与之比较。新的、急切的需要是由贫困、无家可归以及相应的房屋危机形成的。这发展到了一定的程度，具有创新性的劳工社团的出现，可以看作太多的移民穷人聚集的溢出效应或雅各布斯外溢的结果。

另外一个劳工社团聚集的特点是，它们对空间政治、潜在的寻求空间正义策略的重要性和城市权利的高度意识。就像我在《寻求空间正义》中所提出的，在本地运动中相当突出的空间意识、政治行动主义的空间策略的出现，很大程度上来自建立完好的、不间断的、与规划（至少与地理学）有关系的行动者小组和大学生、大学职员的联系。

可资证明的是，加利福尼亚大学洛杉矶分校城市规划系在过去十年中有 40 名学生被洛杉矶新经济联合会雇佣作为实习生、研究者或组织者。同时在大学和广泛的行为主义社团之间，社区学者项目也提供了一个重要的富有成效的通道。在这些项目中，有经验的劳工和大学的院系都有联系，每年都开设一些课程，举办讲座，参加学生关于城市规划的项目工作，形成了一种理念和鼓励交流的双通道。

最后，可以肯定，在美国没有哪个城市能够看到如此丰富的关于空间理论、区域经济学、城市地理学在大学和城市区域社团之间的交流。重要的是，洛杉矶能够比其他地方更好地将空间理论落实到空间实践中去。

注释

[1] 最大的例外当然是城市生态学的芝加哥学派，该学派强调人的行为是因城市环境而形成的。然而，这里因果性的力量外在于社会行为，而且将环境性或生态性普泛化。近来城市空间因果性概念不是来自自然力量而是来自社会建构（且可以改变）的都市地理学。

[2] synekism 来自 synoikismos，在希腊语中有"居住在一起"的意思［oikos 意思是"家"，也是 economics（经济学）、ecology（生态学）和 ekistics（区域规划学）的词根］。synoikismos 这个词是亚里士多德、修昔底德和其他一些人一起使用的，指的是城邦的构成和不同居住区的统一。在现代希腊语中，也指婚礼。

[3] M. Storper and A. J. Venables, "Buzz: Face-To-Face Contact and the Urban Economy," *Journal of Economic Geograph*, Vol. 4 (2004): 351-370.

[4] 关于"快速移动"（buzz）这个术语的文章，其副标题是"关于城市经济发展动力"。

[5] 其历史在《后大都市》中得到了讨论，但空间转向的深度和广度还不明确。2000 年以后，日益增长的对空间跨学科的兴趣重新构建了我的写作和演讲。我被邀请在建筑学、地理学和规划学以外这些传统的空间学科进行演讲，令人惊讶的是出现了更多听众，他们更加迫切地需要知道一些空间和空间思维的内容。这些日益增长的学科包括城市人类学、艺术历史和实践、文学批评、比较文学、教育和读写能力研究、理论考古学、批判法律研究、电影理论、后殖民主义研究、

"来世论"和《圣经》研究、政治神学、诗学、会计学、组织研究和通信媒介研究。

[6] 对一些人来说，空间视角在 15 年前是不可思议的。现在，情况发生了很多变化，比如欧盟的一些正式政策中采纳了空间视角。

[7] 一个相当无畏的争论把注意力从提升对于城市化经济学的理解转移开，雅各布斯已经涉及地理学家对经济地理学家的批评，尤其是对诺贝尔奖获得者克鲁格曼的批评，雅各布斯认为他使用一些过时的地理学概念，且涉嫌以某种形式的学院式帝国主义自高自大。

[8] 把这种量上的跃迁称为人类历史上的第一次大爆炸是很有诱惑力的。但这不能说明一种原始的自然的条件，到一个转型的人为的制作，到永久的人类居住点形成，是一个社会化构筑起来的空间。

[9] 近来有关渔猎者和采集者的文献可以回溯到城市起源时期。现在人们广泛接受的是，渔猎者、采集者容易得到生活必需品，尤其是在新石器时代的安纳托利亚高地的一些野生动物和植物资源比较丰富的地区。可以肯定的是，从事种植和动物养殖的人是早期一些渔猎者和采集者形成的城市的居民，但大规模的农业发展只有随着时间的推移才变得有必要，这时候永久性城市居住地使得发展新的食物和其他新的基本需要的来源就很有必要了。

[10] E. Soja, *Postmetropolis: Critical Studies of Cities and Regions* (Malden, MA: Blackwell, 2009).

[11] E. Soja, "Cities and States in Geohistory," *Theory and Society*, Vol. 39 (2009): 361-376.

[12] 这种地方有很多，从古老的玛雅，到秘鲁沿岸和厄瓜多尔，到中国、东南亚，甚至到北美和东欧，考古学家已经发现了很多较早城市化的证据，而不是如传统所说的那样没有证据。早先的观念认为农业对最早的城市来说是根本，这种观念非常顽固，因此发现了城市化和农业共生对很多考古学家和史学家构成了冲击。

[13] 参见 E. Soja, "Cities and States in Geohistory," *Theory and Society*, Vol. 39 (2009): 361-376; E. Soja, "Putting Cities First: Remapping the Origins of Urbanism," in G. Bridge and S. Watson, ed., *A Companion to the City* (Oxford, UK and Malden, MA: Blackwell, 2000), 26-34; E. Blake, "Spatiality Past and Present: An Interview with Edward Soja," *Journal of Social Archeology*,

Vol. 2 (2002): 139-158。

[14] 联合国关于城市规模的信息是建立在城市区域而不是建立在大都市区域概念上的，或者说可以定义的更大的都市基础上。美国统计部门也开始关注对于城市区域的统计，这些城市区域由于其网络的增长而更加复杂。

[15] 可以肯定的是，城市地理学早期努力发展不同于古典的芝加哥模式，比如说承认多核心出现，尤其是大众生活的郊区化。古典的模式中区分中心地带和延伸区域的部分，在大多数城市研究中几乎没有改变。

[16] 比较研究在很大程度上是需要的。曾经是同质性的郊区研究，采纳了很多不同的形式，这些形式有防卫性的障碍物形成、建立人工制造的环境、形成房屋拥有者联合会等，这些区域房屋建筑彻底封闭在安装大门、配有门卫的社区中，形成了一个搁浅的、边缘性的都市。在那些郊区性质的城市，工人要通勤两个小时才能到达他们的工作地点。少量的后郊区城市，比如硅谷，现在人口规模达到了几百万人。

[17] 随着内城和外城人口的剧烈增加，洛杉矶变成了区域城市化过程的一个典范。20世纪90年代，洛杉矶超过纽约成为人口密度最大的居住地。一个值得注意的变化在洛杉矶发生：也许1990年它还是美国人口密度最小的大都市，但从那个时候开始，城区人口陆续增加了800万。

[18] M. Davis, *Planet of Slums* (London, UK: Verso, 2007).

[19] A. Scott, "Creative Cities: Conceptual Issues and Policy Questions," *Journal of Urban Affairs*, Vol. 28 (2006): 1-17.

[20] 所有这些隔离的同一数据测量是混合在一起的，就像随着时间发展的小规模收入增长，也许掩盖了收入极化现象，因为有大量的穷人增加而只有少量的超级富豪出现。这种变化水平的指标经常是欺骗性的，是一种激进的隔离的增加，而其增长率由于不同原因也在逐步降低。

[21] R. Florida, "Foreword," in C. Ross, ed., *Megaregions: Planning for Global Competitiveness* (Washington, D.C.: Island Press, 2009).

[22] 确定元区域的外部边缘是有困难和有争议的。这些年来，这

里的问题之一是元区域核心在更大程度上是全球化的。

［23］N. Brenner, *New State Spaces: Urban Government and the Rescaling of Statehood* (New York: Oxford University Press, 2005).

［24］如果将新区域主义录入搜索引擎中检索，那么大多数指的是超民族国家的区域，一个相似的建立联合的过程发生在本土，比如以劳工、社团为基础的组织，变化了的联合因此发展起来，还有一些区域性的策略，其中一些人称之为社区基础的区域主义。

［25］E. Soja and M. Kanai, "The Urbanization of the World," in R. Burdett and D. Sudjic, ed., *The Endless City* (New York, London: Phaidon, 2008), 54-69.

［26］M. Dear and J. Dallas Dishman, ed., *From Chicago to L. A.: Making Sense of Urban Theory* (Thousand Oaks, CA: Sage Publications, 2001); M. Dear, "Urban Politics and the Los Angeles School of Urbanism," *Urban Afffairs*, Vol. 22 (2008): 266-279.

［27］参见 E. Soja and M. Kanai, "The Urbanization of the World," in R. Burdett and D. Sudjic, ed., *The Endless City* (New York, NY and London, UK: Phaidon, 2008), 54-69。在《都市地理学》的有关特刊是"芝加哥和洛杉矶：范式、学派、原型和城市过程"(*Urban Geography*, Vol. 29, No. 2, 2008)。

第 10 章 以空间书写城市*

［美］爱德华·W. 索亚 著　强乃社 译

　　我被描绘为一个城市专家（urbanist）——一个陌生而熟悉的词语，依然在大多数文字处理软件的拼写检查中被标注为不可接受的词语。urbanist 在《牛津英语词典》中有收录，但其所指有二：一是教皇乌尔班六世的信徒，二是追随教皇乌尔班四世的苦修会分支的修女。我可以很安全地说，我两者都不是。那么一个城市专家是什么呢？就我所知，这个词语首先在 20 年前的《时代周刊》上使用过。然而，不像大多数带有后缀-ist 的词语的用法那样，城市专家并不必然急切地为城市呼吁，因为很多如此称谓者（刘易斯·芒福德浮现在我的脑海里）实际上并不喜欢城市，也写了一些有关城市生活的负面文字。这样，这个词语在平常使用时就是没有批判性的和中性的。任何一个专门围绕城市写作的人都可以被称为城市专家。

　　过去 20 年，人们从多角度来书写城市，城市自身也经历了戏剧性的变化，对城市的兴趣在几乎每门大学学科中都有所增加。城市研究领域在今天比以往要宽广得多，这样在宽泛的意义上我们都是城市专家。激发这种跨学科的兴趣拓展的，是物质世界的重大转型或者重构。可以说，过去数十年，城市生活几乎彻底全球化了，城市以从未想象的方式扩张到全球规模。不仅 30 亿人口中的绝大多数人生活在一定规模的城市，而且我们正在走向这样一个状态，即大多数人将生活在大

---

* 原载：《苏州大学学报（哲学社会科学版）》2012 年第 1 期。文献来源：美国《城市》杂志 2003 年第 3 期。

约350个全球化城市区域中，这些城市居住的居民超过百万。探索"全球化时代的城市生活"（这个议题构成2006年都柏林国际会议的主题，也是本文形成的基础）的特点和实质，已不仅是专门学科的兴趣，也是对当代地球各处人们状况的每个方面进行解释的一个窗口。

将城市全球化向前推进，实际上是开始于18世纪晚期的一个过程的完成，这个过程最为显著的是，在爱尔兰海那边，从现在的超级后大都市曼彻斯特开始。这里开始了我所说的第三次城市革命，其标志是善于创造的工业资本主义的出现，这也许是从未有过的，最大限度上以城市为基础、都市生成的生产模式。建立在城市聚集（后面将再行论述）的刺激因素的基础上，城市工业社会的形成——我坚持有如此都市运动——将导致新一轮全球化，它由资本主义民族国家组织，但依靠广大城市系统，这些系统是先进工业社会和文化的基础或形成的场所。世界范围内第一次形成统治性的城市社会和经济，开始于英国，那里1750年时有80%的人口居住在乡村，到1900年则超过80%的人口居住在城市。在这种新的资本主义社会中，大部分人居住在城市，并开始向其他地方扩散。

在19世纪到20世纪的大部分时间里，在全球范围内，这种确定的城市工业资本主义的扩散显然受到劳动和权力的宏观空间分工结构的制约，伊曼纽尔·沃勒斯坦（Immanuel Wallerstein）称这种分工为世界体系，即集中的更加发达的工业城市形式，其中有人们熟知的所谓核心国家或第一世界，或者更加简单然而地理上不是很正确的所谓北方。只有在最近30年中，工业城市才开始突破这种大的分工，到了更加有意义的程度，在以前没有工业化的地方（如所谓"凯尔特之虎"）形成了新的工业化的空间，至少在工业城市的亚结构中将一种生活方式推广到世界上的各个角落，从亚马孙湾到大西洋。就像刚才说的我们都是城市专家一样，也可以说，在一个很大的程度上，地球各处都被城市化了。

这样，我认为自己是何种城市专家呢？我从何种特殊的角度来书写城市？我首先是一个批判的城市专家，意思是我受到了法兰克福学派的影响，还有城市生态学芝加哥学派的影响。像其他批判思想家一样，我寻求一种知识，它不仅精确，还要在改变世界以使之变得更好方面有用。我也像城市专家一样是区域专家。我做的工作可以描述为城市和地域的批判研究，就是我在2000年《后大都市》一书的副标题中所说的那样。虽然我很认真地对待-ist 这个后缀,并提倡都市主义(urbanism)和区域主义(regionalism)的积极优势,但我还是将解释的注意力放在全球化和灵活的资本主义新经济的更多负面影响上,令我乐观的是,这些问题可以通过协同的政治行动有效解决。

那么,我是一个马克思主义的城市专家吗?需要强调,答案为既是又不是。当努力理解当代都市生活为何仍然基本保持为资本主义特征时,即当探索当下与过去的坚固的连续性时,我继续受马克思主义的启发。这也许很有洞见,但不足以形成对当下实践和理论的解释,也将更快导致对无法实现的整体革命的渴望。在这里我和大卫·哈维等一些人所宣称的都市马克思主义分开了,这种理论优先强调这里和现在的重要性,以及在当代世界中什么是新的和不同的,用这种理解去重新思考和修正已经形成的认识论,包括马克思主义。我研究当下全球化时代、经济重构和创新的信息技术,不是开始和终止于要证明马克思何以有效抓住了资本主义的本质以及对都市生活的影响。我寻求的是进行社会活动与空间实践的新的和不同的机会,这些活动的目的不是简单地、唯一地将资本主义转型为社会主义,而是最大限度地形成这种可能,即在现有的资本主义社会中形成有活力的、民主的社会主义。

这里所说的本质上不是拒绝马克思主义,而是拒绝所有僵化的排他的批判性的思维方式,拒绝那些依然固定在非此即彼模式中的二元教条,或者这样的一种二元论,即坚持在资本主义与社会主义、资本与劳动、好与坏之间进行截然不同的选择。当需要选择的时候我没有怀疑自己要站在哪一边,但我的选择是以一种更加开放和包容的方式,这种方式保留了一种新的策略与合作、联盟的可能性,还有对长期形成的批判方法的深刻改变的可能性。拒绝这种二元论逻辑在我的城市和区域研究中占据中心地位,导致我用另外一种路径来描述我的著作。

我考虑自己是一个相当小的学者圈子中的一员,他们在被描述为激进的、批判的后现代主义者的时候没有感到疑虑。我说很小的圈子,是因为无论左派还是右派都有一个几乎不可摧毁的信念,即激进的后现代主义是矛盾修辞,一种词语上的不可宽恕的矛盾。然而,我们要讨论的是,关于后现代的状况,有很多种关于它的死亡或胜利的宣言,还有可见的自身的贫困和极化的增长。后现代已经很清楚地为保守所主导,用当代的词语来说,就是再洗礼或者为新自由主义力量和政治学所主导。结合两者真的有罪吗？一个人怎么可以被认为是激进和进步的，同时又宣称用后现代的路径研究当代世界？这不是要到敌人那一方去吗，即使怀有善良的意图？

我过去已经花了太多的时间和努力，去解释为什么这种结合两者的"罪行"被愚蠢地过分简单化和误导了，这深深植根于一种思维已经麻木的基础主义。但是它依然在学界、大众传媒界，甚至在一些自称为后现代主义者的学者那里盛行。这种僵化的后现代观点植根于二元论逻辑的顽固力量（或者可以称之为非此即彼的恐怖主义）之中。现在，让我们实验性地假设有一种激进的后现代主义存在，它也许在全球化时代甚至会产生一些有关都市生活的新的洞见。这依然会导致另外一个问题：在写作城市的时候，我要选择什么类型的激进或者批判的后现代主义呢？

这里我对后现代主义城市专家的认同是狭义的也是广义的，因为我是从空间的视角来书写城市的。我是一个自称为空间专家的人，一个确定为空间或者地理学想象的批判性力量而鼓吹的人。我认为，今天的城市和都市生活，就像过去 12 000 年的城市社会发展一样，具有空间的生成性和因果性。为证明这个广泛的、断言性的空间视角，我引用列斐伏尔的话，就像以前一样。列斐伏尔将自己与其他哲学家、批判理论家以及城市作者区分开，他认为自己一生的著作是围绕着空间的，空间是社会生活的生产者、产品。

> 一些人选择别的方式来理解现代世界的复杂性，比如，通过文学或者无意识或者语言。我选择了空间……我深挖这个概念，并希望理解它的所有含义。（Lefebvre，1975：218）

我也不是简单地用空间的视野来书写城市，我将空间放在第一位——放在文学或者无意识或者话语理论或者历史或者历史唯物主义之前——这是一个贯穿始终的观点，通过它，让理论和实践对（后）现代世界的复杂性有所理解。

选择以空间的视角书写城市，让我加入从未有过的其他一些学者所形成的一个大圈子中去。我早先说过，我对城市日益增长的兴趣已经不可避免地建立在一个更加明确、跨学科的空间转向之上。以前没有这么多学者，虽然各有不同的兴趣领域，但都从空间的视角解释他们的研究。然而，依然很少有人——包括列斐伏尔——将空间放在第一位,也就是说,通过断言性的空间棱镜看到人类存在的复杂性,尤其是城市的复杂性。拉康、德里达、利奥塔、布迪厄、鲍德里亚、詹姆逊、哈维、赛义德、巴巴、赛奈特、吉登斯、萨森、斯皮瓦克、阿帕杜莱、沃勒斯坦都是富有创造性的空间思想家,但他们没有选择将空间作为首要的解释视角。

我已经花了20年来努力让各类批判思想家相信并承认,空间走到前台作为解释世界的首要模式有异乎寻常的理论力量和洞见。这不是一个容易的任务。不仅大多数学者对空间思想不熟悉,而且一个断言的和有力的历史性视野依然在批判思想家中非常顽固地建立起来,这使那些想要获得平等解释力的其他洞见只有很少的空间。由于二元论逻辑的持续影响,以及它所坚持的非此即彼思维方式,空间视野也很难避免被看作空间决定论,或者就像一些马克思主义者称呼我的那样,是空间崇拜,企图将其他解释模式推到一边而建立空间的优先性。被迫进行这种非此即彼的选择,也很少有机会强调人类生活的空间性能够与强调生活的历史性和社会维度、历史性和社会性等一样具有竞争力。

将一个很长的历史时期裁短一些说,20世纪之交才开始看到批判社会思想的具有重大意义的深刻变化,这变化依然没有完成,它建立在空间性、历史性和社会性等基础上的批判视野的再平衡基础上,或者,用更多具有动感的词语,我们可以将它描述为空间的生产、历史的形成和社会的构成,这是用列斐伏尔、马克思和吉登斯的关键词来表达的(Soja,1996)。随着这种空间转向传播到越来越多的研究领域,它带来了城市兴趣的复兴。

为努力总结和进一步推进我们的探索,即如何书写城市能够对理解全球化时代的都市生活做出贡献,我将回顾列斐伏尔关于城市、都市作为一种生活方式的三个方面的研究,我已经在《后大都市》的第一章做过介绍(Soja,2000;参见Kofman,Lebas,et al.,1996),"城市第一"是一个很好的题目。在每一方面研究的背后都是一个强有力的论证,即一个更加广泛、具有生成性力量的空间视野改变了我们书写城市的方式。这三个方面分别阐述如下:

(1)只有在都市生活中,通过都市社会的现实化,社会的发展才是可想象的。

(2)直到近来,理论思考才确信,城市是一个实体,如同作为一个机能和整体,这是在最好的情况下才有的,即它不是被简化为进化和历史的一个部分性的现象,或者从属的、初级的或偶然的方面……一个简单的结果(成果),一个本土的效果,表达着纯粹和简单的一般历史……(这种观点)不包括城市理论知识,也不会导致这种知识,然而(它)在一个相当基础的水平上阻止探索……只有到现在我们才开始理解城市的特殊性。

(3)城市是聚居的成果。

这些探索的第一个方面是最广泛接受和最需要的。同时,它所需的不仅仅是一种策略性的接受,即点头表示同意,它还需要一个激进的历史和社会学想象的转变,这种想象是所有社会科学和人文科学的批判性思维的基础。如果人类社会、社会关系、社会性自身仅仅能够在城市中实现——也许有人会说这是建立在列斐伏尔的观察的基础上,即空间的特殊性和城市的聚居性——那么以空间视角书写城市不能仅仅只是一种附加、一种新解释的图示,或者一种隐喻性的金矿。它必须在书写城市的时候占据优先性,通过它理解全球化、理解当代世界的其他复杂性。

让我从一个几乎两千年来一直被彻底忽视的古希腊词语的新的意义,来证明在书写城市时突出空间视野所具有的潜力。这个词语就是 synoikismos("聚居"),有时候英语翻译为 synoecism,或者我更愿意拼写为 synekism。这个词的词根是 oikos,意思是"家"或者"居住的地方",同一词根也出现在 economics("经济学",经济学始于家务管理或者家庭经济学)或者 ecology("生态学")中,还在 ecumene("居住区")、ekistics("区域规划学")中出现。这是一个新词,是希腊城市专家康斯坦丁·多西德(Constantinos Doxiades)发明用来表达研究人类的各种安置(settlement)形式的学科。后缀-mos 在 synoikismos 一词中指的是所形成的情况,而前缀 syn-指的是在一起。这样"聚居"就成为一种条件的描述,这种条件是由一起居住在特定的家的场所或者空间而形成的。

从"来到一起互助地居住"的含义看,我也许还可以加上"有效地和创造性地一起居住","聚居"也用来指婚姻、一起构成一个单位、通过婚姻构成家庭。这个词在生物学上通过几种方式保存下来,按照在线《难词词典》,它可以用来表示雌雄花同株,或者物种联系上有利于一种物种(至少无害于其他)的物种间的关系。进而,其内涵是创造性地共同生活。

但是，这个词语的最广泛用法，指的是与城市国家或者城邦（polis）形成有关的过程，polis 来源于另外一个希腊词语，实质上有都市的内涵。在这个意义上，聚居是大的共同体、邻居、村庄、镇子来到一起或者一起生长——如果你愿意，就是通过婚姻——形成一个单一的都市政治单位，形成都市实体。古希腊历史学家修昔底德通过两种方式描述这个社会合并、集中化的过程，即人的物理聚集（agglomeration）形式与政治统一形式，两种来到一起的形式不总是同时发生。对修昔底德来说，最重要的是雅典城邦的大聚集，它发生在公元前900年左右，是每隔一年要庆祝两天的一个节日，在希腊日历中为 Synoikia，以纪念城邦的诞生并赞美城市守护者。

然而亚里士多德对聚居进行了最精细的理论化。他已经明白，聚居围绕一个领土的中心展开，是一个积极的社会和文化联盟——形成城邦或者大都市（文字上可以作为"母"城）——过程。这个过程的推进具有特殊的政治本质，一个特殊的都市政治学涉及市民社会的诞生，涉及很多概念如市民资格和民主、家庭和身份（identity）、创造性和创新，以及城市基础、城市生成的文明等。与这个社会、空间的过程产生联系的有很多其他的词语，帮助区分开城市居民（城邦人，亦即有政治意识的居民）与愚民（野蛮人或乡民）。这也是马克思关于愚昧的农民与乡村生活的政治批评经常被误解的根源。这些聚居还通过以下词语被扩展：警察、政策、礼貌、文明性、都市性（urbanity）。对亚里士多德而言，书写城市开始于城市国家构成的基本过程，并继续从中发展。

在复兴和扩展这个长期被忽视的概念的过程中，我用一种很明确的空间解释的视角，丰富了亚里士多德的聚居概念，反思批判性空间思维的值得注意的复兴，这种空间思维在过去十年几乎延伸到每一个学科。在我更加具有断言性的空间重构中，聚居不再局限于城市形成的时刻，而是一个连续的、高度政治化的城市增长和发展过程，是一个连续的、刺激社会集中的、促进进化的、源泉性的、充满活力的过程，也是都市生活的最本质的部分。如此过程中，聚居涉及创造性、创新性、地域统一性、政治意识和社会发展，这些都源于"一起居住在密集、异质的城市区域"。在这种意义上，我将聚居定义为城市聚集的刺激因素，将它直接与描述为都市主义的事物联系在一起——真实的和想象的、物质的和象征的都市生活的地理学或者空间性。

一些明显的问题在我们的脑海中出现了。城市聚集的刺激因素到底是什么意思？假如我们在直觉上承认城市永远倾向于是人类历史上创新的中心，那么，在空间聚集或者形成簇状分布导致新的理念、加速社会发展方面有什么特别之处？这种都市的刺激和聚集的意义又是怎样的呢？不幸的是，这些都不是容易回答的问题，因为很少有理论或者解释明确说明都市聚集的社会和空间动力学。确实，西方社会科学和社会理论很少关注来自城市化过程的解释力量，研究者更愿意将它看作社会过程的背景和环境。

也许最接近对聚居的研究的是关于聚集经济的文献，或者它也被称为广延、区域（或者最适当的是城市化经济）。关于聚集经济的文献，尤其是它在经济地理学领域内的发展，近来已经获得学者们的重新关注，因为它在理解复杂经济重构、全球化过程中很有用，而重构和全球化在过去 30 年中，已经重塑了世界。在后面我将返回到全球化时代这些因素与都市生活的当代联系这个问题上来，但是首先需要考虑聚集的动力学问题。

聚集经济的基本解释建立在时间和能量的节约上，这来自事物簇状分布而不是散布。簇状或者结节性分布，代表了人类对影响地球上所有生物的距离阻隔的一种基本的和策略性的应对，即使这种行为发生的理由经常不被人们有意识地关注。我们完全承认这种时间和能量的节约是如何通过时间和地点上的接近而在我们个体的生活中进行实践的，但是聚集经济学在大的社会和历史过程中也只是大致勾画，很少在细节上进行探索。

与我们当下讨论最相关的是，时间和能量的节约来自聚集，这为创造性努力提供了刺激性的机会，而这正是城市根本特征的关键部分。从理论上看，人类、家庭、家务和所有相关行为都在景观上整齐或者随意地分布，很少或者没有簇状分布。因为至少过去 12 000 年，人类社会主要居住在各种规模的结节状安置地或者城市聚集中，这种人类安置或者人工环境（built enviorment）的特殊形式，提供了不同的收益——还需要加上成本，因为也有一些聚集的非经济会周期性地破坏都市生活。这种时间和能量的节约，在实际中如何形成创造性和创新性，是不容易进行分析性的理解的，但是我们依然能够直觉地理解两者之间的因果联系。

这里不进一步探讨聚集和革新的偶然联系，我转变问题，从另外一种途径进行研究。假设当下存在一种重要的与城市和特定都市主义地理学相联系的、形成创新的创造性刺激，那么为什么在社会科学文献中关于聚集及其相关概念的研究很少，而在区域经济研究的小分支中研究比较多呢？我这里特别谈到社会科学和社会理论——无论是自由主义还是马克思主义——因为我想可以论证艺术和文学永远在这种或者其他种类上是关于聚居的，即使它们没有明确承认这一点。我也许还要加上，以都柏林的荣誉，激发我思考的有关改善城市环境的讨论，很少有人会比詹姆斯·乔伊斯更能够帮助我们理解聚居。但这样的话，我就离题了。

西方社会理论并不仅仅只是忽视了聚集的因果性和解释性力量，直到最近它还声名狼藉地反都市，这是因为它避免对任何特殊的社会发展和社会现象从都市的角度进行解释。可以肯定的是，必须广泛（甚至无法避免）地承认城市里的事物占据空间。当然在忽视或者反对空间解释上有特殊的例外（芝加哥学派、列斐伏尔很快出现在我的脑海里），大部分情况下很少有社会理论家会承认城市自身对城市生活有因果性影响，人类社会的历史发展不仅发生在城市里，也是——一种很重要的方式——从城市里形成，更加特别的是在都市聚集的刺激下形成。

如列斐伏尔所言，社会发展只有通过都市社会的现实化，在都市生活中才是可以想象的。他在别的地方进一步提出，所有社会关系都保持为抽象的和非现实的，直到它们具体地表达出来，物质地、符号性地刻画在生活（lived）空间中。让我们想想，这些断言是什么意思？我理解列斐伏尔是说，确实人类社会的各种社会关系和社会生活的形式，其起源、进化、发展和变化都处于物质性实在和社会性想象的城市语境中。它们通过列斐伏尔所称的城市空间的社会生产来推进，这是一个充满了政治和意识形态的，创造、解构和不可预言的空间，也是一个知识和权力相互交织的，连续的、争论的过程——如果你同意我借助福柯版本的聚居来理解的话。

对大多数社会思想家和理论家来说，没有一个重要的、严格的关于聚居解释力量的理念，或者一个清楚的、富有动力的关于城市空间的社会生产的解释，这种陈述将显得或者空洞或者混乱，甚至列斐伏尔和福柯的追随者也只是微微点头而忽视了它。城市地理学何以能够塑造社会过程、社会意识、社会意志的充满动力的发展？这仅仅是另外一种形式的环境或者地理决定论吗，比如最终导致了芝加哥学派的衰落的那种形式？这是社会科学坚持的优先观点，是我所说的反城市、反空间偏见的典型。但如我更早提到的，在过去十年有些事情发生了，如导致对城市和批判性空间思维产生兴趣的跨学科复兴，而一个几乎同时发生的城市和空间转向，慢慢导致需要重新思考正规的理念，这个理念几乎在所有研究领域都存在，从考古学到文学批评，到会计学、人种学。随着所有人文学科的不断增长的空间化，关于聚居和城市主义的空间特性的具有解释力的争论，已经变得越来越广泛，但也似是而非了。

为了证明空间思维的这种转变，让我们来重新看一本1969年出版的书，这是伟大的城市偶像破坏者简·雅各布斯写的。在《城市经济》中，雅各布斯阐述了关于城市的一种理论化，尤其与聚居的扩张的解释相呼应。她将城市定义为一种安置，连续不断地从自己本土化的资源中产生经济增长。这种"城市经济生活的扩展"，就如她所说的，清楚地聚焦于在城市中而不是在乡村中居住在一起。大密度和文化异质性是它的首要发动机。城市集中了人的需要，这对社会再生产带来了很多挑战，同时也给以新的方式解决问题提供了更大动力。城市吸引了各类新加入者——陌生人、访客和移居者，他们经常带着他们的创新理念而来。雅各布斯以富有特色的简练给出结论："没有城市，我们都必然是穷人。"她说，我们依然是渔猎者和采集者。

在《城市经济》中，雅各布斯采用的方法不仅是大力将自己的理念应用到人类社会历史发展中，将城市理论化，她也将自己的论述建立在考古学家詹姆斯·莫莱特（James Mellaart）的著作的基础上。莫莱特在安纳托利亚南部发掘出他所称的新石器时代的城市，这个地方叫卡特尔·狐玉克。雅各布斯关于新石器时代城市的论述——这与几乎所有那个时代的考古学家的论述相矛盾——值得仔细考察和重新激活，因为像很多20世纪60年代和70年代早期的富有创新的城市思维一样，其他学者显然对聚居的解释性力量和城市主义的空间特殊性忽视和误解了几十年。

我们回头看从有8 500年历史的旧壁画中发现的卡特尔·狐玉克。艺术史教科书称之为第一著名景观，或者"自然"画——但远不是自然的描绘。它描绘的是一个城市景观，一个人口密集的居住场所，建立在一个正在爆发的红色火山旁边,那是黑曜石的资源地,是那个时候采集和狩猎社会的重要资源地。有关文献也说,像这种全景式的富有创造性的城市景观绘画,没有能够在另外一个7 000年的历史中发现。它描绘了清楚的、革命性的对自然的转变,即从生食到熟食的转变,如此说来,城墙壁画象征着第一次聚居。近来的考古挖掘支持,卡特尔·狐玉克和围绕着"肥沃新月地带"的环形高地的其他地方,曾经建立了世界上最早的都市(或者城市),这比美索不达米亚的城市国家的兴起要早5 000年,这是唯一一次由史前学家和大多数考古学家承认的城市革命。

从目前的知识看,卡特尔·狐玉克是最大和发展最完备的早期城市,在其鼎盛时期人口达12 000人。在《城市经济》第一章,在其可称为"城市第一"——这是我现在文章的另外一个题目——的论述中,雅各布斯认为,所有社会发展的开始,尤其是从狩猎和采集到农业和动物养殖的革命性转变,不仅发生在城市,而且是不同的居住形式即城市的形成导致的。在卡特尔·狐玉克推动这些发展的,是首先被发现的金属冶炼、纺织、简单器皿制作,还有一些特别的具有自我意识的大城市空间绘画以及非常早的手工制作的镜子,这两者都是有意识的自我反思的象征,是城市聚集的刺激因素,是城市经济生活的自我生成性的发展的扩张。

通过说明城市在所谓的农业革命之前就已经出现了,雅各布斯不仅将传统的史前智慧颠倒过来,还进一步将她的结论推广到城市聚集在从历史到现实过程中的解释性力量。她断言,人类历史上每一个重要的创新、每一个重要的转型,都是来自生活在密集、中心的都市而获得的内在集中和创造性地节约时间而形成的效率提升。值得重复的是她那有些扭曲了的评论,即没有城市,我们都必然是穷人。

也许对有些人来说,这仅仅是承认城市永远倾向于是革新和创造性的核心,但实际上远远不止。用城市空间性更好地理解社会发展和社会变化的整个历史就是一个很好的例子。它打开了这样的可能性,即可以确定一个特殊的动力,这来自城市性(cityness)的基本特征或者本质。当《城市经济》第一次出现的时候,它的城市空间断言或者整体上不可理解,或者被认为荒唐透顶。在几乎同样时间,随着列斐伏尔和福柯著作的出现,它的深刻的认识论意义在20世纪90年代才变得越来越清楚并成为更有创造性的挑战,在空间转向中凝聚了更多和更富有接纳性的学院听众，他们能够坦然面对一个有力的和批判性空间视角的断言。

在《后大都市》前三章，我在这些学者研究的基础上，重构了三次不同城市革命的城市景观的地理史，每一次都是由城市集中的创新性刺激激发的（不是全部，但是意义重大）。第一次开始于12 000年前，我们已经提到，这导致了人类社会的第一次重大转型即农业革命。在这种基础性的城市革命中，和绝大多数学者的设想相反的是，不是一个社会剩余的创造使得城市成为可能，而是城市的形成使得社会剩余成为可能。

传统所认为的第一轮城市形成，即底格里斯河和幼发拉底河冲积平原上城市国家的兴起，现在被解释为第二次城市革命。这在乌尔和巴比伦那里表现得很清楚。后来，在大雅典时代的大聚居以后，基本上是一次政治转型，导致第一次中心化国家和帝国的形成，以及第一次重要的社会阶级分工，以及私人财产的积累，奴隶制、科层制、军队阶级的发展。此外，从早期城市发展起来的一个值得注意的转变是父权制的权威增加。

5 000年以后，第三次城市革命随着所谓必然的都市工业资本主义的兴起而开始，其基础是世界上第一个大多数居民居住在具有一定规模城市中的社会形成。它所带来的城市化形成了两种（又是以城市为基础）人群，即城市无产阶级和城市资产阶级，先前的描述在反城市的社会科学词汇中已经消失。过去大约两个世纪，持续的都市工业资本主义已经经历了多轮危机导致的重建，每一个部分都是对一种特殊的聚居形式的回应，这来自工人阶级在城市中心的前所未有的集中。

恩格斯第一个注意到并进行了探索，工人阶级在曼彻斯特这类城市的高度聚集，激发了阶级意识和阶级斗争，引发了城市空间性的重要的再组织和扩张，这回应着城市暴动和寻找国民经济的新路径，而且，从一开始日益增长的全球化策略就是将城市行为和民族资本主义扩张到全球。跳过这一段重要的城市地理史，我们今天发现自己在最近的、一条最大的转型时期的链条的末尾。我们简单看看这个最近的时期以及从中形成的灵活的、全球化的资本主义的新经济。

重要的是要注意到——尤其是对那些坚称当下时代为后工业资本主义时代的人来说——我们理解这些灵活的、全球化的（也许我还应该加上依然属于城市的和工业的）资本主义，已经由一些学者做了非常重要的研究，他们主要是地理学家和区域规划者。他们形成了一个新的领域，在最广泛的意义上可以被描述为城市和区域的批判性研究。这个理论、经验和应用研究的群体日益壮大，不仅将批判性空间视角放在前台，而且还坚持重新思考聚居的强大力量——聚居是城市和区域聚集的刺激因素。创新性环境、区域创新系统、工业区、经济簇状分布区、区域生产界和来自本土传统的非贸易依赖等这些概念，曾经是机械的、严格受到限制的本土的和有关聚集的理论，这时已经向很多更加丰富的社会、文化、地理政治学和经济学的探索开放。这个领域的很多学者也许会发现这种灵感可以追溯到雅各布斯的《城市经济》，她对于城市经济生活的发展性扩展和自我生成有一些创造性的讨论。

感谢一些学者如大卫·哈维的著作，人们明白，这些经济上的重构、全球化过程一开始就已经植根于都市主义的空间特殊性中。20世纪60年代一些世界主要城市的社会骚乱爆发，宣布了发达工业国家战后繁荣的终结，民族、区域、城市经济的实验性重构开启。如哈维所关注的，这至少部分是城市危机，它们导致了对其富有洞见的所谓空间修复的研究。这些研究反映了资本的内在要求，尤其在危机时期，重组其特殊的地理学和人工环境，努力恢复利润的增长和经济的扩张。这仅仅是对激进的城市和区域空间的研究，这种空间研究推进了全球化进程，尤其是涉及工业资本和金融投资的地方。它也是我所说的后大都市、后大都市转型发展的最初根源。在世界各地，这个过程目前依然在进行中。

无论是否通过空间修复这个概念，大规模生产、大规模消费和导致战后繁荣的以福利国家为基础的国家资本主义的重构，作为一个基本的空间过程，比以往任何同样的时期都更加清楚。同样真实的是，今天灵活的、以后福特主义的生产为特征的新经济已经出现；贸易、投资、移民和文化的全球化在扩张；以信息为中心的网络化社会兴起，巨大城市区域如伦敦、东京和纽约的力量正在增长；等等。

新地理政治经济学家认为新经济依然是工业性的，从基本的城市化和工业化的持久的相互影响所形成的基本变化中发展起来，这与一些主要的日益增长的全球化文献所强调的重点及其与后工业主义解释的密切联系是对立的。经济重构的首要影响是老福特工业城市和区域作为创新环境快速衰落，触发了也许是最为重要的去工业化，这甚至在一些发达工业国家都能体会到。这种衰落让很多人相信后工业社会的兴起，但是也有很多人愿意认为这属于个别的情况。

去工业化与相当比例的恢复性的再工业化相伴随，很多集中在新的工业空间、区域或者地点。这些地方很多是以前还没有工业化的"绿色地域"，分布上从国家规模——可以称之为新兴工业化国家（最近人们加上了"凯尔特之虎"）——到工业区和技术区，典型地分布在世界主要大都市区域的、曾经是郊区环状带的地方。这里发生的是福特主义集中经济和聚集的中断，以及新的、更具有灵活性的、特殊的以及信息化的技术刺激的创新节点区域的兴起。在一些案例中，这些再生和聚居簇状分布在老城市中心的复兴地（比如随着金融和文化工业在伦敦与纽约的发展）。但最常见的，它们是作为新的城市边缘发展起来的中心。在这里它们给现代大都市的空间重组做了戏剧性的贡献，这些现代大都市部分是由郊区工业化发展起来的，更多的则是由多中心的城市区域形成的，还有本土的趋向聚居的扩张性建设。

这种新的城市形式被简单的二元论搞得日益模糊不清，这曾经统治了现代都市——在密集的、异质的和高度集中的中心城市与沉睡的、同质的郊区世界之间做出区分。在这些地方，曾经发展了一个更加多中心的、网络状的、全球化的和以信息为中心的城市区域，产生了一些努力描述其主要特征的新词语：外围城市、边缘城市、后郊区、技术近郊区、硅谷景观、高技术中心、大都会区、前都市（exopolis）。在这种郊区的都市化过程中，随着现代都市将自己从里面翻转出来，在很多案例中可以看到一些回到都市中心的运动，尤其是通过我们一般所称的大规模第三世界的移民进入的方式。这种矛盾的中心边缘化已经形成了历史上最大限度的文化异质性，同时，也形成了建立在阶级、民族、种族和移民基础上的不断增加的社会极化和财富与权力的不平等。日益增长的富人和穷人之间的财富沟壑，也许是当前这个时期的城市重构的最内在的标志。

毫不奇怪，从这些变化中出现的是聚居的主要的重建。都市聚集的刺激因素曾经被解释为一个单一城市的规模和密度的增长，由于福特主义、信息革命和交通革命的影响而达到某个限度。然而，有些人预言并不是如此，随着地理学的终结和距离问题的消失而导致聚居不再发展，他们认为聚集将在新的信息时代失掉其重要的影响。但是，城市聚集的刺激因素将持续发挥作用，不过是以不同的形式、在区域性网络的多极节点中发挥组织作用。大的都市区域包括了超过百万居民的城市,这在今天已经成为全球经济的重要推动力量。它们不仅变成了资本的创新中心,也正在变成劳动创新实践发展所依赖的条件,尤其对那些在今日美国被称为移民工薪穷人和依赖福利的底层民众的集聚来说更是如此。

但是,这里我需要转出来,到一个更大的叙述中,来探索关于新的城市空间运动的兴起,关于在面对不平等时提升空间正义、区域民主的努力,以及关于后大都市世界的未来。但这里我不能再论述这些问题了。我这篇文章所做的,就是要让那些不熟悉的人相信空间转向以及它所形成的近来关于都市难题的潜在新洞见。同时,我努力鼓励那些相信他们已经介入新地理学的人,尤其是在写作城市的时候,扩展他们已经很丰富的地理学想象,让他们对城市空间性和聚居的解释力有更多的关注。也许没有比目前更加合适和急迫的时刻,需要形成这样一个都市和空间意识,因为我们现在比以往任何时候都是城市专家。

参考文献

J. Jocobs, *The Economy of Cities* (New York: Random House, 1969).

E. Kofman, E. Lebas, et al., *Henri Lefebvre: Writings on Cities* (Oxford: Blackwell, 1996).

H. Lefebvre, *Le temp des nieprises* (Paris: Stack, 1975).

E. Soja, *Thirdspace* (Oxford: Blackwell, 1996).

E. Soja, *Postmetropolis: Critical Studies of Cities and Regions* (Oxford: Blackwell, 2000).

第四编　全球化与空间正义问题

第 11 章　后全球化时代的资本主义和马克思主义*

[俄] 鲍里斯·卡戈尔里茨基 著　黄登学 译

苏联解体之后，将马克思主义看作一种先进的（哪怕是有影响的）理论流派在东欧国家变成了一件奇怪的事情。"社会主义"这一名称本身在这些国家威信扫地，然而在西欧及北美的大学里，讲授马克思主义依然是社会学教育的最重要内容，而激进的左翼知识分子也继续积极参与各种社会讨论。在 20 世纪 90 年代的西方国家，受 1968—1974 年诸多事件（越南战争、法国及意大利的学生运动、智利革命，以及葡萄牙、西班牙和希腊右翼专制体制的垮台等）影响而摇摇欲坠的自由主义思想的支持者曾经发动了一场反扑。与 20 世纪 70 年代主流自由主义思想及实践相伴而生的是经济困境，并让西方所谓的消费社会大吃苦头。然而这种困境并没有在左翼人士极力争取的反资本主义改革或新的社会改革中得到解决，而是通过采用体现凯恩斯思想的混合经济，一步步拆解社会国家和实行私有化政策，解除对金融资本的调节并赋予其各种特惠，最终得到了解决。换言之，主流思想已经极大地右倾化，严厉的现代新自由主义原则代替了进步自由主义的中间道路。

---

* 原载：《国外理论动态》2016 年第 1 期。文献来源：《全球政治中的俄罗斯》（Россия в глобальной политике）2015 年第 3 期。译文为国家社科基金项目"乌克兰危机背景下俄美博弈对中俄、中美关系的影响及对策研究"（15BGJ045）的阶段性成果。

一、新自由主义的胜利与左翼思想的危机

对于全球资本主义框架下发生的巨大变化，左翼思想不仅未能提供一个全面的战略性答案，反而分化成了同样持非建设性立场的两个派别。其中一派无视所发生的一切，并试图证明资本主义并没有发生任何变化；另外一派则完全相反，"神话式地"对待所发生的变化——对执政阶级思想家提出的任何解释与理念都信以为真。于是，苏联解体成为新自由主义者反击的信号也就不足为奇了，他们在思想与文化霸权层面进一步巩固了在政治及经济领域已经取得的成就。此外，遭受打击的不仅是代表共产主义传统以及与苏联模式相关联的一些政党和理论家，也包括西方的一些左翼人士，虽然他们从1968年起就不止一次地公开对苏联提出批评，但这丝毫没有缓和他们在20世纪末思想斗争中的艰难境地。

在新自由主义思想家看来，苏联制度的崩溃证明根本不可能成功构建某种有别于现代资本主义的社会发展模式，不以"看不见的市场之手"发挥作用为基础的任何形式的经济政策注定会失败。由此一来，不仅依靠苏联经验主张中央指令性计划的人士，就连其他所有左翼人士（从主张谨慎调节市场的温和社会民主党人到支持工人自治及无政府主义网络组织的激进人士），也被排除在了"严肃讨论"的场合之外，并被看作无可救药的空想家。

在遭受一连串的挫折之后，部分社会民主党与共产党一个接一个地开始"无条件投降"，并竭力融入新自由主义制度，承认新共识的逻辑。有的共产党正式停止了自己的存在，而有的社会民主党即使延续了其存在，也更像是一个选举团体，而不是一支即使不主张改革资本主义，也应要求在资本主义框架内实行另外一种政策的社会力量。

一些小的左翼团体则在纯粹的教条主义层面寻求"生路"，逐渐变成了独具特色的"火种保存者"，其全部的任务就在于将马克思主义与社会主义传统以比较完整的形式或多或少地传递给未来几代人。最后，失去了政治支持的知识分子则转向了后现代主义理论的各种范式。他们批评马克思不够激进，并试图证明其过于依赖当时占主导地位的观念，不能割断与欧洲文艺复兴传统、进步思想以及科学信仰之间的联

系，而这些东西恰恰是资产阶级价值体系的一部分。这里，在责备马克思的历史局限性与"资产阶级性"的同时，后现代主义思想家既忘记了自身的文化局限性，也忘记了自己与新自由主义的资本主义制度相融合的一面。

由于马克思主义方案无论是其革命范式还是改革模式，都因其"不完备"而遭到了人们的否定，因此，应当以一种对现代文明的基础进行更加彻底的批判而并不要求采取什么实际行动的理论取而代之。这种立场可以让理性激进主义的要求同原则性地彻底抛弃改变社会的企图有机结合起来，迈克尔·哈特与安东尼奥·奈格里合著的《帝国》一书即是该趋势的最鲜明体现。如果剔除书中的激进言辞，那么该书算是证明新自由主义的资本主义之进步性的一个尝试。这两人都是欧盟的热忱支持者，都参与了欧洲宪法的制定，并且都坚定不移地支持欧洲市场一体化方针，虽然这一方针遭到了西欧大多数公民的激烈抵制。

事实上，正是这种抵制变成了苏联解体后欧洲与北美精英面临的主要问题，著名作家、政治运动活动家加西亚·马尔克斯对此情况进行过颇具讽刺性的描写。他就墨西哥恰帕斯州印第安人的起义问题指出，这一地区的居民，对遥远的柏林墙的倒塌或者苏联的解体，都一无所知，因而依然只是像以往一样继续维护自己的权利与利益，就像任何思想变革都没有发生似的。实际上，1994年萨帕塔主义者在恰帕斯的起义是一场新的全球性抵制运动启动的信号。1999年发生在西雅图的大规模抗议事件是另一个转折性事件，当时，成千上万的人参加的游行示威打断了世界贸易组织部长级会议的日程。

二、反全球化运动

在20世纪的最后几年，对新自由主义制度的自发抵制开始具有组织形式。这类运动被人们称为"反全球化运动"，虽然运动参与者起初并不接受这一标签，而更喜欢自称为"争取社会公正全球运动"。新的大规模运动建立了广泛的民主联盟，并试图制定共同的议事日程；其后出现的是"世界社会论坛"，该论坛后来变成了一个全球性的联合与辩论平台；2002年又诞生了"欧洲社会论坛"；最后，也就是在2008

年世界金融危机爆发之后，登台亮相的则是希腊"激进左翼联盟"、西班牙社会民主党等政党。

应该指出的是，2008年世界金融危机不仅没有导致西方主要国家经济政策发生变化，也未推动反全球化运动高涨。"欧洲社会论坛"在2008年之后逐渐衰落，其后则完全停止了活动；"世界社会论坛"虽然继续召集活动，但人们对它的兴趣也明显下降。各种社会运动都把精力集中于解决地区及国家任务，在法国，我们先是目睹了反对《"首次雇佣合同"法案》限制青年劳动权利的抗议活动，其后则是一次更不成功的抗议活动——反对退休金改革；在希腊和西班牙，大规模的动员活动是对两国在欧盟及世界银行压力下实施严厉经济政策的回应；在纽约发生的"占领华尔街"行动成为这类活动的高潮，从媒体宣传效应讲，该行动如此成功，以至于变成了全世界的抗议组织者竞相模仿的样板，尽管其议事日程与纽约"占领者"毫无共同之处——不论是在要求上，还是在意识形态方面。

然而，很能说明问题的是，与1999年成功阻止世界贸易组织框架内决策的西雅图抗议活动不同，类似"占领华尔街"的抗议活动既未产生任何实际效果，也没有迫使掌权者改变什么。

其实，正是大规模动员的无效性才迫使活动的参与者（准确说，是其中特定的一部分）提出，必须从抗议手段转向组织策略。于是，这里实际上迫切需要的就不仅是作为伟大的经济学家的马克思的遗产，也是作为政治行动理论的马克思主义。此外，这里并非要带着宗教般的狂热去重复几百年前马克思的"咒语"，而是要形成新的议事日程，并在马克思主义基础上制定新的政治方案。

三、变化的社会与阶级分析方法

现在的社会阶级结构不仅与马克思时代相比，而且同工业资本主义在西方达到鼎盛的20世纪相比，都已经发生了根本性变化。新世纪之交，发生了既相互补充又相互矛盾的两种全球性社会发展进程。

一方面，出现了史无前例的市民无产阶级化现象。在亚洲、非洲以及拉丁美洲国家，成千上万的人被卷入现代经济与工业生产当中；在欧洲发达国家，"自由职业者"代表、技术专家、知识分子、学者以及形形色色的"创新阶层"代表都彻底沦为雇佣工人。另一方面,阶级结构变得愈发模糊,人们习以为常的团结合作与集体协作机制不再发挥作用。

新的无产阶级之间的联系远不像 20 世纪的工人那样紧密,企业本身的数量不断减少,劳动集体的规模变得更小,结构区分更加精细。老工业地区,无论是西欧、前苏联地区还是美国,都失去了相当部分的生产而将其转移到了拉丁美洲、东亚和中国;取代有组织的工业无产阶级的是服务领域的雇员、教育与医疗系统的职员以及学者等;而就新的工人阶级本身来说,它们又是在缺乏社会主义运动传统、不具备自由工会及左翼政党发展条件的国家形成的;不同类型雇佣工人之间的劳动收入差距急剧拉大,从而不可避免地提出了一个问题:这些工人之间的团结能有多么牢固?

换言之,劳动与资本之间的矛盾虽然一点也没有消除,但是,雇佣劳动领域本身却已变得更加复杂和不统一。在一定意义上,物化、阶级属性的丧失以及新社会分层的形成,是与无产阶级化并行不悖的发展进程,这不可能不对世界政治的发展前景产生影响。

在新的形势下,惯常的组织方法、口号和政治经验即使不是完全不适用,至少也需要做深刻的调整,然而这绝不意味着马克思主义丧失了指导社会革新的理论价值。陷入绝境的只是那些固守教条、不愿意对正在发生变化的历史环境进行批判性分析的理论家和实践家,与此同时,也正是社会的变革,才让这种分析变得更加必要和迫切。

四、新的社会国家?

一些左翼政党或者继续固守教条,或者屈从于自由主义思想,这些政党都逐渐地或快速地走向了衰落。取代它们的是一个重新形成的共同行动概念——平民主义运动。

此处的悖论在于,雇佣劳动领域的成分越复杂,异质性越强,赖以建立联盟和一致行动的任务与口号就越广泛、越具有综合性。过去,在同一类工厂从事同一类劳动的工人,其利益的一致性是阶级的一致性的基础,阶级的一致性逐渐衍生出对建立统一工会和政治组织的需求。但这种情况正在不可避免地让位于新的形势。围绕公共社会与经济问题建立联盟变成了不同社会力量联合的起点,这些社会力量在实际协作进程中不断加深它们的一致性。必须保持、维护或争取20世纪最后几十年以及21世纪初失去或受到损害的基本社会权利,以及所有构成社会国家实际内涵的东西(免费医疗和教育、买得起的住房、公共交通、确保社会上下流动的制度等),就变成了它们的共同关注点。换言之,如果说过去的一致性是以"自下而上"的方式形成的,那么现在这种一致性的进程却是"自上而下"的——从广泛的社会运动联合与联盟走向地区层面的联合与互助。此外,争取基本社会保障并非左翼政策的最终目标与唯一目的,它仍和以前一样致力于社会结构的变革。

法国经济学家托马斯·皮凯蒂在其《21世纪资本论》一书中指出,有关社会国家的问题是我们这个时代的关键问题,"似乎已经消失的不平等,在21世纪第二个十年不仅达到了过去的历史最高点,而且正在超越这一高点"。20世纪不平等的缩小不是资本主义逻辑的必然结果,相反,它是在战争与革命的作用下违背这一逻辑的结果。然而,在描绘资本主义社会及其经济衰退的灰暗图景时,皮凯蒂却把自己局限在了温和的"处方"上,他提出的"灵丹妙药"并不是结构改革,而是巩固与革新西方延续下来的、以资本累进税为基础的市民社会扶持机制。

显然,社会国家的概念本身需要重新理解,菲律宾社会活动家蒂娜·埃布洛提到了"改造社会的社会议事日程"问题。与此相似,俄罗斯社会学家安娜·奥契金娜也强调,这里所言已经不仅仅是保持劳动人民的生活水平的问题,也是建立新的、受社会监督的社会与经济再生产机制的问题。

五、平民主义与政治

这类运动的政治组织形式通常已经不是传统的社会民主主义或共产主义类型的集权主义政党,而是平民主义的广泛联盟。不过,这里并不是指一些社会力量围绕一个有威望的领袖人物的偶然联合,而是指各种社会运动围绕切实改造本国与世界的共同任务而进行的联合,在传统左翼政党衰落背景下迅速崛起的希腊"激进左翼联盟"与西班牙社会民主党即是如此。

如果说"希腊激进左翼联盟"的政策是基于对传统左翼政党多年积累的经验的批判性再认识，那么西班牙社会民主党则从一开始就公开宣布了自己与传统左翼政党的决裂，因为后者没有能力在新的条件下维护劳动人民的利益。然而，这种决裂绝不意味着对马克思主义传统的放弃。西班牙社会民主党主席帕布洛·伊格雷西亚斯（Pablo Iglesias）坚称，他领导的政党所进行的斗争不应归结为传统的阶级对抗，"无论是在寡头势力与民主力量之间，还是在社会多数与特权少数之间，都存在着巨大而深刻的鸿沟"。

从正统的马克思主义观点来看，这样的表述似乎是一种"异端"，然而，要知道所有的马克思主义者实际上都是成功领导革命的"异端另类"——从提出工农阶级联盟思想的列宁，到依靠农村武装斗争的毛泽东、卡斯特罗和切·格瓦拉等。

其实，将无产阶级描写为渴望战胜资本主义的最彻底的历史性力量的马克思，在任何地方、任何时候都没有说过革命性改造是产业工人及其政党的特权。而且，正是以葛兰西为代表的20世纪马克思主义者提出了建立广泛社会联盟并争取整个社会意识形态领导权的问题。问题在于，类似的思想几十年来或者被传统政党的官僚忽视，或者被他们用作与上层执政集团进行无原则的共谋的论据。与此相反，诸如希腊"激进左翼联盟"或西班牙社会民主党这样的政党所代表的新平民主义，目标是要在群众性社会运动平等联合的基础上建立广泛的"下层"联盟。

不过，构成新平民主义基础的政治联盟的彻底性、有效性、连贯性以及成功的胜算如何，却是一个悬而未决的问题，这是因为，不论是运动的规模还是大众化程度本身，都不能代替政治战略，政治战略的制定不仅需要组织与宣传，而且需要精神上的付出。这里，马克思主义理论又一次不仅是必需的，而且最终也是不可替代的。

在欧洲，逐渐兴起的左翼（某些国家也存在右翼）平民主义相当程度上是指一种新的政治现象，但在拉丁美洲以及亚洲一些前殖民地国家，这样的运动已经拥有了相当长的历史。平民主义联盟是在反殖民主义斗争和民族解放起义的过程中形成的，今天其矛头则指向了反对政治腐败和权力垄断，几十年来，无论政治"色彩"如何，传统精英一直保持着权力垄断。

在这一背景下，印度平民党在2015年2月新德里议会选举中的胜利堪称一个颇具教益的范例。该党不仅获得了首都半数以上的选票，而且最终取得了95％的议会席位（甚至印度历史上最成功的政党也没有做到这一点）。由于它捍卫的是最贫困阶层、少数民族及宗教的利益，因而在短短几个月内就从一个"局外人"变成了国家政治生活中的主导性力量之一。

六、金砖国家

全球社会形势的变化与亚洲及拉丁美洲国家的工业化进程，以及前苏联地区的国家逐渐融入世界市场，提出了资本主义体系的中心与边缘之间的关系问题。1990—2010年的20年间，西方国家的工业生产先是向拉丁美洲，其后则是向东亚及中国持续转移。导致这种现象出现的原因不仅是想利用更加廉价的劳动力，避免高额税收和生态环境的约束，而且完全是有意削弱中心国家的工会与工人运动的力量。然而，上述进程的最终结果却是，不仅主要边缘国家的工业实力急剧增强，而且新兴工业大国及其精英人士的抱负不断膨胀，他们觉得需要并且有可能改变世界秩序。由此一来，虽然解决了内部威胁问题（来自本国工人运动），但西方资本主义却遇到了外部竞争。

这种竞争的体现即金砖国家合作机制——由巴西、俄罗斯、印度及中国组成，南非也将很快加入。俄罗斯的加入让这一机制变成了一支实实在在地能够改变世界经济版图的地缘政治力量。作为该合作机制中唯一一个欧洲国家、唯一一个"老"工业大国，同时作为现代资本主义边缘地带的一部分，俄罗斯实际上是不同世界之间的独特桥梁，是历史、精神、军事和生产传统的一个载体，不拥有这些传统的新兴工业化国家在与西方发生冲突时只能捍卫自己的利益。在相当程度上，这一点正是西方世界的反俄情绪在金砖国家变成一个具有行为能力的国际实体后急剧增强的原因。

很能说明问题的一点是，早在与莫斯科的对抗因乌克兰危机而变成现实的几年前，西方的反俄策略就已经形成。问题其实不在于俄罗斯的具体国际政策——这种政策在21世纪头十年极其保守和温和，更不在于俄罗斯的经济路线——这种路线完全被纳入新自由主义一般原则的框架中，俄罗斯在世界体系重组中能够扮演的潜在角色，才是真正的问题所在。

七、社会冲突与全球对抗

对那些试图克服依赖西方以及边缘发展逻辑的国家来说，事件的自然发展进程让金砖国家变成了一个"引力中心"，然而，若想变成一个能够改变世界体系的集体性主体，这些国家应当自己克服内部危机并发生脱胎换骨式的变化。经济的增长，以及在21世纪头十年经济增长背景下一些国家出现的中产阶层地位的不断巩固，证明的并非资本主义制度的稳定，而是其矛盾的日益加剧，因为出现了诸多在现有体系框架内无法得到满足的新需求。瓦西里·科塔绍夫指出："某些国家中产阶层的问题非常具体，其中一个问题是中产阶层要求提高社会自由度，另外一个是其代表们的心理问题。这些问题主要是由中产阶层的居住环境带来的，当然，国家的社会政策也在这里发挥了不小的作用。"

新自由主义全球化在全球层面创造了对某些国家产品与资源的巨大需求，然而，一方面，这种需求不可能在现有体系中永远保持下去，现有体系的矛盾必然导致生产过剩危机和现有消费模式潜力的枯竭；另一方面，不论是在全球层面还是在国家层面，新自由主义全球化都带来了诸多新的矛盾、机遇和需求。昨天还处在体系边缘的国家，今天则可能占据另外一个位置，在这种情况下，需要变化的不仅是这些国家本身，而且是其周围的世界。而指望平稳地、无冲突地发生这种变化，是没有根据的。

现代世界体系是这样一种架构，其根本性的变革依靠某个国家或者某个政党在其国家层面的胜利未必能够实现。希腊左翼政府在其选举一个月后遇到的困难很好地说明了现代政治进程的矛盾，这种进程既是国家性的，同时又是全球性的。一方面，希腊人合法、自主地选举了政府，政府获得了完全按照新自由主义理论要求彻底调整经济政策和放弃欧盟强加的严厉经济措施的权利；另一方面，并非选举产生、同时也不拥有民主授权的欧盟及其金融机构代表却可以强制雅典签署一个明显有悖于绝大多数希腊人意志以及"激进左翼联盟"纲领的协议。政府的让步不仅激起了本国选民和激进分子的强烈批评，也受到国际左翼运动的激烈批评。诺贝尔经济学奖获得者保罗·克鲁格曼就指出，上台执政的左翼政治家的主要问题"恰恰在于他们不够激进"。

当然，可以责备"激进左翼联盟"不够果断和缺乏明确的战略，但也不应忽视国际力量对比这一因素。很难想象希腊、西班牙以及意大利的新平民主义运动在面对欧盟的寡头时能够取得决定性的胜利，如果不能找到积极而忠实的盟友，它们可能无法指望在与寡头对抗的情况下取得绝对胜利。正在形成的全球力量架构恰恰提供了这样一种可能性，即欧洲社会的抗议运动与边缘地带正在发生的变革浪潮遥相呼应，可以创造一种新的政治环境，并开辟建立全球联盟的前景。同时，如果没有边缘国家自身的深刻变革，要想让这种可能性成为现实也是不可能的。

八、变革的需求

马克思有关世界革命的观点今天正在获得其现实意义。这种社会变革虽然不是在世界各地同时发生，但也不是局限于某个国家，甚至某个地区内部，而是逐渐扩展到整个世界，将不同的社会力量与地域卷入自己的旋涡当中。正在到来的变革是意味着资本主义的终结，还是仅仅创造了一种克服新自由主义模式并代之以新的社会国家的可能？这已经不是一个理论问题，而是一个现实问题了。这一问题的答案将取决于事件参与者自身，取决于最终出现什么样的力量结构与力量对比，以及变革的惯性会走多远。

新自由主义模式的逐渐自我毁灭迫使人们重新思考苏联的经验。20世纪50年代初，苏联计划经济的成果甚至连西方分析家都认为是一个成功的范例，虽然这种成功因其巨大的损失与牺牲而令人无法释怀。但是，到20世纪90年代，这一模式却成了一个注定没有前途的设计。在当前形势下，愈发清楚的一点是，恰恰是对该经验的批判性反思与重估（连同凯恩斯的追随者所积累的市场调节经验），为形成新的立场和找到危机问题的答案提供了可能。

安娜·奥契金娜断言："苏联公民未充分珍视并被政府改革者毁坏了的苏维埃社会国家正在经历二次诞生过程，这并不是要有意识地回到苏维埃制度，也不是要提出政治或社会纲领，只是试图找到证据证明：现在政府通过改革要提供给人们享受的各种服务，作为社会权利从前就存在。关于教育、保健、文化及社会保障是一种社会权利的认识，正是苏联过去的遗产。"

九、新的发展战略

新的发展战略的主要特征已经随着危机的不断加深逐渐呈现出来。在政治方面，首先是实现决策程序的民主化，建立新的政权机制——这些机制的建立不是为了早已蜕变为政治寡头的一部分"市民社会"的少数职业代表，而是为了大多数普通公民。在经济政策方面，必须建立有效的社会部门并融合成统一的系统（不仅有经济系统，还有社会及制度系统），不论是在国家层面，还是在国际层面。还需要建立战略计划与调节机制，坚定不移地努力发展面向大众需求的国内市场，只有在此基础上，才可能通过有计划的、以民主方式进行调节的各国经济合作来改造世界市场。最后，将社会发展变成经济扩张的手段，并通过社会政策形成需求，依然是最重要的任务。优先发展科学、教育及医疗卫生事业，实现居住环境的人性化，为了社会而不是生态学家的利益解决生态问题，应当成为国家经济政策的基础。

没有深刻的政治与社会变革，这些问题就永远得不到解决，因为只有进行深刻的政治与社会变革，才会产生促进而不是阻碍发展的各种机制与社会关系。这里的问题并非用一种精英取代另一种精英，而是要对社会再生产机制本身进行彻底改造，形成新的社会阶层，这些新的社会阶层不仅希望发展民主，而且有能力成为民主的主体。

从诸多渴望通过无产阶级革命快速实现社会主义的传统马克思主义的观点来看，这可能显得过于"温和"，过于具有改良主义的特征，但也只有它能够动员起实现深刻社会经济改革的社会热情，推动形成希望改革并准备实施改革的广泛联盟。

马克思主义的革命性永远在于其最具洞察力的追随者毫不妥协地分析现实以及彻底洞察社会关系本质的能力，他们认为，与其喋喋不休地抱怨社会的不公正，不如去清醒地分析产生这种不公正的政权与统治结构。

2008年开始的这场世界金融危机，虽然标志着新自由主义全球化时代的终结，却绝不标志着与其相伴而生的进程的结束。从这个意义上讲，当今这个时代应该算是"后全球化"时代。认识不到正在发生的变革的不可逆性，不明白这些变革并非最终的变革，要想克服新自由主义的后果是不可能的。没有回头路，无论19世纪和20世纪的成就与思想对我们来说多么重要、多么富有吸引力，都不会阻碍我们向前走，我们可以依靠这些经验，也可以利用文艺复兴时期伟大思想家以及民族解放运动思想家留给我们的理论知识，而在这些思想家当中，最伟大、最具有现实意义的依然是马克思。

第12章　21世纪的全球城市和全球工人*

[英] 迈克·海恩斯 著　吴晓梅 译

如今我们生活在一个工人的世界中。过去一代人经历的全球性社会变革，已经见证了工人有史以来第一次成为世界上占绝大多数的阶级。1970—2010年，发达国家工人的数量从大约3亿人增加到了5亿人，而在贫穷国家中，他们的数量——包括他们当时的亲属在内——从11亿人增加到了25亿人至30亿人。世界上的大多数人不再从事农业活动，我们有史以来首次生活在了城市之中，在过去的10年中，全球的发展也或多或少地向城市而不是向乡村倾斜。当然，城市的社会关系也变得复杂起来，但是城镇和城市在发挥着重要作用的基本事实也同样不容忽视。本文将从宏观和微观的角度主要就这两个方面展开论述。所谓宏观，即本文尝试从全球视野而不是从某个国家或地区的角度来勾勒出这些变化的趋势；所谓微观，即本文没有宏大的理论构建，相反，本文试图归纳数据、提炼共性、获得启发，由此进行更加深入的剖析。

我们将首先勾勒出全球城市化的模式，然后将审视城市是如何发展的，由此我们可以继续探讨城市生活的本质问题——尤其是在发展中国家内——以及它与全球资本主义进程之间的关系问题。进而，我们将更加简略地探讨乡村以及它是如何与全球经济体系紧密地联系在一起的。最后，我们将提出工人阶级组织的全球模式问题。

---

* 原载：《国外理论动态》2012年第6期。文献来源：《国际社会主义》2011年第132期。

一、全球城市化

　　城市化与资本主义发展密切相关。在前资本主义社会中，城市中心常常是一些特例而并不具备一定的规模。因此，城市化的模式在一定程度上是沿革资本主义发展尤其是工业发展的模式，城市化在18世纪末至19世纪初从它在西欧和美国东海岸的根据地逐渐向外蔓延。这一点体现在欧洲（尤其是西欧）、北美洲和大洋洲较早时期占据主导地位的城镇中。所有国家中城市化最成熟的是英国。其在1851年的统计数据就已经表明，它由于50%的人口生活在城镇之中而名副其实地率先成为世界上第一个重要的城市化社会。在1914年之前，德国成为紧随其后的第二个重要的经济体。

　　在当时发达国家的人看来，19世纪似乎是一个城市林立的时代，但是在全球视野中它们还只是一些特例，还算不上具备了一定规模。在20世纪，尽管拉丁美洲的经济形势多有起伏，但它已经开始步入城市化的道路。今天，欧洲、北美洲、大洋洲和拉丁美洲均已高度城市化，在未来，尽管在城市组织的形式上可能会有大的变化，但在城市的分布比重上只会出现很小的变化。大的变化将会发生在非洲和亚洲。尽管在20世纪上半叶城市的数量有所增长，但是这些大陆城市数量的攀升实际上是在20世纪后半叶开始的，而且现在依然在加速上升，成了21世纪的蔚然之景。特别是人口最多的两个国家。以中国为例，1950年其城市化率仅为12.5%，但至2000年时已经达到36%，据预测，至2030年其城市化率将达到60%。印度在1950年的时候城市化率以17.3%领先于中国，但是至1981年时却发展稍慢，仅为23%，至2000年仅为30%，据推测，至2030年其城市化率将达到40%以上。撒哈拉沙漠以南非洲地区城市化进程也正在加速，从1990年的大约28%攀升至2010年的37%，至2025年有望达到大约45%。

　　由于世界上大多数的人口生活在拉丁美洲（5%）、非洲（12%），尤其是亚洲（60%），因此地区性的数据就带有一些误导性。发达国家占有城市化最高的份额，在1950年，世界一半以上的城市人口都生活在那里。但是在20世纪80年代初期，世界上绝大多数的城市人口却生活在欠发达国家，一些人将这种现象称为"全球南方"现象。现在，仅有大约28％的城市居民生活在发达国家中，至2030年，这一数字还将降至17％。这种城市居民（以及潜在的工人）向"南方"集中的现象还将继续。大都市被界定为拥有超过1 000万人口的城市。1950年仅有一个这样的城市，那就是纽约。至2000年，这样的大都市增加到了17个，其中11个位于发展中国家，至2015年，这一数字预计将达到21个。在1976年，亚洲仅有两个大都市，而到了2000年，17个大都市中有10个位于亚洲。这些大都市不仅在人口数量上而且在规模上都在增长——实际上这种增长的速度如此之快，以至于大多数这方面的数据只能是大致的估算。

尽管大都市增长的速度惊人，但是在这个世界上，城市人口中的大多数还是生活在规模较小的城市和城镇之中，它们也许与全球性的经济之间有着不太直接的关系，却可能比那些引起世界媒体广泛关注的大都市拥有更加显著的问题。比如，1950年有86个城市人口超过100万人，但是至2010年也许将会有500多个。在它们之下则是无数的生活着成千上万人的城镇与城市，其人口占据了整个世界城市人口的60％。

二、城市如何发展？

现在每天大约有20万人加入世界城市与城镇人口之中。这就相当于，在整个19世纪每月有500万人或者每年有6 000万人成为城市人口。在欧洲，每年则有4 500万人口增加到城市人口之中。城市人口既可以因为自然增长而增加——当出生率高于死亡率的时候——也可以因为迁徙而增加，或者因为城市向外扩张而吸引邻近地区或其周围众多乡村人口的到来而增加。在19世纪，城镇是主要的疾病发生地，而且很长一段时间内那里的死亡率都高于出生率。因此，城市的发展可以主要归因于，在一个国家之内或者跨越国境线或海域（比如在美国的案例中）的从乡村到城市的迁徙。尽管城市人口死亡率依然过高——尤其对于城市贫困人口而言——但如今全世界城市居民的健康状况已经好多了。由于处于婚育年龄的年轻人口的增加，城市人口自然增长对于许多城市中心的发展起到了重要作用。不过极为重要也带来了最大好处的依然是从乡村到城镇、从小城市中心向大城市中心的迁徙，尤其是工业化的早期阶段更是如此。据估计，全球范围内每天有 15 万人从乡村迁徙到城镇。为什么呢？对此最简单的解释就是推力和拉力的双重作用。人们由于糟糕的生存环境被迫离开乡村，被拥有更美好时光的前景吸引着来到城镇：

> 与西方将乡村视作城市居民渴望逃往的避难所的理想观念相反，乡村地区的环境恶劣至极……城市也许贫困，但乡村更加贫困……残酷的事实是，当发展中国家有 1/3 或更多的城市居民生活在贫困线水平甚至低于贫困线时，乡村却仅有大约 1/3 的人口生活在贫困线以上。有关发展中世界的城市化的一份典型研究得出的结论是，尽管住房条件糟糕透顶、缺乏清洁的水源及良好的服务、缺乏最低限度的医疗保健、鲜有机会可以找到工作，但是城市贫民依然普遍地"在几乎所有的社会和经济福利指标上都要比他们在乡村的亲戚们好得多"……对数百万的人来说，城市是他们解决问题的途径，而不是增添问题的源头。[1]

尽管城市存在着自身的问题，但是城镇的收入（甚至当工作不稳定时）也往往比乡村高。城市往往有比全国高的人均收入，比如英国伦敦。但是在发达国家，这种差距较小。在比较贫困的国家，大城市的收入也许是全国人均收入的 2~4 倍。在上海，人均收入被认为是全国的 3 倍，这与曼谷相似。在印度，人均国民收入大约是 1 500 美元，但是在德里却高达 3 500 美元。当然，平均数字也可能具有很大的误导性，但是一个生活在城市贫民窟的工人，哪怕一年仅有 8 个月能够被雇用，他也可能比一个生活在乡村、只能有 4 个月劳作时间的农业劳动者的生活好得多。

尽管社会阶层差异带来了巨大的差别，但城市的其他条件也常常要比在小城镇好得多，比如健康水平以及得到医疗服务的机会。最大的例外是艾滋病，尽管这种疾病是否对最贫困的人口影响更大尚未为我们所知，但它已经被认为是严重影响城市人口健康的重大问题。尽管城市设施陈旧，但是它们依然比乡村设施要好得多。一系列的数据显示，世界上生活在乡村的穷人中仅有 7% 至 8% 的人能够有机会使用冲水马桶，47% 的人可以使用茅坑，而其他人则必须去他们能去的地方如厕。但是，对城市贫困人口来说，据估计对应的数字分别是 28% 和 52%。在关于水的使用上也存在同样的差距。城市可以给人们带来兴奋感以及更多的机会，尽管有时候它们并不会实现。

资本主义的发展是一个导致在城镇和乡村之间发展不均衡的过程。它既促生了贫困，也促生了财富，还加速消除包括乡村和城市土地所有权在内的财产所有权过于集中的问题。由于农场主和工人双方都与全球经济融为了一体，因此他们的命运也就受到起伏波动的商品价格与经济危机的左右。从借款人那里借钱又为乡村的贫困者带来了更多的压榨盘剥，贫困者经常反抗他们的债主。因此，迁徙是更深意义上的进程的重要组成部分，当迁徙者学会了在城市生活，或者当他们往家里汇钱来维持家庭生活而且常常自己也返回家园时，迁徙也有助于这一进程的发展。

正是因为这一点，我们才开始意识到在不同的发展类型中的一个根本差异。其中一条出路是通过拓展更加现代化的工业和服务业经济来实现。这里产生的吸引力在很大程度上反映出全球经济的活力所在，服务于西方市场的中国城市的发展就是典型的例子，但并不限于此。工厂，哪怕它们是危险的血汗工厂，也能比在乡村经济或者城市经济的边缘勉强度日更具有吸引力。迈克尔·布若威（Michael Burawoy）写道："（受）剥削是一种特权而不是一种诅咒。"[2] 脆弱性依然存在，但是机器一旦运转起来，对那些操作它们的工人来说就有更大程度的稳定性。

在其他亚洲国家、拉丁美洲以及非洲等世界经济的低洼处，另一条城市化的道路也变得明朗起来。尽管人们一直在谈论市场活力和消除贫困，但是在世界上的许多地区，经济在最近几十年要比早先表现得更加每况愈下。在20世纪60年代至70年代，发展中国家的人均收入整体上来说年均增长了3%，但是在20世纪80年代到90年代的新自由主义时期却仅仅增长了1.5%。在这个平均数字的背后，一些国家走上了倒退的道路。但是所谓的"没有发展的城市化"并没有停下脚步，实际上，在一些情况下经济的衰败似乎加速了它的发展——也许恰恰是对最糟糕的乡村情形的一个见证。这是曾经发生过的事情。迈克·戴维斯提及了19世纪的爱尔兰。当贝尔法斯特借助机械、造船、纺织业等不断发展的时候，都柏林则成了典型的贫民窟城市，而且竟然还依靠爱尔兰乡村的贫穷以及运输爱尔兰生产的商品而养活自己。但是，随着自由市场政策、债务危机以及结构调整计划对旧的经济结构的削弱，如今这种增长类型已经变得更加普遍。一份颇具批判性的联合国报告认为，这种类型的城市增长"不是经济发展和繁荣的核心所在，相反，这些城市成了那些非技术性、不受任何保护、低工资的非正式服务行业和贸易领域剩余劳动力涌入的场所"[3]。

通过对比中国与非洲最大的国家尼日利亚，我们可以看到两种截然相反的模式。从1950年到2000年，中国人均收入增长了近8倍（尽管其起点较低），城市人口比例则从大约13%增加到了36%。但是在1950年至2000年的尼日利亚（人口约1.5亿人），人均收入增长极其缓慢，仅增长了50%，而且长期处于近乎停滞的状态（英国的人均收入在同期则增长了3倍），但是城市人口的比重依然从原来的10%增加到了42%，拉各斯则从一座仅有35万人口的城市发展成为约有1 050万人口的大都市。这并不会改变移民在这个城市或者其他城市贫民窟中可能过着更好的生活的事实，但是对大多数人而言，这意味着未来的生活就是一种做临时工，当街头小贩、清洁工、保姆、服务员或妓女的生活。这些差异很清楚地指出了，在平衡城市生活中正式的经济关系与非正式的经济关系中的截然不同的城市生活方式。

三、城市生活的本质

在贫困世界，那些新兴的城市和城镇的生活是什么样的？它是否会沿袭发达资本主义国家的城市发展模式？不同地区的城市和城镇之间及其内部均有很大差异。但是我们依然可以探讨其中的一些共同因素。首先是令人眼花缭乱的变化速度。城镇甚至是乡村，可以在一个人的一生中变成城市。只有当从乡村向外迁徙的人的数量开始下降的时候，稳定才能真正出现。

其次，我们要关注不同程度的不平等。不平等有其外在的表现。城市中心被购物中心和商业大厦占据。当地的特权阶层从他们的上层人士住宅——有时是从他们的富人封闭社区（"富人的堡垒"）——走进这些购物中心。但是对在城市生活的大众来说，则更多的是生活在边缘地带。戴维斯这样写道，世界上的许多城市贫民不是生活在"灯火辉煌、映亮天空的都市，而是蜷缩在肮脏的东西中间，周围堆满了污染物、粪便和腐烂的物品"[4]。当然，在这种生活空间和住所不平等的表象背后，屹立的是财富、收入和权利的不平等。

据估算，在 21 世纪初，世界上仅有 5% 的人口生活在经济地位不平等有所下降的国家之中，而大约有 60% 的人生活在经济地位不平等不断上升的国家之中，这些国家大都是拥有最根深蒂固的市场经济政策的国家。城市的不平等往往要比整个国家的平均不平等水平更高。尽管这种不平等在经济发展的最初阶段往往比较严重，但是最近几十年这种不平等状况在主要的发达经济体中（包括英国和美国）又有了急剧攀升："发展中国家的一个重要的经济发展趋势就是不平等的加剧。1990—2004 年，最贫困的 1/5 人口的收入占有比例从 4.6% 下降到了 3.9%。"[5] 尽管新自由主义评论家竭力表明这些发展中国家的中产阶层正在壮大，但再分配的收入大多数还是进入了上层人士的口袋之中。

衡量不平等的标准使用的是基尼系数，该系数将完全的平等界定为 0，而将完全不平等界定为 1。联合国将基尼系数 0.4 界定为警戒水平，接近这一数值就达到危险的水平了。亚洲实际上已经达到了这一水平，拉丁美洲和非洲则早就超过了它。个别城市，尤其是拉丁美洲和非洲的一些城市，甚至有着更高的基尼系数。0.6 是大多数人被排除在外并且用来划分精英阶层的警戒线。就这些方面来说，最不平等的一些城市在后种族隔离时代的南非可以找到。据估计，有几十个国家的基尼系数超过了 0.7，而这是误认为自由市场经济会导致财富受到损害进而会造成灾难的又一个指标。

随着城市贫困人口超过农村贫困人口，贫困成为城市社会底层日益严重的现象。这种贫困并不仅仅指收入，但收入是重要的指标。世界银行将生活费用每天仅为 1 美元的人数作为衡量极端贫困的标准，但是这一统计数字并未考虑到在许多大城市中生活花费更高的人。贫困还指缺乏良好的住宿、健康和休闲，容易受到暴力和犯罪的侵害，以及缺乏去选择关涉自己和所在集体切身利益的实际能力。许多（在一些国家中甚至是绝大多数）城市贫困人口，甚至是所有的城市人口，根本就没有切实的居住权。他们实际上挤在或者勉强居住在土地所有权不清或存在争议的地方，这就妨碍了基础设施的发展，使得人们存在依赖性，而且更容易受到压力的影响。一些国家需要人们拥有户籍，而实际上他们根本就没有。

城市贫困程度部分折射出劳动关系的性质。就工人为全球品牌创造的产值来说，为外国公司工作的工人受到严重的剥削，但是他们却往往得到比那些为国内资本效力的工人更好的报酬和待遇，相应地，他们也往往可以比占绝大多数的非正规经济体的员工做得更好。非正规经济体在城市中一直存在，但是在新兴城市中，它的规模更加庞大。在拉丁美洲大约有51%的非农业就业据说就存在于非正规经济体，在亚洲有65%，非洲有72%，而这些也只是一些平均数而已。在整个发展中国家，大约只有1/3的工人生存在正规经济体之中，其他的2/3则生活在非正规经济体之中。

这些在非正规经济体工作的城市贫民有时候被描述为被边缘化的群体，但是就描述而言，边缘化也被认为变成了一个"神话"。杰妮丝·帕尔曼（Janice Perlman）曾经指出，贫穷者不是"在经济地位上处于边缘而是被不断盘剥，不是在社会地位上处于边缘而是被社会抛弃，不是在文化地位上处于边缘而是被打上了深深的烙印，不是在政治地位上处于边缘而是任人摆布和压迫"[6]。"非正规"一词本身的意义也在发生着变化，因此边缘化的程度也在变化之中。但是向更高层次的非正规性的转变却有着重要意义，部门类型会混淆城市和城镇的不同群体与资本的不同依附关系。杰里米·斯布鲁克（Jeremy Seabrook）在对孟买居民区的描述中就抓住了这一特点。他写道：

> 那里的人必须在城市经济体已经看似无法渗透的夹缝之中找寻工作，但是他们同时也在创造着工作，收集、兜售破烂、废铁或者塑料，在铸造厂或者钢铁厂辛苦地劳作，这使我们想起了恩格斯对英国黑暗世界的描述，或拖着沉重推车或沿街乞讨，或成为妓女或肆意走私，或进行毒品交易或在跨国承包合同中找到弱不禁风的暂时稳定，或去缝制短裤或牛仔裤，或给运动衫印刷商标，或擦鞋或兜售报纸。[7]

女性助长了支撑富裕阶层的"广大奴隶大军"的主体的形成，甚至由儿童所维持的那些循环链最终也被证实是一个复杂经济体系的基础所在。这些千丝万缕的联系意味着，在不同的地域贫困群体从来都是不可缺少的——富人需要劳动力，而穷人则需要工作。

这些在非正规经济体工作的人，许多居住在或挤在城市的贫民窟中——他们的住所用废弃的木材、砖块、废铁以及塑料搭建而成。联合国将贫民窟的居所界定为住在同样的天空下却缺乏以下东西：可以饮用的经过净化的水，可以利用的经过改善的公共卫生设施，充足的生活区域，长期的住所及其终生使用权的保障。就这些方面来说，世界上大约1/3的城市居民都是贫民窟居民，在贫穷国家这一数字更高，而且他们的数量——也许是不完全统计——从整体上来说正在以比城市人口增长快得多的速度飞速发展，形成了"贫民窟地球"的幽灵一族。但是在许多国家中，大多数的城市贫民并不生活在贫民窟中，比如，在印度就有多达80%的城市贫民并没有生活在贫民窟中。同样，并不是所有的贫民窟中的居民都是穷人，至少从收入的角度来讲是这样。

在贫民窟中，城市的基础设施是其最薄弱的环节。由于其城市化发展进程缓慢以及相对较低的经济收入，贫民窟得到改善的前景并不乐观。建设良好的水源与公共卫生系统、清除有形的垃圾、建立可靠的能源供给等都显得代价过于昂贵。政府致力于推进的发展并没有给予他们应得的优先照顾，而当地政府又缺乏资源。据估计，发达国家的当地政府每年要为每人拨款3 000美元，而亚洲为150美元，拉丁美洲90美元，非洲才仅仅15美元。民主的缺乏以及腐败又进一步削弱了下层要求改进生存环境而产生的压力。结果是令人痛心的。"就像是在以垃圾为生的穷人的体内普遍存在着寄生虫的景象一样……将存在着的人截然分成了两类。"戴维斯说道[8]。对此复杂群体予以评价并非易事。赞成新自由主义的人，往往对城市的发展赋予最积极的评价，而认同世界银行观点的人，却丝毫也不乐观。莫汉（Rakesh Mohan）和达斯古普塔（Shuhagato Dasgupta）写道："奇迹在于世界已经真的很好而不是很糟糕地处理了一切。"同样，这两位作者在写到亚洲时却说："在发展中的亚洲城市地区，生活质量现在十之八九都比18世纪和19世纪所见证的欧洲城市的情形好得多，而当时欧洲的城市生活质量在类似的环境下得到了很大的提高。但或许只不过是现在的收入较高而已。"[9]

这使得他们进一步认为，如果放弃更多的规则并且对私营企业以及公私合营予以更多的强调，一切都将会继续得到改善。这一结论进而被拓展到了对城市民众的分析之中。对这些评论者而言，最大的问题就在于，在正规经济体工作的工人往往就像保护自己劳动地位的贵族那样，通过排斥他者而承担了维护自己职位的职责。但是那些处于边缘地位的人却并不会仅仅只是去叩响他们的大门而已。他们也被想象成崭露头角的企业家，他们在最绝望的环境中幸存的能力，常被看作只要他们被给予一个机会、一定产权并且拥有少量资本就有望成为当地的比尔·盖茨的证明。于是沿着这个逻辑，贫穷世界的贫民窟居民就是"天生的企业家"。不管国际货币基金组织、世界银行将结构改革推进到了什么程度，均导致又有数百万的人被抛入非正规经济体之中，于是这种对贫民窟商业潜力的谈论，就会促使怀有商业激情的人士投身市场。当他们看到他们的政策的消极后果时，可以去拯救自己的良知。

更加具有批判性的评论家强调了贫困人口的贫困程度，以及他们日益严重的脆弱性，这不仅体现在他们受到世界经济波动厄运的影响，还体现在他们也受到诸如山体滑坡、平原以及沿海城市河谷决堤以及地震等类似灾难的影响。这种对于贫民窟地区企业家的浪漫描述，与在西方畅销的每一期《大问题》（Big Issue）杂志上看到的崭露头角的资本家颇为类似。人们实际上正在做的只不过是竭力维持生活。在非正规经济体工作的人实际上也处在受到或大或小、程度不一的剥削的网络中。从贫困中往往可以压榨出巨大的利益。穷人往往会付出更多——也许每平方米最高的租金、最昂贵的饮水等。因此，在发展中国家，一些重要的财富正是建立在对贫民窟以及非正规经济体的盘剥之上的。这些自上而下确立自己正式地位的尝试——尽管那些提议他们这样去做的人出于最好的初衷——往往还是会带来损害他们有限的既得利益的风险。例如，已经投入非政府组织机构的那些钱赋予了这些机构新的含义，将其看作"海外新上帝"（New Gods Overseas）。这种新自由主义神话，在阿拉文德·阿迪加（Aravind Adiga）的那部关于一个来自乡野的男孩在印度奋斗成功的讽刺小说《白老虎》（The White Tiger）中得以生动体现。像《贫民窟里的百万富翁》这样的电影，虽然有种种不足，甚至还提供给了一个贫民窟之子一系列匪夷所思的机会使得他逃离贫民窟并赢得了真爱，但它还是戳穿了世界银行和国际货币基金组织那沾沾自喜的修辞性掩饰的面具。

四、乡村

可是，这又使得乡村何去何从呢？尽管存在地区不均衡，农业的产量还是得到了提高，而且这也使世界越来越多的人口以及城市人口得以填饱肚子。但是，这并没有给世界上大多数的农村人口带去繁荣，现在其30多亿的人口数字不再增加，而且从绝对意义上来讲还将会下降。在贫困国家的乡村地区，大多数人依然"生存在边缘"，贫穷且十分脆弱。全球经济与乡村以及农场的联系更加紧密，但是就是在乡村，人们才最容易忍饥挨饿。由于发达国家高产出及高补贴的生产，给所有的食品生产商在价格上带来了压力，因此全球农业市场也成了世界上最为扭曲的市场。

世界农业出口的大约64%来自工业国家，大约36%源于发展中国家。仅有22%的农业出口从发展中国家进入发达国家，这比从发达国家流入发展中国家的要少得多，而且与从南方流向北方的工业制成品也差不多。更糟糕的是，一些大公司垄断了诸如种子、化肥以及食品之类农业商品的进口。据估计，现在有30家公司承担着全球1/3的加工食品的生产。联合利华、嘉吉、雀巢、沃尔玛以及乐购公司，在极大程度上既控制了农业的进口也控制了其出口。

这些公司连同国际货币基金组织以及世界银行之类的机构，推动了对原有保护体制的削弱和对贫穷国家的资助，但是它们却认为这些激励并没有从根本上给农民的利益带去好处。这样的观点在过去确实是正确的，但是那种曾经承诺的繁荣景象现在依然遥遥无期。一种糟糕的体系为另一种糟糕的体系所取代，生产商现在也不得不应付随着出口价格下跌以及进口价格上扬而来的价格的疯狂震荡（例如能源）。《2008年世界发展报告》就意识到了农业曾经许诺的快速发展依然没有出现：

> 20世纪80年代的结构调整，摧毁了原来可以给农民们提供土地、信贷、资金、进口产品以及合作机构的精密的公共服务体系。原本期望通过清除这些机构，可以为私有业者获得自由的市场，进而使之接管这些职能……但是却往往未能如愿。在一些地方，政府的退出至多是尝试性的，反倒限制了私有业者的进入。在其他一些地方，私营部门的出现是缓慢且具有局限性的——主要为商业农场主服务，而那些小自耕农则被暴露在众多市场失灵、交易费用与风险高涨以及服务欠缺的冲击之下。不完善的市场以及相关机构的缺失，使得小自耕农在放弃自身的发展和承受社会福利的损失之后又被迫背负上了巨额的成本，进而威胁着他们的竞

争力,甚至在许多情况下威胁着他们的生存。[10]

但是请仔细阅读这段报告,因为承认失败的严重性——也就是认为由于市场的不"纯洁"和不"完善"——所以失败才自然而然地产生。这就是当市场失灵问题被提及时大家所熟知的借口。然而事实却是,乡村发展进程中存在着绝不亚于在许多城镇和城市中明显存在着的有悖常理的发展进程。作为食品出口重要组成部分的发展中国家的食品出口的减少,反映了富裕国家与贫穷国家中补助的失衡。

尽管在世界上许多地方,最贫穷的农民生产出了他们赖以生存的绝大多数食物,但他们依然受制于由于丰收无望而带来的收入上的变化。他们也逐渐地越来越依赖于乡村的非农劳动(小生意越好,平时的体力劳动收入就越糟糕),务工者们也将钱寄到家乡或国外。非洲及其他地区的微观研究表明,现在贫困人口在农村的收入有高达50%来自非农劳动。

与向大型公司和超市供应产品的国际市场关系密切的更大的一些商业农场和种植园运营较好,因此也在吸引着农业劳动力。但是他们往往依赖于契约式合作,这就使得他们受制于西方买家对产品质量、产品标准以及在及时供货方面的肆意要求。尽管世界银行和其他一些机构认为这种合作对贫穷世界的乡村经济有所贡献,但这种贡献毕竟是有限的。同时,稍微反思就可以发现这并不合乎逻辑。较大的单位往往会使用更多的资金和机器而使用相对较少的劳动力,因此,即使像支持这一观点的人所梦想的那样发展势头良好,也依然无法吸收乡村贫民以及面临生活压力的小自耕农这些大批的劳动力。正是这种失败将继续驱使更多的人离开土地,进入乡村的非农劳动领域或向城市迁徙。

五、城市的社会组织

每天都有一些人死于城市生活。人们大规模地经历着疾病、意外横祸、自杀和暴力所致的过早死亡。每年有500万人死于水质糟糕引起的疾病,其中300万人死于腹泻。但是又有更多的人在更大程度上被证实拥有令人难以置信的适应能力,并且还会幸存下来。这之所以会发生，部分是由于国家、当地政府、非政府组织以及雇主等创立的社会结构使然，但是就如我们已经暗示的那样，这些社会结构常常是脆弱且混乱不堪的。幸存和适应能力更多地与人们所从事的工作有关，有时候与市场的特性相适应，有时候又与其格格不入。

城市往往被统治阶级看作等待点燃的潜在的火药桶。在20世纪60年代，芭芭拉·沃德（Barbara Ward）看到早期城市的蓬勃发展时写道："现在有足够多的爆炸物在世界上至少会促生尖锐的阶级冲突模式。"[11] 一个世纪以来，许多评论家并不认同这些说法。然而，即使城市阶级斗争还没有达到像一些人所期盼的或者像统治者所害怕的那么多，那么它们也已经很多了。自20世纪60年代以来，在世界许多贫困地区，随着城市的发展，大规模的以城市为中心的反抗斗争已经取代了农村冲突以及游击战争的中心地位，其中许多反抗斗争在推进拉丁美洲、亚洲和非洲的民主进程中起到了重要作用。2011年，这样的反抗斗争横扫了被认为是僵化了的中东国家。实际上，正是在这里谈及的社会变化削弱了旧的秩序。

这样的反抗并没有像也许曾被期许的那样成为一些正式运动的基础——不管是强大的工会还是左翼政党。这里应该被考虑到的一个明显的因素就是政府和私下的压制。民主化常常是表面上的，私下的压制往往和政府的良性监督共谋。这就可能使得那些出头者受到攻击并传播恐慌——只要形势看似稳定，这种恐慌就有助于遏制反抗或者迫使其转入地下。

但是冲突发生时，并没有得到那些准备好去动员人们应对全球资本主义深层挑战的政治领袖的引导，这就使得它们有可能被转变或偏移向其他方向。工会、政党和更广泛的社会运动在政治上被这一体系左右或者破坏。但是对于这一情况的部分解释往往和主观因素（人们头脑中关于变化方向和变化可能性的观点）有关。从20世纪50年代到80年代，全球南方的政治折射出了不同民族主义与美国和苏联之间的冷战的相互影响。1991年苏联的解体加强了市场和新自由主义的动力，就这个意义而言，除了与全球资本主义融为一体外别无选择。

作为一项政策，这就更有吸引力了，因为一些国家似乎允许不平等的加剧，而且也允许"改革派"领导人将自己的角色合法地定位为这种政策的直接受益者。南非就是一个显著的例子。黑种人在经济上的掌权被认为是一种进步的方式。据报道，南非副总统普姆齐莱·姆兰博-努卡（Phumzile Mlambo-Ngcuka）在 2005 年 8 月曾说："黑人不应该以获得的非法财富为耻。"在这种精神的影响之下，西里尔·拉马福萨（Cyril Ramaphosa）协助创建了南非全国矿工联合会，然后成为非洲人国民大会主席及其结束种族隔离协调委员会的领袖，继而成为与麦当劳、可口可乐以及南非商业跨国资本关系密切并拥有亿万财产的商界领袖。

但是一些人还是会认为，任何更加正式的组织无法发展的原因，部分或者很大一部分应被归结为与阶级形成的潜在过程息息相关的更加"客观的"因素。问题的关键在于，这些存在着的结构性要素是否反映出了阻碍变化的力量的恒久状态，或者它们是否反映出了时间和成功的行动可以克服的更多暂时性因素。

悲观主义者强调，尽管城市生活和工作可以将人们聚拢在一起而且创造了一定的团结基础，然而在城市边缘生存的每日的煎熬也会使得人们彼此相向，进而分裂和削弱他们。

> 城市已经成为许多人为了争相获得最基本的生活要素而展开竞争的中心：为了在工作地附近租到支付得起房租的一间房子，或者为了得到一片可以在上面建立一个容身之所而不用担心被赶走的地方；为了得到上学的机会；为了因为健康问题或者因为受伤而能得到医疗救治，或者得到在医院的一张病床；为了能饮用到清洁的饮用水；为了能在公共汽车或者火车上拥有一个座位；为了在人行道上得到可以兜售商品的一个角落或者一块地方。这还完全没有算上为了获得工作的激烈竞争。[12]

然而，更多乐观的描述并不会那么消极地看待生活。为了生存，人们必须对他们自己的生活进行一定程度的主动控制。在这种日复一日的奋斗中，如果我们用心倾听，就会听到约翰·霍洛威（John Holloway）所说的"反抗的尖叫声"。但是，如果认为"哪里有权力，哪里就有反抗"的话，就过于简单化了。使自己喝得一塌糊涂，或者通过揍自己的老婆、孩子或邻居而使自我感觉更好一些，确实是一种生存机制，但是却鲜有人被鼓励这么去做。非法地窃取当地给富人供应的水或者电是更好的方法，但绝对比不上组织起来要求得到足够的供给。问题就在于，我们对世界上那么多地方的这些基本斗争的本质和规模知之甚少。现有的讨论大多是基于西方发达国家的社会运动基础之上的。在比较贫穷的国家中，常被讨论的反抗例子源于拉丁美洲，但是拉丁美洲的运动究竟有多么特别，我们常常并不清楚，更别说其他地方了。

一些记录表明，无论是正式的还是非正式的集体行动，也许都正在变得越来越糟。随着负面力量利用了政府退缩或者失败而造成的真空，一些地方城市的堕落进程也许正在加剧。杰妮丝·帕尔曼——我们之前曾引述了她对边缘化的否认——就认为，拉美的一些城市现在已经为帮派暴力所困，以至于削弱了更加积极的抵抗形式。她声称，在里约热内卢原来曾经有来自底层的充满活力的反抗，现在却只剩下了"一些泄了气的人，因为担心会惹祸上身而不敢率先采取任何单方行动或者集体行动"。就这样，"边缘化从一种神话演变成了一种事实"[13]。

这就引发了另一种争议，即当真空存在的时候总会有其他的力量填充进来。寻求解释的人如果发现那里没有人给他们提供备选方案，那么他们就会变得不太积极。读者将会发现，举出一些在最近几十年世界各地发生的野蛮的种族流血冲突并不是一件多么难的事情。这些事情助长了分裂、统治与寻找替罪羊的政治的滋生，有时候目标针对的就是所谓的"在市场中占主导地位的少数群体"（一些沉醉于比他者拥有更多财富和权力的族群）。但是这样的冲突也发生在不同的城市群体之间，由于一方渐渐地将迁徙而来的另一方视作敌人，或者由于一个宗教团体将另一个宗教团体视作敌人而导致的冲突。

但是，这并不意味着这样的一些冲突不可避免。它们往往会滋生绝望的情绪，以及导致政治真空的产生。它们往往被一些政府对其睁一只眼闭一只眼甚至支持的煽动者利用。如果任由对市场有利的政策肆虐，就会助长导致这种冲突的环境。一个臭名昭著的例子就是20世纪90年代早期的一个危机，当时世界银行被警告由于其为解决一场经济危机而致使更多的人陷入贫穷，进而带来了种族和部族的暴力冲突，随后这又波及了一些国家。这丝毫不逊于发达国家的情形，只不过由于发达国家更加有建设性的政治对抗和对群众的调动，使得其寻找替罪羊的行为受到了限制而已。

比较盛行的是向宗教寻求帮助，在一些情况下向伊斯兰教求助，在另一些情况下则转向了基督教福音派，也许在其他地方转向了更加具有地域色彩的宗教。迈克·戴维斯就认为宗教成了城市堕落以及失败的激进方案的主要受惠者。这部分是由于宗教给人们带来了慰藉,而且当市场和其他政治力量不能奏效的时候,宗教在一定程度上就会替代它们帮助处于底层的人。宗教似乎可以超越社会分化,这是其魅力所在,但是它却并不能永远掩盖社会分化现象的存在。书写伊斯兰教义和埃及反抗运动的萨迈赫·纳吉布(Sameh Naguib)就阐述了超越伊斯兰教的观点。无论何种宗教,将神看作问题解决的归宿,对平民运动而言既是其优势也是其弱点所在。"它能够成为一种优势,但也只有当领导层能够平衡彼此冲突,并且避免将会彻底毁掉脆弱的团结力量的那些具体行动时才能如此。"[14]

极端的悲观主义者认为,一切事物都处在不明因素的困扰之中。而温和的悲观主义者则在等候时机去"抛开工人阶级",转而支持更大规模的社会运动,以获得民主和改变。温和的乐观主义者并不将工人阶级一直以来所发挥的作用及其有组织的表达形式看作这些更加广泛的变革力量中的主导力量,而是看作在它们的力量中发挥"同样作用"的一支力量。极端的乐观主义者则认为,社会变革一直以来就包括广泛的社会运动,但他们也坚持认为有组织的工人阶级在更加基础的社会变革中处于中心地位。大多数这样的观点可以追溯至几十年前,甚至可以追溯至19世纪。往往很容易就被打破的正是各种力量之间的平衡,而且近来当许多左翼力量的前景变得更加暗淡的时候,悲观主义者就已经意识到了这一点。

为了能够更好地理解上述观点,有必要铭记资本主义城市的快速发展已经导致了需要很长时间方可消除的一定程度的社会紊乱。对贫困国家有组织的工人中出现的一些问题倍感惋惜的罗纳尔多·蒙克(Ronaldo Munck)就认为,在过去,"工业化、城市化和工会化的行动是齐头并进的"[15],但是现在却不是这样了。现在糟糕的历史境遇可能导致糟糕的政治局势。当1851年英国的2 700万人口中有一半成为城市人口时,才仅有10万名工会会员,而且他们的大多数组织并没有生存的空间。当1900年4 100万人口中有80%是城市人口时,工会会员人数竟然达到了120万至150万。正是因为这一点,英国工人阶级的工会才被认为是世界上最出色的组织之一。因此,在工业化、城市化和工会化之间不存在简单的关系。一些人所谓的"工人阶级的大跃进"常常并不等于突然的冒进和随之而来的倒退。

贝弗里·西尔弗(Beverly Silver)在她的著作《劳工的力量》(Forces

of Labor）中认为："20世纪后半叶工人运动的危机只是暂时的，而且可能将随着新兴工人阶级团结的巩固而被克服。"[16] 这本书也许并没有得到应有的关注，很大程度上正是因为它对现在如此众多的分析中盛行的悲观主义持有异议。西尔弗认为，全球范围内的改革在不同的国家创造了或者再造了工人阶级。举例来说，她尤其关注拉丁美洲以及韩国、南非汽车行业工人们的作用，而且她观察到这些工人已经形成了激进的工厂工人的核心组织。

西尔弗还认为，改革正在在由白领以及许多富裕或贫穷国家的教师群体构成的劳动力中形成富有战斗精神的新的中心。因此她认为，激进评论家往往将他们自己看到的发达国家的那种失败景象强加在贫困国家人们的头上，进而颠覆了那些消极的观点。实际上，纵观全球，工厂的中心地位依然存在，而且其前途比以往任何时候都更加光明。这一论点在保罗·梅森（Paul Mason）关于"工人阶级如何走向全球"的更具描述性但却更富有力量的讨论中得到了进一步的阐释，文中他将过去的那种斗争意识与现在的种种斗争意识交织在一起，带着我们从19世纪初的曼彻斯特穿越到了21世纪的中国。[17]

遗憾的是，很难在发达国家之外找到工会化在不同层面的对比研究的出色资料，最近的一项研究（使用了部分可以利用的资料）认为"阶级依然是关键的变革力量"。但是似乎阶级斗争也是关键的变革力量。例如，在国际货币基金组织紧缩政策占据上风的地区，这不仅削弱了正规的经济体，而且还削弱了工人阶级的组织机构。在已经签署了国际货币基金组织框架协议的国家中，就有60%的工人在货币紧缩项目生效之后不愿意加入工会。这一点在拉丁美洲尤为重要，因为那里于20世纪80至90年代广泛推行了一些紧缩政策。从"阶级已死"（the death of class）到现在，我们看到的是阶级斗争的永恒性，只不过这些阶级斗争在一定程度上是自上而下发动的。

但是，如果社会的平衡取决于在非正规经济体工作的大众，那岂不是削弱了在社会和政治变革中有组织的工人阶级所发挥作用的观点的基础？对许多人来说，撒哈拉沙漠以南的非洲代表了这种论点的极端情形。正是在这个地方，本已薄弱的正规经济体及有组织的工人阶级，似乎已经受到了经济变化和国际货币基金组织以及世界银行政策的极大冲击。一个国家接着一个国家，甚至在它们的城市人口成倍增加的时候，依然受到"失业飓风"的袭击，也就没什么值得费解的了。

撒哈拉沙漠以南的非洲也已经成了城市存在严重社会不安因素的地区，在那些城市中正规经济体与非正规经济体之间的联系而不是分歧已经变得尤为重要。

为了说清楚这一点，就必须承认在国家内部以及国家之间存在改革的不均衡。已经失去的正式工作很重要，但是那些依然存在的以及已经被创造出来的新的工作也同样重要。在非正规经济体存在的不同程度的非正规群体往往也不少。将正规和非正规的群体作为两极对立，从来没有产生过太大的意义。这也反映在人们的日常生活中。人们生活在家庭和彼此相邻的街区之中，在这里从事着正规经济体和非正规经济体工作的人在一起生活并彼此关爱，他们也为彼此的失败和成功而同悲共喜。泽伊利格（Zeilig）和切鲁蒂（Ceruti）认为，"在工作和失业之间没有密不透风的墙"，而且"如果在工作、非正规经济体的工作和正规经济体的工作之间没有明确的划分，那么就存在着交叉抗议的可能性"[18]。

在已经发生的许多抗议活动中，这种交叉很明显。但是显然也有另外一些内容。尽管存在着将有组织的工人被削弱的甚至是多余的作用看作对社区组织、非正式协会、压力集团之类组织的反抗的说法，但有组织的工人依然在更广泛的抗争活动中继续扮演着重要的角色。整个北非以及中东地区在2011年的反抗，已经描绘出真情实景，在一定意义上揭示了前进与后退的经典模式，这种进与退留下的传统在未来还将继续被发扬。

尽管在常见的叙述中关注的焦点往往集中在大街之上，但是有组织的工人往往才是团结的核心；正是有组织的工人帮助指明方向，也正是在有组织工人的阶层中间诞生了各种各样的领导阶层。因此，其重要角色与其说是源于理论家们的构想，还不如说是源于某些具体的形势，人们将继续从中找到自己合适的位置。

结　论

我们在本文中致力于将全球变迁放在更广阔的背景之下进行细致的勾勒与讨论。然而令人震惊的是，那么多关于社会运动的文章仅仅依赖的是发达国家的经验，而且，如果这个讨论继续延伸，就只能基于全球性分析来进行了。因此,我们得出的最基本观点是,阶级并没有在消失。当今世界上的工人比历史上任何一个时期的人数都要多,而且,如果危机已经将他们推回到了某些地方,阶级和组织依然重要。

但这并不是说全球趋势决定一切。斗争源于具体的地区背景。就有关要素而言,有关当地和国家的要素而非全球性的要素才是最切实可见的。结果常常是混乱的,但是混乱也往往是斗争进程的组成部分。阶级斗争从不单纯,但是这并不像一些人杜撰出来的那样是很大的问题。看看 20 世纪初期的世界,尤其是 1916 年爱尔兰所发生的事件,当反抗将人们与社会主义者、工人运动的背景、自由主义者、知识分子、民族主义者、天主教徒联系在一起的时候,列宁做出了在今天看来依然与当时一样正确的一个论断:

> 如果认为没有殖民地和欧洲弱小民族的起义,没有**带着种种偏见的**一部分小资产阶级的革命爆发,没有那些不自觉的无产阶级或半无产阶级群众反对地主、教会、君主和民族等等压迫的运动,社会革命也是**可以设想的**……谁要是等待"纯粹的"社会革命,谁就**一辈子**也等不到,谁就是不懂得真正革命的口头革命家。①

坏消息是,一个世纪以来,对于他所说的社会革命的要求依然存在;好消息是,全球范围内的变化已经形成了一个更大的热衷于那种变化的人群。和一直以来的一样,危机——目前在全球范围内——既形成了一种挑战,也造成了一种机遇。

注释

[1] John Reader," No City Limits," *Guardian*, 11 September, 2004.

[2] Michael Burawoy, "From Polanyi to Pollyanna: The False Optimism of Global Labor Studies," *Global Labor Journal*, Volume 1, Number 2, 2010, p. 308.

[3] Mike Davis, *Planet of Slums* (Verso, 2006), p. 23.

[4] 同 [3] 19.

[5] UN-HABITAT, *Planning Sustainable Cities: Global Report*

---

① 列宁全集:第 28 卷. 2 版. 北京:人民出版社,1990:52-53.

on *Human Settlements 2009* (Routledge, 2009).

[6] David Drakakis-Smith, *The Third World City* (Routledge, 1987), p. 94.

[7] Jeremy Seabrook, *The Myth of the Market: Promises and Illusions* (Green Books, 1990), pp. 64-95.

[8] 同 [3] 138.

[9] Rakesh Mohan and Shuhagato Dasgupta, "The 21st Century: Asia Becomes Urban," *Economic and Political Weekly*, 15 January, p. 217, p. 218.

[10] Philip McMichael, "Banking on Agriculture: A Review of the World Development Report 2008," *Journal of Agrarian Change*, Volume 9, Number 2, pp. 238-239.

[11] 同 [6] 49.

[12] Giok Ling Ooi and Kai Hong Phua, "Urbanisation and Slum Formation," *Journal of Urban Health*, Volume 84, Number 1, 2007, pp. 27-28.

[13] Janice Perlman, "Megacity's Violence and its Consequences in Rio de Janeiro," in K. Koonings and D. Kruijt, eds., *Megacities: The Politics of Urban Exclusion and Violence in the Global South* (Zed Books, 2009), p. 10.

[14] Rabab El-Mahdi and Philip Marfleet, eds., *Egypt: The Moment of Change* (Zed Books, 2009), p. 119.

[15] Ronaldo Munck, "Globalisation and the Labour Movement: Challenges and Responses," *Global Labour Journal*, Volume 1, Number 2, 2010, p. 218.

[16] Beverly Silver, *Forces of Labor: Workers' Movements and Globalization Since 1870* (Cambridge University Press, 2003), p. 171.

[17] Paul Mason, *Live Working or Die Fighting: How the Working Class Went Global* (Harvill, 2007).

[18] Leo Zeilig and Claire Ceruti, "Slums, Resistance and the African Working Class," *International Socialism* 117 (winter), 2007, p. 74, p. 77.

第 13 章　气候变化危机呼唤新型城市化*

[美] 迈克·戴维斯 著　刘丽丽 译

在本文第一部分"理智的悲观主义"中，我援引了一些论点，证明我们与全球变暖的斗争的第一个极其重要的阶段已经遭到失败。《京都议定书》——用它的一个主要反对者虽然有些自鸣得意，但遗憾地说却是极其准确的话来说——在应对气候变化方面"没有任何明显的作用"。全球所增加的二氧化碳排放量与本应下降的数额相等。温室气体的积累量到 2020 年极有可能不会稳定在百万分之四百五这条著名的红线以内。如果这样的话，我们的下一代人再英勇无畏地努力，也将无法阻止生态、水资源和农业系统的根本改变。而且，在一个日益变暖的世界里，社会经济的不平等将具有气象学上的必然性。那些富有的北半球国家，虽然其二氧化碳排放量已经摧毁了全新世的气候平衡，却不愿意与那些贫穷的特别容易受到干旱和洪水侵袭的亚热带国家一起分享适应气候变化所需的资源。

本文的第二部分"想象的乐观主义"，是我对自己的反驳。我呼吁大家重视一个矛盾的现象：全球变暖一个最为重要的原因，即人类城市化，也可能是 21 世纪后半期人类生存问题的主要解决办法。我们必须开始像诺亚一样思考，要建造一艘新的方舟，绝望的人类只能从反叛团体、盗版技术、非法传播的媒体、反叛的科学和已被遗忘的乌托邦中寻找现存的材料。

---

* 原载：《国外理论动态》2010 年第 11 期。文献来源：《新左翼评论》2010 年 1—2 月号。

一、理智的悲观主义

我们在过去 12 000 年里居住的旧世界已经结束了,尽管至今还没有任何报纸刊登过这一科学讣告。此定论是由伦敦地质学会的地层委员会做出的。对于这一问题,即"我们现在是否生活在人类世",地层委员会的 21 名成员一致给出了肯定的回答。在一份 2008 年的报告中,他们罗列了很多有力的证据来支持全新世已经结束的假说。而且,在过去的几百万年里,地球已进入了"一个史无前例的地层区间"。除了温室气体的积累,地层学家们还列举了"现在已经超过一个数量级的(年度)自然泥沙生产量"的人文景观变化、海洋不祥酸化以及生物所遭受的无情摧毁等现象。

地层学家们解释说,这样一个新时代是根据变热的趋势(其最为相似的例子就是,发生在 5 600 万年前古新世-始新世的被称为热极限的灾难)和未来环境可想而知的极不稳定性而界定的。在一篇文章中,他们提出了严肃的警告:生物灭绝、全球物种迁移以及农业单一种植普遍取代天然植被,这些特点结合起来构成了独特的当代生物地层信号。这些影响将是永久性的。未来的进化将在保存下来的(并时常遭到人类的重新安置的)种类中发生。

1. 自发脱碳?

地层委员会对人类世的承认,与对政府间气候变化专门委员会发表的第四次评估报告的日益激烈的科学争论是一致的。专门委员会的任务是评估气候变化的可能范围和建立适当的减排目标。其中,最关键的底线包括对温室气体积累不断增加的"气候敏感性"的估计,以及对能源利用和排放的不同社会经济前景的预测。但是,最近很多高级研究人员,甚至包括专门委员会的主要参与者,对四卷本的第四次评估报告提出了异议。他们认为这种评估方法在地球物理学和社会科学方面过于乐观。

其中,最著名的持异议者是美国宇航局戈达德空间研究所的詹姆斯·汉森(James Hansen)。这位全球变暖方面的勇敢预告者在著名的 1988 年听证会上第一次向国会指出了温室效应及全球变暖的危险。

他给华盛顿带来了令人不安的消息：由于专门委员会没有将地球系统的关键反馈参数化，因而给进一步的碳排放预留了太多的余地。与专门委员会建议的二氧化碳浓度为百万分之四百五的红线不同，汉森的研究小组发现了令人信服的古气候的证据，表明安全阈值只有百万分之三百五或更少。他认为，重新检验气候敏感性所得出的"惊人结果"证明，"通常所说的把全球变暖的幅度控制在2摄氏度以下的目标是一个避免全球灾难的方案，而不是让全球得到拯救的方案"。的确，既然目前的水平大约是百万分之三百八十五，那么我们可能已经超过了众所周知的"引爆点"。汉森动员了一支由科学家和环保主义者组成的堂吉诃德式的队伍，主张征收紧急碳排放税来拯救世界，这将使温室气体浓度在2015年恢复到2000年前的水平。

事实上，专门委员会确信通往后碳世界经济的发展之路是以市场为导向的。这一转变不仅需要国际排放上限和国际碳交易，而且需要有公司自愿承诺开发一些连样品都还不存在的技术，如碳采集、清洁煤、氢及其先进的转化系统以及纤维素生物燃料。评论家们早已指出，在专门委员会的很多方案中，非碳排放能源供应系统的使用已超过了"1990年全球能源系统的规模"。

《京都议定书》和碳市场的设计（与凯恩斯主义"政府对商业企业的投资"相似），可以用来架设填补自发减碳与每个方案所要求的排放目标之间的差距的桥梁。虽然专门委员会没有明确指出这一点，但是它的减排目标必须假定，从下一代较高的矿物燃料价格中获得的利润将被有效地用于开发可再生能源技术，而不是浪费在高达数英里的摩天大楼、资产泡沫和对股东的巨额支出上。总之，国际能源署估计，要想使温室气体量在2050年之前减少一半，所耗资金将达约45万亿美元。但是，如果在能源效率方面无法取得大量的"自动"进步，这座桥梁将永远无法搭建，专门委员会的目标也将无法实现。最坏的情况是——这是从当前的能源使用状况中得出的直接推断——到21世纪中叶，二氧化碳排放量将极可能增加两倍。

评论家们引用了过去失败的十年中的糟糕的碳纪录，证明专门委员会关于市场和技术的基本假设不过是自欺欺人。尽管欧盟采用了广受赞扬的上限与交易系统，但欧洲的二氧化碳排放量仍然在持续上升，在某些领域还有猛烈的上升。而且，近年来，几乎没有证据表明能源效率在自行提高，而这是专门委员会方案的必要条件。被说成新技术所带来的效率的很多东西，其实一直都是美国、欧洲和前苏联地区的重工业被关闭的结果。搬迁到东亚的能源密集型产业使一些经合组织成员国的碳的负债表发生了变化，但是，去工业化不应与自发脱碳相混淆。大多数研究人员认为，能源密集程度实际上自2000年以来一直在上升，也就是说，全球二氧化碳排放量与能源使用的速度持平，甚至相比之下还有轻微增长。

2. 煤炭大王的回归

此外，专门委员会的碳预算已经被打破。根据全球碳计划的记载，碳排放量的增长速度甚至比专门委员会最坏的预测还要快。从2000年到2007年，二氧化碳排放量每年上升百分之三点五，而专门委员会的预测为百分之二点七，并且20世纪90年代记录的数据仅为百分之零点九。我们已经超过了专门委员会的预测，换句话说，温室气体排放量的意外加速可能在很大程度上归咎于煤炭。在过去的十年中，煤炭生产得到迅猛恢复，19世纪的噩梦又开始困扰21世纪。在欧洲，煤炭消费量在不断增加，预计在未来几年将开办50个以煤炭为燃料的新的发电厂。而在北美地区，200个这样的工厂也正在规划之中。正在西弗吉尼亚州建设的一个大型发电厂，其产生的碳相当于100万辆汽车排出的废气。

在《煤炭的未来》这一引人注目的研究报告中，麻省理工学院的工程师们得出结论说，煤炭使用率在任何可预见的方案中，甚至是高碳税的情况下，都将提高。而且，对碳采集和存储技术的投资"根本不充分"。即使这一技术确实实用，也至少得在2030年以后，它才有可能成为一种可以通用的替代品。美国的"绿色能源"立法只是为应用商建造更多的燃煤发电厂提供了"持续的刺激"，应用商"希望免费的二氧化碳排放量得到承认，从而使这些工厂的排放有朝一日成为未来的碳排放法规的一部分"。与此同时，一个由煤炭生产商、煤炭应用商和煤炭运输商联合起来的财团（自称为美国清洁煤电联盟）为2008年的总统选举投入了4 000万美元，以确保两位总统候选人都为这种最脏的但却是最便宜的燃料说好话。

煤炭作为一种已经证实可以提供200年能源供应的矿物燃料，广受欢迎。因此，单位能源的碳含量实际上有可能在持续增加。在本次经济危机之前，美国能源部正计划把全国的能源产量在未来的30年中至少增加百分之二十。随着国际石油输出量增长一倍，全球矿物燃料的总消费量预计将增加百分之五十五。联合国开发计划署对可持续能源目标进行了深入的研究，它警告说，要使人类远离失控的红色变暖区域，到2050年，将需要在1990年的水平上减少百分之五十的全球温室气体排放量。然而，国际能源署预测，实际上这种排放在未来50年中很可能会增加近百分之一百，大量的温室气体将会使我们越过几个关键的临界点。国际能源署还预测，除水电之外的可再生能源到2030年将只能提供百分之四的发电量，只比今天增加一个百分点。

3. 绿色的衰落？

目前的世界经济衰退是专门委员会的规划者所忽略的一个非线性事件，尤其是在因油价低迷而延迟了打开焦油砂和油页岩等新的大型碳储存库的潘多拉盒子的情况下，经济衰退可能提供了一个暂时的缓解期。但经济衰退却不大可能会减缓亚马孙雨林的毁灭，因为巴西农民想通过扩大生产来捍卫其合理的总收入。由于电力需求没有汽车使用的弹性大，煤炭在碳排放中所占的比重将继续增加。在美国，事实上煤炭生产是当前少数增员而不是裁员的民用产业之一。更重要的是，下降的矿物燃料价格和紧缩的信贷市场，正在破坏企业家们发展资本密集型的风能和太阳能的动机。在华尔街，生态能源类股票的下跌已经超过了整个市场的下跌，投资资本几乎已经绝迹，剩下的只是一些最著名的清洁能源初创企业，如特斯拉汽车公司，而它们也正处在猝死的危险之中。奥巴马所倡议的税收抵免政策不可能扭转这种绿色抑郁症。正如一位风险投资经理在接受《纽约时报》采访时所说的："单价仅6美元的天然气使得风能成为一种令人怀疑的想法，使得太阳能变得令人无法想象地昂贵。"

因此，经济危机为新郎再次把新娘丢在祭坛上提供了令人信服的借口，大公司开始纷纷违背它们开发可再生能源的公开承诺。美国得克萨斯州的亿万富翁布恩·皮肯斯（Boone Pickens）已缩减了其兴建世界上最大的风力发电厂的计划，而荷兰皇家壳牌公司已放弃了投资伦敦阿雷公司的计划。政府和执政党也同样热衷于逃避其碳债务。正如美国政府取消了它的一项主要的碳采集技术的计划一样，由西部石油和煤炭利益集团支持的加拿大保守党推翻了自由党支持的以2007年全国碳税为基础的"绿色转移支付"计划。

在大西洋的所谓更为绿色的一边，贝卢斯科尼政府正处在使意大利的电网从石油向煤炭转换的进程中，因而把欧盟将排放量在2020年前削减百分之二十的计划斥为"负担不起的牺牲"。而据《金融时报》报道，德国政府支持几乎完全免除工业的义务，从而"严重打击了迫使企业为它们的二氧化碳排放买单的建议"。羞怯的德国外长解释说："这场经济危机改变了我们考虑事情的优先项。"悲观主义情绪现在非常浓厚。《联合国气候变化框架公约》的负责人伊沃·德·波尔（Yvo de Boer）承认，只要经济危机持续下去，"即使是最明智的政府也不愿意通过碳排放管制的方式来给企业追加新的成本"。因此，即使"看不见的手"和主张干预的领导人可以重新启动经济增长的引擎，也不可能及时调低全球的恒温器，以防止失控的气候变化。我们也不要指望七国集团或者二十国集团会迫不及待地清理它们所造成的糟糕状况。

4. 生态不平等

以京都-哥本哈根为样板的气候外交假定，一旦主要人物接受了专门委员会报告中的科学共识，他们就将承认控制温室效应是高于一切的公共利益。但是，全球变暖并不是H. G. 韦尔斯（H. G. Wells）影片中描绘的入侵地球的火星人不分阶级和种族地将人类同等消灭的"世界大战"，而是相反，气候变化会对不同地区和不同社会阶层产生极为不同的影响，对那些为进行有目的的适应而需的资源掌握得最少的贫穷国家，造成的破坏将最大。排放源与环境后果的地理分离破坏了前瞻性的联合行动。联合国开发计划署强调，全球变暖首先是对穷人和未出生的人这"两类几乎没有或根本没有政治发言权的选民"的一种威胁。要代表他们发起全球协调行动，要么以赋予他们革命的能力为前提（对此专门委员会并没有考虑到），要么就将富裕国家和富裕阶层的自利行为转化为一种史无前例的启蒙性的"联合行动"。

从理性主体的角度来看，只有在特殊群体没有特惠的"退出"选项、国际民意能够驱动主要国家的决策、温室气体减排无需北半球国家的生活水准做出大的牺牲也能实现这样的条件下，后一目标看来才是可以实现的。但是，这些条件似乎都是不太可能实现的。此外，像耶鲁大学的经济学家威廉·诺德豪斯（William Nordhaus）和罗伯特·门德尔松（Robert Mendelsohn）那样的著名辩护者不乏存在，他们认为等较穷的国家变得更富有并有能力承担损失的时候再进行减排，将更有意义。换言之，环境和社会经济日益动荡不仅没有促成大的创新和国际合作，而且可能会使精英更疯狂地企图把自己与其他人分开。在这一虽然还未被探查却并非不可能的方案中，全球减排可能会被悄悄地放弃（在某种程度上现在已经遭到抛弃），以便为了地球上的头等舱乘客而加快在选择性适应上进行投资，目标就是在否则将会灾难深重的地球上建立一个绿色和封闭的永久富裕的绿洲。

当然，条约、饥荒救济、人道主义的杂技还将继续存在，欧洲一些城市和小国也许会全面使用替代能源。但是，整个世界对气候变化的适应，需要对穷国和中等收入国家的城市与农村的基础设施进行数万亿美元的投资，需要对非洲和亚洲的数以千万计的人口进行援助性移民，这就必须要有一个几乎是神话一般的大规模的收入和权力再分配革命。与此同时，我们正在向一个致命的会合点加速前进，这个会合点将出现在 2030 年左右，甚至更早，到时候，气候变化、石油峰值、水峰值以及地球上新增加的 15 亿人口的共同影响，可能会产生超出我们想象的负面协同作用。

根本的问题是，富裕的国家会不会真正调动政治意愿和经济资源来实现专门委员会的目标，或帮助贫穷国家适应不可回避的、已经是"义务的"全球变暖量值？更明确地说，那些富裕国家的选民会放弃目前的偏见并打开围墙高垒的边界，来接纳墨西哥、埃塞俄比亚和巴基斯坦等国那些据预测将处在干旱和荒漠化的中央的难民吗？用人均外援来衡量的话，美国人属于最吝啬的人，他们愿意自己纳税来帮助重新安置数百万来自有可能被淹没的人口密集的大型三角洲地区如孟加拉国等地的难民吗？北美的农业综合企业很可能是全球变暖的受益者，它们会自愿把世界粮食安全而不是把从卖方市场获利当成最优先考虑的事项吗？

当然，以市场为导向的乐观主义者，将会提出具有示范作用的碳抵销计划，如清洁发展机制，他们声称这一机制将确保在第三世界进行绿色投资。但是，清洁发展机制的作用迄今为止仍然可以忽略不计，它资助的是小规模的造林和对工业排放物进行净化，而不是对国内及各个城市所使用的矿物燃料进行基础投资。此外，发展中世界的立场是，北半球国家应当承认它们造成的环境灾难，并负担起清洁环境的责任。贫穷国家反对把适应人类世的最重的担子压在那些碳排放最少且从两个世纪的工业革命中得到的好处最少的国家，这是不无道理的。

最近一份对1961年以来经济全球化的环境成本，包括砍伐森林、气候变化、过度捕捞、臭氧层破坏、红树林转化和农业扩大等进行的评估表明，最富有的国家导致了世界上百分之四十二的环境退化，而只承担了由此产生的费用的百分之三。

南半球国家的激进派还会理直气壮地指出另一种债务。30年来，在发展中世界，城市以惊人的速度增长，而对基础设施、住房、公共卫生的公共投资却不能与之匹配。原因之一是独裁者们所借的外债和国际货币基金组织强迫还债，而且，由于世界银行的"结构调整"协议，公共支出还遭到缩减或重新分配。这一全球性的机会和社会正义赤字，在下列事实中得到集中体现：根据联合国人居署的统计，超过10亿人目前仍然居住在贫民窟，他们的人数到2030年将增加一倍。还有数量相等或更多的人仍然处在所谓的非正规领域（第一世界对大规模失业的委婉说法）。同时，强大的人口增长势头将在未来的40年中使世界城市人口的数量增加30亿人，其中百分之九十将生活在贫困的城市。包括联合国、世界银行及二十国集团在内，没有人知道一个充满贫民窟并且食品和能源危机不断加剧的地球如何让自己的生物生存下去，更不用说满足他们对于基本的幸福和尊严的需求了。

威廉·克莱因（William Cline）的跨国研究是关于当前全球变暖对热带和亚热带农业可能产生的影响而进行的最为尖端的研究的一个总结，他把对气候的预测与农作物生长以及新李嘉图主义的农场产量模型联系起来，并考虑了二氧化碳的肥力作用的不同水平，以便探查人类营养的可能的前景。他认为前景很严峻。即使在克莱因最为乐观的模拟中，也可看到巴基斯坦（将比当前的农业总产值减少百分之二十）、印度西北部（减少百分之三十）、中东的大部分地区、马格里布联盟、撒哈拉地区、部分南部非洲国家、加勒比地区和墨西哥的农业系统有可能受到破坏。根据克莱因的研究，29个发展中国家会因全球变暖而使农业产量损失其目前水平的百分之二十或更多，而在已经富裕的发达国家农业产量反而可能会平均增加百分之八。

二、想象的乐观主义

面对人口增长高峰、农业萧条、气候突变、石油利用高峰、部分地区的水资源消耗高峰以及日积月累起来的对忽视城市化后果的惩罚等这些可能同时出现的事件，学术研究现在似乎为时已晚。如果说在未来几十年中，德国政府、五角大楼和中央情报局在调查由多种因素决定的世界经济危机对国家安全所产生的影响时，结论极其悲观，这是根本不足为奇的。最近的联合国《人类发展报告》指出："气候变化问题的紧迫性是史无前例的。"虽然古气候学能够帮助科学家预测地球变暖的非线性物理情况，但是要预知21世纪50年代会发生什么，既没有历史先例可循，也没有优势可依，到那时将有一个90亿至110亿人的人口高峰，人们相互争斗，以适应气候混乱和矿物能源衰竭的环境。任何可能的情节，从文明的崩溃到聚变发电的黄金新时期，几乎都可以投射到我们的子孙后代未来的奇异屏幕上。

然而，我们可以肯定，城市仍将是灾难的聚合中心。虽然森林砍伐和出口性单一种植在向新的地质时代过渡时发挥了根本性作用，但是原动力却一直是北半球城市地区的几乎呈指数增长的碳排放。城市建筑环境的供暖和降温，大约占据了目前碳排放量的百分之三十五到百分之四十五，而城市工业和交通占据了百分之三十五至百分之四十。从某种意义上说，城市生活正在快速破坏使向复合体进化成为可能的生态龛——全新世的气候稳定性。

然而，这里存在一个明显的悖论。即使在最大的巨型城市，致使城区发展在环境方面不可持续的也显然就是那些非城市的或郊区的特征。其中，首先是大规模的横向扩展，它把蓄水层、水域、蔬菜农场、森林、沿海生态系统等至关重要的自然服务功能的极端退化与基础设施扩展的高昂费用联系在一起。结果产生了很多不伦不类的超大型环境覆盖区，交通和空气污染随之增长，而最常见的是向下游倾倒废物。城市形态由投机商和开发商主宰，并避开了对规划和资源的民主控制。其产生的可预测的社会后果是：按收入或种族进行的极端的空间隔离以及对儿童、老人和有特殊需求者来说极不安全的环境；为了谋求内城发展，通过搬迁而造成下层与富裕阶层的分离。在这一过程中，工人阶级的城市文化被不断摧毁。此外，我们还可以补充一些资本主义全球化条件下的大城市的社会政治特点：城市外围的贫民窟和非正规就业的增长，公共空间私有化，警察与为维持生存而犯罪的人之间的不太剧烈的冲突，以及处于已经拆迁过的传统的市中心或有围墙的城郊的富人区。

然而，当那些最"传统"的城市要素结合起来，即使是在小城镇，也会产生更加良性的循环。如果城市与农村之间存在明确界定的分界线，那么城市的增长就会继续保有一个开放的空间和各种至关重要的自然系统，同时也会由于交通运输和住宅建设的规模而产生环境方面的经济节约。外围通往市中心的交通将变得可以承受并可以更有效地得到调节。垃圾更容易被回收，而不是向下游倾倒。在第一流的城市理念中，通过城市集体空间中个人意愿和认同的社会化，公共富足将取代私有消费。大范围的公共住房或非营利性住房，将使整个城市不同种族和收入的人以不规则的规模杂居共处。平等的公共服务和城市景观设计能够照顾到儿童、老人和有特殊需求者的需要。民主控制为进一步的税收和规划提供了巨大潜能，同时还有高水平的政治动员和公民参与，公民记忆相对于私人图标的优先权，以及工作、娱乐和家庭生活空间的一体化。

1. 城市作为它自己的解决方案

给城市生活特点的"好"与"坏"划出如此明确的界限，使人想起20世纪那些试图概括出一种标准的都市主义或反都市主义的著名尝试：刘易斯·芒福德和简·雅各布斯、弗兰克·劳埃德·赖特（Frank Lloyd Wright）和沃尔特·迪士尼（Walt Disney）、柯布西耶（Corbusier）和国际现代建筑会议宣言，以及安德烈斯·杜安尼（Andres Duany）和彼得·卡尔索普（Peter Calthorpe）的"新都市主义"等。但是，人们并不需要城市理论家，就能对他们所推崇或劝阻的建筑环境和各种社会交往的好与坏形成有说服力的观念。然而，在这种道德的清单中，常常遭到忽视的是社会正义和环境正义，以及社区精神和更为绿色的城市之间一直存在的密切关系。它们之间的相互吸引，如果不是不可避免的话，就应该是具有磁性的。例如，市区绿地和水景的保存，有利于维护城市新陈代谢所需的重要自然因素，同时还为大众提供了休闲和文化资源。更好的规划和更多的公共交通，不但可以减少郊区交通堵塞，还可以减少温室气体的排放量。

无数事例都指向一个原则问题：低碳城市的基础根本不是任何特定的绿色设计或技术，而是公共富裕相对于私人财富的优先性。众所周知，人类还需要增加几个地球才能让大家都在郊区的房子中居住，并拥有两部汽车和一个草坪。这一明显的局限性有时被用来证明有限的资源与生活水平的提高是不可调和的矛盾。大多数当代城市，不管是在富国还是在穷国，人居密度所固有的潜在的环境效益都受到压制。城市的生态特点仍然是一个大多还具有隐蔽性的巨大力量。但是，如果我们愿意建设民主的公共空间（可持续平等的引擎），而不是单元化的个人消费，那么地球将并不缺乏"承载能力"。公共富裕（表现为大型市区公园、免费参观的博物馆、图书馆和居民之间各种可能的互动）是另一条通向基于地球友好性社会交往的生活富裕标准的道路。大学校园虽然很少受到学术界的城市理论家们的关注，但它的确是一个小小的集学习、研究、表演和人类再生产于一身的富裕的公共的准社会主义乐园。

从生态的角度对现代城市进行空想的批判的先锋是社会主义者和无政府主义者，这种批判开始于受克鲁泡特金（Kropotkin）和后来的格迪斯（Geddes）的生物地方主义思想影响的行会社会主义为重新技工化的英国工人建设园林城市的梦想，结束于 1934 年奥地利内战中卡尔·马克思大院（Karl Marx-Hof）这一红色维也纳在公共生活中的伟大实践被大炮轰毁。在两者之间还出现了苏联和波兰社会主义者所发明的集体农庄、包豪斯建筑学派的现代主义社会住房项目以及苏联 20 世纪 20 年代对都市主义所进行的特别辩论。这种激进的城市空想是 20 世纪 30 年代和 40 年代的悲剧的受害者。一方面，斯大林主义崇尚纪念碑式的建筑和艺术风格，在规模和质地上非人性化，与第三帝国时期阿尔伯特·施佩尔（Albert Speer）的瓦格纳主义的夸张鲜有区别；另一方面，战后的社会民主放弃了另一种不同的都市主义而选择了凯恩斯主义的大规模住房政策。这种政策重视因在郊区建设高层廉价住宅而产生的规模经济效益，从而根除了传统的工人阶级的城市身份。

然而，19 世纪末和 20 世纪初关于"社会主义城市"的对话为我们思考当前的经济危机提供了宝贵的出发点。譬如，埃尔·里希奇（El Lissitzky）、梅尔尼科夫（Melnikov）、列昂尼多夫（Leonidov）、戈洛索夫（Golosov）、维斯宁兄弟（the Vesnin brothers）和其他杰出的社会主义设计师，尽管受制于苏联早期城市的贫困和公共投资的极为短缺，还是提议建造设计精美的工人俱乐部、人民剧院和体育场馆，以缓解拥挤的公寓生活的压力。他们认为当务之急是建设公共食堂、日间托儿所、公共浴室和各种合作社组织，以解放无产阶级妇女。虽然他们把与大规模福特主义工厂和高层住宅结合在一起的工人俱乐部及社会服务中心设想为无产阶级新文明的"社会缩影",但是他们也详细制定了务实的策略来提高贫穷的城镇职工的生活水平,否则其将生活在十分阴郁的环境中。

在全球环境状况危急的情况下,这种建构主义的计划也可以被转化为下列命题,即城市生活的平等可以为资源保存和二氧化碳减排不断提供最佳的社会物质支持。事实上,除非我们把控制全球变暖的运动与提高生活水平和取消世界贫困的斗争结合起来,否则减少温室气体排放或改变人类居住地以适应人类世的希望就会非常渺茫。而在现实生活中,这样做意味着,除了专门委员会的过于简单化的方案,还要参与到争取对城市空间、资本流动、资源库和大规模生产方式进行民主管理的斗争之中。

当今环境政治的内部危机显然正是缺乏大胆的理念而在人类进步的统一视野下来应对贫困、能源、生物多样性以及气候变化的挑战。当然,在微观层面也取得了一些巨大的进步,如开发替代性技术和被动能源住房。但是,富裕社区和富有国家的示范项目是不可能拯救世界的。富人们现在当然有大量的生态生活设计可选。然而,什么才是最终的目标呢?是让善意的名人炫耀自己的零排放的生活方式,还是使贫困城市社区也能拥有太阳能、厕所、儿科门诊和公共交通?

2. 在绿色区域之外

要为整个人类而非少数特权国家或社会团体来解决如何应对可持续发展的城市设计的这一挑战,需要有一个具有广阔的想象力的舞台,例如,莫斯科高等艺术暨技术学院与德国包豪斯学院全盛时期的艺术和科学就具有这样的想象力。这样做的前提条件就是一种超越新自由主义的资本主义视野而走向全球革命的基本意愿。这种革命需要对非正规工人阶层和农村穷人的建筑环境与民生进行可持续的重建,在此过程中对它们进行重新整合。当然,这是一种极不现实的方案,但却是一个希望之旅,建筑师、工程师、生态学家和活动家之间的合作在使新世界成为可能的过程中能够发挥虽小却至关重要的作用。否则人们只得把希望寄托在未来,那时设计者们将成为被社会精英雇用的幻想工程师。地球上的"绿色区域"可能会提供大量机会而为个人的想象力建立纪念碑,但是建筑和规划的道德问题只能在公共住宅和"红色区域"的蔓延中得到解决。

从这个角度来看，只有回归显然是乌托邦主义的观念，才能够在地球危机面前维护人类团结。我认为，我知道意大利马克思主义建筑师塔夫里（Tafuri）和戴尔·科（Dal Co）的"谨防向乌托邦倒退"这句话的含义是什么。但是，为了提高我们应对人类世的挑战的想象力，我们必须能够设想对主体、实践和社会关系进行不同的组合。在骤然涌现的研究者和活动家讨论全球变暖对发展的影响的学术空间时，最令人鼓舞的一个进展是，人们已经开始有意愿来倡导必要的东西而非仅仅是实用的东西。

因此，我认为《自然》杂志最近的一篇社论令人振奋。它阐明："日益严峻的城市化挑战需要综合的多学科的方法和新思维。"该杂志的编辑呼吁，富裕国家应资助在发展中国家的城市进行的零碳革命。他们写道，促进新兴的发展中国家的特大城市的创新，"似乎是空想的"。在这些城市中，许多居民几乎没有任何藏身之地。但是，这些国家已经展示了一种接受科技的快速发展的才能，譬如，越过固定电话的基础设施需要而拥有移动电话。许多贫穷国家有一个优良的传统，那就是使建筑适应当地的习惯、环境和气候。这是一条通向在西方已经完全遗失的整体设计的土生土长的路径。这些国家现在有机会来使这些传统的方法与现代技术结合在一起。

同样，联合国《人类发展报告》警告说，"人类团结的未来"取决于大规模的援助计划，其目的是帮助发展中国家适应气候变化的冲击。该报告呼吁，消除"那些阻碍用以避免危险的气候变化的低碳科技快速分配的障碍"。不能让"这个世界上"的穷人溺水而亡，或任凭他们随自己的资源一起漂流，而富裕国家却把本国公民保护在气候的防御工事之中。该报告还指出："直截了当地说，这个世界上的穷人以及我们的后代子孙承担不起国际气候变化谈判中的自鸣得意和支吾推诿所造成的损失。拒绝以全人类的名义采取果断行动将是道德上的失败。"如果这听起来像是对各种障碍的一种感伤的呼吁，是从 40 年前的教室、街道和工作室传来的一种回声，那么就这样吧。根据我们所掌握的证据，对人类的前景持"现实主义"的观点，就像看到美杜莎的头，这会使我们都变成石头。

图书在版编目（CIP）数据

晚期资本主义的空间理论与城市化/付文忠，马莲主编．--北京：中国人民大学出版社，2022.3
（当代国外马克思主义前沿问题研究丛书/江洋总主编）
ISBN 978-7-300-30436-6

Ⅰ.①晚… Ⅱ.①付…②马… Ⅲ.①资本主义-晚期-研究 Ⅳ.①D033.3

中国版本图书馆 CIP 数据核字（2022）第 044867 号

国家出版基金项目
当代国外马克思主义前沿问题研究丛书
总主编　江　洋
晚期资本主义的空间理论与城市化
付文忠　马　莲　主编
Wanqi Zibenzhuyi De Kongjian Lilun Yu Chengshihua

出版发行	中国人民大学出版社			
社　　址	北京中关村大街 31 号	邮政编码	100080	
电　　话	010-62511242（总编室）	010-62511770（质管部）		
	010-82501766（邮购部）	010-62514148（门市部）		
	010-62515195（发行公司）	010-62515275（盗版举报）		
网　　址	http://www.crup.com.cn			
经　　销	新华书店			
印　　刷	北京联兴盛业印刷股份有限公司			
规　　格	160 mm×235 mm　16 开本	版　次	2022 年 3 月第 1 版	
印　　张	16.5 插页 3	印　次	2022 年 3 月第 1 次印刷	
字　　数	258 000	定　价	79.00 元	

版权所有　　侵权必究　　印装差错　　负责调换